人人都是数据分析师系列

从 Excel 到 Power BI 财务报表数据分析

BI使徒工作室 雷元 / 著

U0402709

人 民 邮 电 出 版 社
北 京

图书在版编目（CIP）数据

从Excel到Power BI ：财务报表数据分析 / BI使徒工作室，雷元著. -- 北京 ：人民邮电出版社，2023.1
（人人都是数据分析师系列）
ISBN 978-7-115-59081-7

Ⅰ. ①从… Ⅱ. ①B… ②雷… Ⅲ. ①表处理软件－应用－会计报表－会计分析②可视化软件－数据处理－应用－会计报表－会计分析 Ⅳ. ①F231.5-39

中国版本图书馆CIP数据核字(2022)第055593号

内容提要

本书循序渐进地分别讲解 Power BI 与 Excel 的数据分析特点及其在财务报表分析中的应用，手把手教读者从零基础入门到快速学会用合适的工具进行财务报表分析。

本书共 19 章，主要介绍在使用统一云端数据集的基础上，使用者如何根据自身需求进行分析，并提供在 Power BI 与 Excel 前端工具间切换的数据解决方案。此外，本书也涵盖财务报表的基础知识、指标介绍以及美国市场财务报表的特点，以帮助使用者更全面地将财务报表自助分析技术与业务知识结合起来，从而提升精准投资决策的技能。

本书案例丰富，数据真实，理论联系实践，实战性强，适合投资者、证券分析师及企业管理者和数据分析爱好者等非财务人员阅读、使用。

◆ 著　　BI 使徒工作室　雷　元
责任编辑　郭　媛
责任印制　王　郁　焦志炜
◆ 人民邮电出版社出版发行　北京市丰台区成寿寺路 11 号
邮编　100164　电子邮件　315@ptpress.com.cn
网址　https://www.ptpress.com.cn
北京九州迅驰传媒文化有限公司印刷
◆ 开本：800×1000　1/16
印张：14.5　2023 年 1 月第 1 版
字数：298 千字　2025 年 3 月北京第 7 次印刷

定价：99.80 元

读者服务热线：(010) 81055410　印装质量热线：(010) 81055316
反盗版热线：(010) 81055315

序　1

财务数字化、业财融合在财务领域已经是非常热的主题。问题是如何做到？

陈虎博士曾在他的著作《财务就是IT——企业财务信息系统》中直接点明要害：财务就是IT。这对传统财务人员来说很难想象，财务怎么就成IT了呢？目前国内的财务人员很多，但能真正将财务与业务深度结合并通过数据驱动财务管理、通过业务改进财务的人才极度稀缺。一部分财务人员意识到了这一点，并正在寻求提升个人数字化能力的途径。

Excel是财务人员的必备基础，然而，只掌握Excel还远远不够，因为随着数据量级以及分析复杂度的日益增加，传统Excel的瓶颈逐渐凸显：

- 一旦数据量级变大，传统办公的计算效能就成了障碍；
- 常常要应对多个表的挑战，不断重复的VLOOKUP显然不是一种好的方法；
- 透视表固然强大，但很多需要自定义完成的计算很难实现；
- Excel图表固然多样，但其可视化的方式不够简单，耗费大量时间。

因此，对于基于传统Excel解决财务数字化问题的财务人员来说，企业需要提升的数字化需求与个人能力和工具之间的矛盾日益显著。有自我学习改进之意愿的财务人员会被各种技术类的知识所淹没，新的困惑随之而来：是学习VBA、SQL、Python、Power BI、Tableau，还是什么？

当然，不同数字化工具都各有闪光点，但综合下来，Power BI是必需的财务数字化工具。这体现在：

- Power BI内置的Power Query可以让传统财务人员零代码处理大量数据文件，完全不需要使用代码类的工具，正如*Master Your Data with Power Query in Excel and Power BI*作者所言，现在不需要，以后也不需要学习SQL；

- Power BI 内置的 DAX 可以让传统财务人员零代码构建数据模型，并仅仅使用一些简单函数来构建复杂的财务数字化逻辑；
- Power BI 具备多样的可视化方式，可以轻松将数字转换成丰富的图表；
- 最重要的是 Power BI 可以和 Excel 完全整合，它们不会相互替代，而是将同时成为重要的数字化工具。

那么，问题来了，Power BI 作为一套通用的自助商业智能分析工具，它的设计初衷并非为财务人员准备，对于财务人员来说，他们迫切希望学习：

- 如何将常见的财务类数据表格整合与重塑为标准的数据格式；
- 鉴于财务的表格结构，应该构建怎样的数据模型；
- 基于财务常用的报表，应该怎样实现图表设计及可视化。

对于这些问题，在 Power BI 数字化领域应该给出一些参考。

这本书作者雷元老师有丰富的实战经验，是 Power BI 方面的技术专家，这本书内容就是针对以上问题给出的有力参考。

总之，数字化能力是每个财务人员都必须提升的；Power BI 是这方面性价比极高的实践工具；如果需要一些实践参考，只需要翻开这本书第一页，就会发现这本书就是财务人员需要的。

BI 佐罗

公众号“PowerBI 战友联盟”创始人

序 2

在大数据、财务机器人、智能财务等新名词、新事物不断涌现的今天，财务人员所需的技能也已悄然改变，想做好财务相关工作，不再和十多年前一样——不断考取各种财务证书，埋头提升自己的专业水平——这不再是一条畅通的职场发展之路。无论你是否愿意改变，外部的世界一直在变，财务领域所需要的技能已不仅仅是传统财务知识，而更多的是财务与数据相结合的能力，比如财务数据处理能力、财务分析能力等。

如果你还只会做传统财务工作，被取代的风险会非常高。摆脱传统财务知识的固有思维，在财务专业能力的基础上提升个人的数字化水平，不失为一种明智选择。

Power BI 拥有强大的数据处理能力，以及非常低的使用门槛，已经吸引越来越多的人学习它，其中不少人就是各行各业的财务人员。借助它，每个人都可以轻松连接各种数据源，进行数据分析，快速制作可视化图表，并与其他人共享报告。

财务人员大部分时间都与数据打交道。然而在数据量越来越大的新时代，需要分析的维度也越来越多，仅用 Excel 就显得捉襟见肘。于是财务人员进一步学习 Power BI 来解决工作中的实际问题，就变得非常必要且迫切。

虽然 Power BI 只是一个工具，但也不要低估工具的作用。作为财务人员，无论你处于哪个职级或者哪个岗位，如果不掌握一个工具，你的分析就很难落地，而 Power BI 就是帮你落地的极佳工具。它可以将你的数据分析思维转化为数据分析报告或产品，让别人真正看得见你的财务分析能力。

这本书不仅指导你如何在 Excel 的基础上用强大的 Power BI 做财务报表数据分析，更帮助你提升财务分析能力，让你不仅拥有数据分析思路，还可以将数据分析思路巧妙地落地。希望通过阅读这本书，你将提升自己的财务数字化水平，并帮助企业实现数字化转型！

采悟

公众号“PowerBI 星球”创始人

前　　言

一直以来，财务报表（简称“财报”）分析是读者非常热衷的一个话题。这主要有两个原因：第一，我们大多数人都绕不开投资这件事，而财报分析是关于企业基本面的事情，对于价值投资者，不分析财报是万万不能的；第二，入门财报分析的门槛低，几乎所有人都能达到。

你可能会问：目前市场上已经有许多关于这方面的图书了，这本书有什么不同吗？不错，市面上的确有许多财务分析类图书，绝大部分是介绍分析方法论和案例的。但是这种传统教学方法有其局限性，因为书中鲜有介绍工具应用的，而人的分析能力其实是与对工具的掌握能力息息相关的。

本书不同之处在于除了涵盖分析方法的理论外，更会涉及分析工具的实践。在数据时代，投资者越来越不能满足于只是阅读分析师写的财报分析文章这种单向输出信息的方式，更希望从自己独特的角度去假设、分析和验证自己的想法。因此越来越多的投资者需要掌握一种自助分析的能力，通过适当的分析工具，将数据转换为信息、价值甚至是智慧，指导投资者做出正确的决策。这既是一种能力，也是一种思维转变。

为什么是 Excel 和 Power BI ？选择这两款工具完全是结果导向。Excel 是当今世界毋庸置疑的 BI（商业智能）重要工具，许多财报都是通过 Excel 完成的，很难想象在没有 Excel 的世界中我们如何完成财务分析，因此 Excel 是财务分析领域的必修课。至于 Power BI，这是一款专门用于可视化分析的工具，也可将其理解为专业数据分析工具。与 Excel 相比，Power BI 在数据处理、数据分析、数据可视化与数据共享方面的优势更大，属于进阶型数据分析工具。Power BI 能弥补 Excel 在数据分析方面的某些不足，但又不能完全替代 Excel。至于用哪种工具更优，这取决于具体的数据分析场景，而不是工具本身。总之，二者之间有共通性也有互补性，我们需要综合掌握两种工具，才能令数据分析能力更加全面，从而在数据的海洋中“直挂云帆济沧海”。

迄今为止，我已经完成了7部数据分析著作，本书是具有里程碑意义的一本书，因为本书不再以单纯的工具为主导，内容将从形而下的“器”转换为形而上的“道”。真正的商业分析来自商业与技术的紧密结合，Excel和Power BI作为一种技术手段永远服务于真正的商业需求，而本书恰恰就是为打破技术与商业之间的壁垒而生的。如果读者希望获取更多学习资料，可在我的公众号“BI使徒”中输入“SPY500”，下载学习资料。我希望将本书献给那些长期支持我的读者，也愿本书为数据分析领域贡献一份力量！Carpe diem（抓住机遇，把握现在）！

雷　元

2022年2月

资源与支持

本书由异步社区出品，社区（https://www.epubit.com/）可为您提供相关资源和后续服务。

配套资源

本书提供以下配套资源：

- 学习资料。

您可以在异步社区本书页面中单击 配套资源 ，跳转到下载页面，按提示进行操作即可。

提交错误信息

作者和编辑尽最大努力来确保书中内容的准确性，但难免会存在疏漏。欢迎您将发现的问题反馈给我们，帮助我们提升图书的质量。

当您发现错误时，请登录异步社区，按书名搜索，进入本书页面（见下图），单击“提交勘误”，输入错误信息后，单击“提交”按钮即可。本书的作者和编辑会对您提交的错误信息进行审核，确认并接受后，您将获赠异步社区的 100 积分。积分可用于在异步社区兑换优惠券、样书或奖品。

详细信息 写书评 提交勘误

页码： 页内位置（行数）： 勘误印次：

字数统计

提交

扫码关注本书

扫描右侧的二维码，您将会在异步社区微信服务号中看到本书信息及相关的服务提示。

与我们联系

我们的联系邮箱是 contact@epubit.com.cn。

如果您对本书有任何疑问或建议，请您发电子邮件给我们，并请在电子邮件标题中注明书名，以便我们更高效地做出反馈。

如果您有兴趣出版图书、录制教学视频，或者参与图书翻译、技术审校等工作，可以发电子邮件给我们；有意出版图书的作者也可以到异步社区在线投稿（直接访问 www.epubit.com/contribute 即可）。

如果您所在的学校、培训机构或企业，想批量购买本书或异步社区出版的其他图书，也可以发电子邮件给我们。

如果您在网上发现有针对异步社区出品图书的各种形式的盗版行为，包括对图书全部或部分内容的非授权传播，请您将怀疑有侵权行为的链接发电子邮件给我们。您的这一举动是对作者权益的保护，也是我们持续为您提供有价值的内容的动力之源。

关于异步社区和异步图书

“**异步社区**”是人民邮电出版社旗下 IT 专业图书社区，致力于出版精品 IT 图书和相关学习产品，为作译者提供优质出版服务。异步社区创办于 2015 年 8 月，提供大量精品 IT 图书和电子书，以及高品质技术文章和视频课程。更多详情请访问异步社区官网。

“**异步图书**”是由异步社区编辑团队策划出版的精品 IT 专业图书的品牌，依托于人民邮电出版社近 40 年的计算机图书出版积累和专业编辑团队，相关图书在封面上印有异步图书的 Logo。异步图书的出版领域包括软件开发、大数据、人工智能、测试、前端、网络技术等。

异步社区

微信服务号

目　录

第 1 章　财务报表分析基础

1.1　引言

2020 年是不寻常的一年，全球各行业都受到了新冠肺炎疫情的影响，当然也包括金融界。当年 3 月份，美国股市发生了 2 次熔断暴跌，其速度之快、跌势之猛，实属空前。但神奇的事情随后发生了，股市在猛跌后迅速回血，并一路反弹拉升，到当年年底，美股市场大幅反弹并创下历史新高。标准普尔 500（简称“标普 500”）指数在当年的股价走势如图 1.1 所示。

图 1.1　标普 500 指数在 2020 年的股价走势

不仅如此，美股三大指数在 2021 年继续一路高歌猛进，其中以科技类股的涨幅最为惊人，人们不禁要问：天花板在哪里？又是什么原因造成股市的一路上扬呢？你可能会找出很多不同的因素，例如美国联邦储备系统加大对市场注资，市场低利率，新冠疫苗问世，人们对新冠肺炎疫情恐惧度下降，等等。的确，造成股市波动的因素不止一个，而以上所提及的因素均为宏观因素，也就是所谓“大环境”影响的因素。但即使在宽松的大环境背景下，个股的表现也是千差万别的，有表现优异的，也有表现平平甚至跑输大盘的，个股的表现很大程度上受到企业基本面因素的影响。

从价值的角度理解，基本面决定了一家企业的内在价值，而股票价格只不过是其内在价值的外在体现，是一种价值延伸。当价格低于价值时，我们便判定这股票“便宜”了，于是选择买入股票，然后等待价格向价值回归，以获取利润。对于价值投资者，利润是对正确估值与保持耐心的一种奖赏。因此，分析企业的基本面与股票估值便是一门很有价值的学问。

1.2 什么是财务报表分析

> 财务报表分析是对企业财务报表所提供的数据进行加工、比较、评价和解释。财务报表分析的目的，在于判断企业的财务状况和诊察企业经营管理的得失。通过分析，可以判断企业财务状况是否良好，企业的经营管理是否健康，企业业务前景是否光明，同时，还可以通过分析，找出企业经营管理的症结，提出解决问题的办法。

以上是摘自百度百科关于财务报表分析的诠释。按照惯例，下文我们将财务报表分析简称为财报分析将财务报表简称为财报。如果要通俗一点的话，我们可以这样描述：财报分析是一种对企业基本面的财务分析方法，主要通过分析三大表——资产负债表、利润表和现金流量表，评估企业的基本面状况，预测未来发展趋势，包括对股票证券的估值。

值得一提的是，这三张表并不是孤立的，而是彼此存在着紧密联系，在这三张表中包含了大量的财务指标，为财报分析提供了完善的基础数据。分析人员需要做的便是“按图索骥”，将这些线索串起来，最终得出分析结论。

严格来讲，一套完整的财务报表还包括了股东权益变动表与财务附注表。由于股东权益变动对估值的影响不大，也限于篇幅的原因，股东权益变动表不在本书的讨论范围。财务附注表是深度分析公司基本面必不可少的部分，例如，当我们深度研究微软公司财报时，就需要使用到财务附注表，该表提供商业子部门的具体收入和营收信息，如表 1.1 所示，这些都是主表中所不具备的。

表 1.1 微软财务附注表中的财务信息

微软子部门营收与营运收入（单位：美元）			
	2021 财年	2020 财年	百分比变化
营收			
生产力和业务流程	539.15 亿	463.98 亿	16%
智能云	600.80 亿	483.66 亿	24%

续表

微软子部门营收与营运收入（单位：美元）			
	2021财年	2020财年	百分比变化
个人计算业务	540.93亿	482.51亿	12%
总和	1680.88亿	1430.15亿	18%
营运收入			
生产力和业务流程	243.51亿	187.24亿	30%
智能云	261.26亿	183.24亿	43%
个人计算业务	194.39亿	159.11亿	22%
总和	699.16亿	529.59亿	32%

财报是反映公司经济活动最客观和最简洁的语言，帮助我们从“俯视”的角度了解公司财务全貌。财报分析具有以下这些特性。

- **客观性：**所有的分析数据都是基于真实历史经济活动的数据。
- **实践性：**财报分析属于实践性学科，实践性内容比理论性内容更为重要。
- **标准性：**世界上绝大多数企业都遵从相同或相似的会计原则。
- **易用性：**财报分析入门简单，适用于个人投资分析。

1.3 谁需要看懂财务报表分析

并不是只有股民才需要了解财报分析，不同人对财报分析有着不同的需求目的，我们归纳了以下六类对财报分析有需求的角色，如表1.2所示。

表1.2 财报分析使用角色与需求

角色	财报分析需求
债权人	评估企业是否有偿还债务的能力
股东	评估企业的财务能力、评估企业的投资价值
证券分析师	与股东相似，证券分析还会发布相关的财务分析报告与估值
管理人员	了解公司的运营状况，提高管理水平
会计人员/审计人员	评估企业是否遵从相关会计准则合理公开财务信息
税务人员/证监人员	确保企业依法纳税，遵守行业法规要求

本书主要面向的人群为股东和证券分析师，后续的内容也将围绕企业财报分析的四大能力而展开，如图 1.2 所示。财报分析不仅仅是金融专业人士的必修课，也是让所有投资者受益一生的一项分析技能。毫不夸张地说，要成为成功的价值投资者，看懂财报分析不是万能的，但是不懂财报分析是万万不能的。

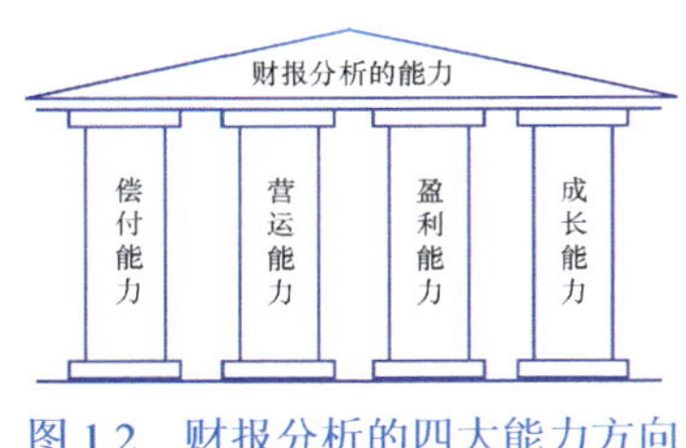

图 1.2 财报分析的四大能力方向

1.4 获取财务分析数据

如今的搜索引擎都非常智能，返回的搜索结果不仅仅是网址链接，还可以直接返回你需要的结果（不过有些数据可能需核查），如图 1.3 所示。虽然这种方式也能获取数据，但因为数据是以长字符串形式存在的，所以无法直接用于分析使用。

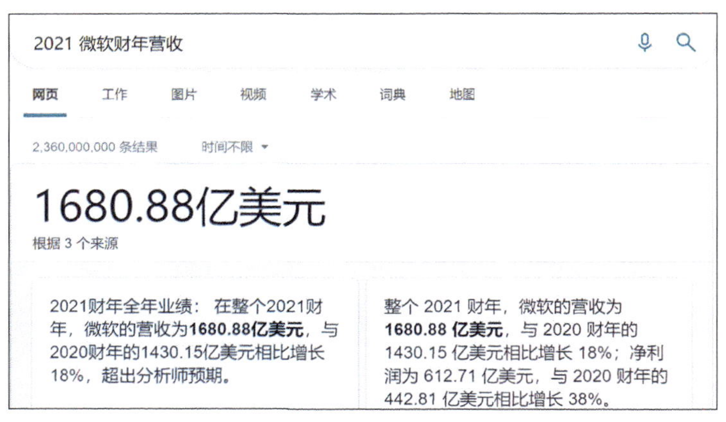

图 1.3 在搜索引擎下直接搜索微软营收的结果

对于大多数普通用户，更可取的方式是访问并下载财经网站上的数据。目前国内外有许多网站都提供免费的财务数据，例如雅虎财经、雪球等网站，图 1.4 为雪球网站的信息。市面上有很多图书以介绍国内 A 股市场股票为主，本书另辟蹊径，主要以美国股市上市企业为介绍对象，为读者提供不同的市场视角。

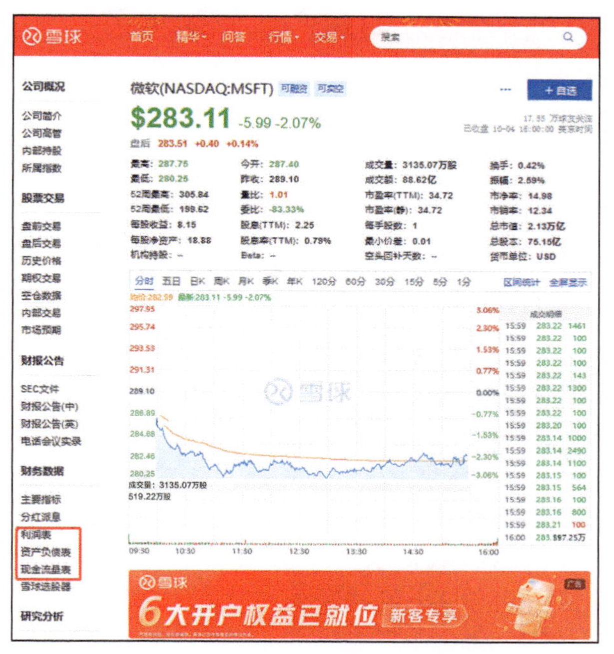

图 1.4 雪球网站中的微软财务报表

对于美国市场投资者，除了以上网站资源，用户还可浏览具体企业官网或者美国证券交易委员会（The U.S. Securities and Exchange Commission，SEC）官网下载更为详尽的财务资料，如图 1.5、图 1.6、图 1.7 所示。

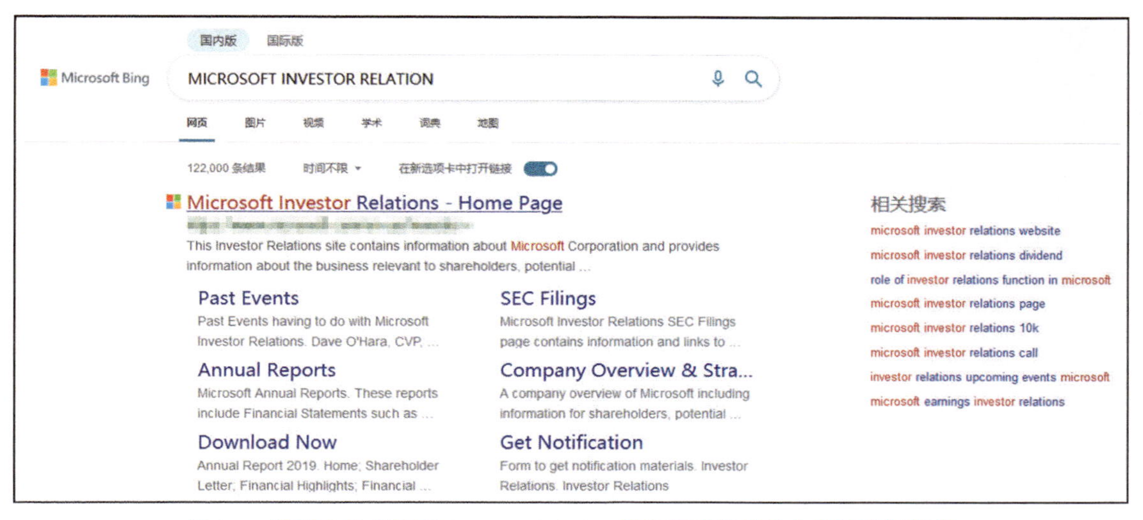

图 1.5 通过企业名称和 Investor Relation 关键词查找相关企业的财报信息

图 1.6 在微软官网单击 Annual Reports 菜单查找财务年报

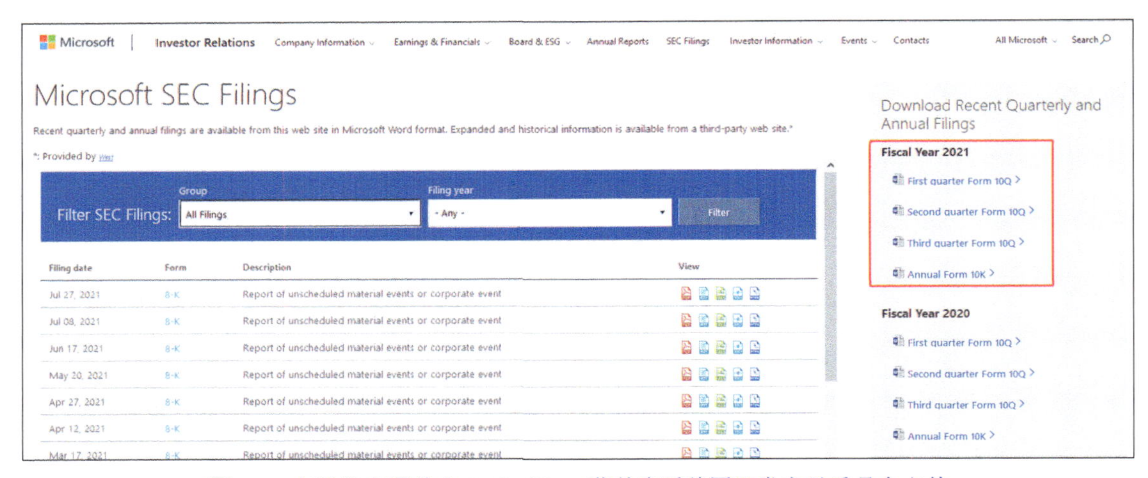

图 1.7 在微软官网单击 SEC Filings 菜单查看美国证券交易委员会文件

值得一提的是，美国企业通常会向大众以及证券交易委员会提供季度与年度财务报表，又被称为 SEC Filings。季度财务报表被称为 10-Q、年度财务报表被称为 10-K。企业一般会在年报中披露更多的企业信息，如企业战略、商业模式、CEO 总结回顾与未来展望。这些信息对于财务分析也同样重要，属于三大表以外的额外信息。

一些企业会使用自然年作为财年，例如，亚马逊的 2021 财年 Q1 是指自然年 2021 年 1 月 1 日开始的 3 个月。另一些企业财年则从年中某个季度开始，例如，微软的 2021 财年 Q1 是指自然年 2020 年 7 月 1 日开始的 3 个月。当进行企业横向比较时，一定要注意对比相同时间、区间的数据。

如果投资者需要集中查找多家企业的 10-Q 或 10-K，建议登录美国证券交易委员会官网，直接查找企业代码，获取更多信息，如图 1.8 所示。

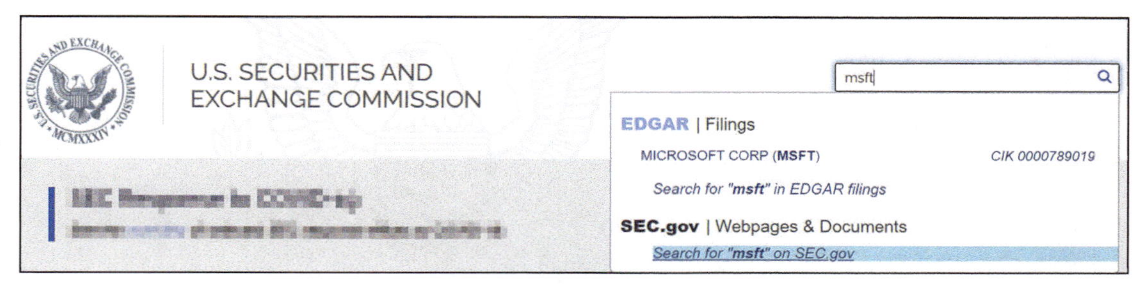

图 1.8 在美国证券交易委员会官网搜索具体企业财务信息

注意，对于在美国上市的非美国企业，季度财务报表被称为 6-K、年度财务报表被称为 20-F，如图 1.9 所示。

38 search results

Show Columns

☑ Filed ☑ Reporting for ☐ CIK ☐ Located ☐ Incorporated ☐ File number ☐ Film number

Form & File	Filed	Reporting for	Filing entity/person
6-K (Current report) EX-99.1	2017-04-25	2017-04-25	New Oriental Education & Technology Group Inc. (EDU)
6-K (Current report) EX-99.1	2017-07-26	2017-07-26	New Oriental Education & Technology Group Inc. (EDU)
6-K (Current report)	2021-03-08	2021-03-08	New Oriental Education & Technology Group Inc. (EDU)
F-3ASR (Registration statement) EX-8.2	2020-10-23		New Oriental Education & Technology Group Inc. (EDU)
424B5 (Prospectus)	2020-11-03		New Oriental Education & Technology Group Inc. (EDU)
6-K (Current report) EX-99.1	2017-10-24	2017-10-24	New Oriental Education & Technology Group Inc. (EDU)
20-F (Annual report - foreign issuer)	2020-09-16	2020-05-31	New Oriental Education & Technology Group Inc. (EDU)

图 1.9 新东方科技教育集团的 6-K 和 20-F 报表

一些专业付费证券交易平台如万得（Wind）也提供下载财务数据功能，如图 1.10 所示。

	A	B	C	D	E
1	中国恒大[3333.HK] - GSD.资产负债表	2021-06-30	2020-12-31	2019-12-31	2018-12-31
2	报告期	中报	年报	年报	年报
3	报表类型	合并报表	合并报表	合并报表	合并报表
4	**流动资产：**				
5	现金及现金等价物	8,677,200	15,875,200	15,005,600	12,936,400
6	交易性金融资产	160,400	319,500	92,100	117,300
7	其他短期投资		1,599,400	70,900	1,086,200
8	应收款项合计	36,132,800	29,307,200	28,562,500	26,214,700
9	应收账款及票据	4,164,500	3,921,900	4,526,400	3,251,700
10	其他应收款	31,968,300	25,385,300	24,036,100	22,963,000
11	存货	142,383,600	140,673,900	132,803,500	109,377,300
12	其他流动资产	7,905,300	2,718,200	8,146,800	7,843,200
13	**流动资产合计**	195,259,300	190,493,400	184,681,400	157,575,100
14	**非流动资产：**				
15	固定资产净值	8,102,700	7,573,100	5,579,800	4,079,400
16	权益性投资	11,573,600	9,227,000	8,781,100	6,704,600
17	持有至到期投资				
18	可供出售投资				
19	其他长期投资	16,883,500	17,549,200	17,214,800	17,285,700
20	商誉及无形资产	4,131,800	3,707,900	2,930,100	201,900
21	土地使用权				946,600
22	其他非流动资产	1,806,600	1,565,300	1,470,500	1,209,500
23	**非流动资产合计**	42,498,200	39,622,500	35,976,300	30,427,700
24	**总资产**	237,757,500	230,115,900	220,657,700	188,002,800

图 1.10 从万得平台导出具体企业的资产负债表信息

大家可能发现不同平台下载的财报格式有所不同，如图 1.11 所示。可前文不是说财报要遵循统一的会计准则吗？实际上，美国会计准则委员会（Financial Accounting

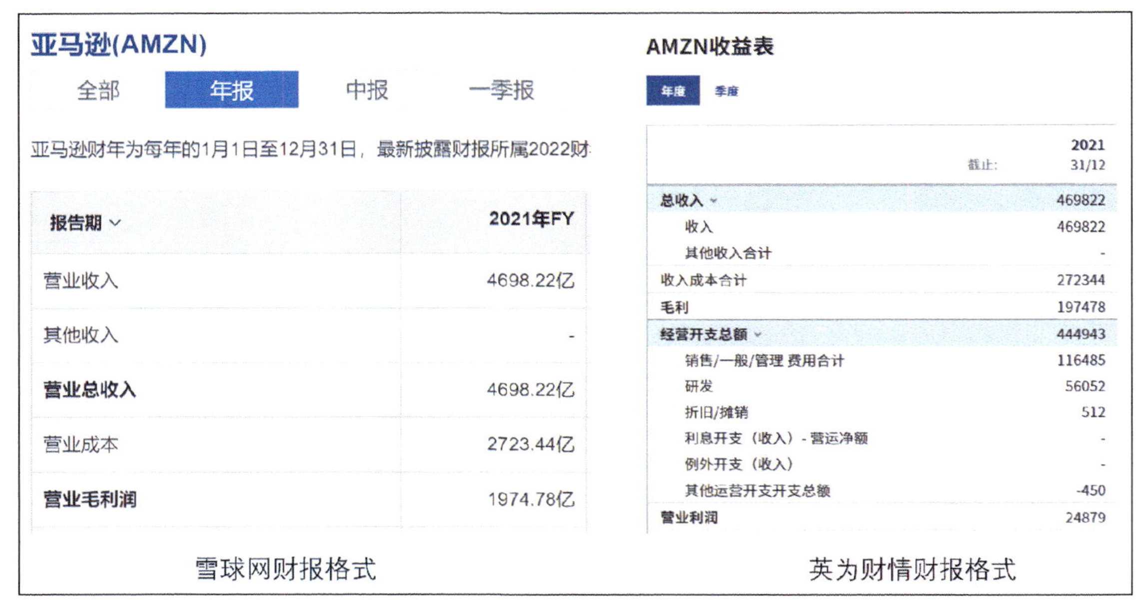

图 1.11 不同网站平台具有不同的财报格式

Standards Board，FASB）负责制定并发布会计准则，美国市场所使用的会计准则为公认会计准则（General Accepted Accounting Principle，GAAP)。该准则规定了科目会计定义，例如，怎样计算研发费用、折旧与摊销。财经平台也都是引用统一的数据集，但各家财经平台有独立的报表格式，这是被允许的，并不影响财报数据结果。另外，总部位于伦敦的国际会计准则理事会（International Accounting Standards Board，IASB）也发布了一套独立的准则，被称为国际财务报告准则（International Financial Reporting Standards，IFRS），这也是中国市场采用的会计准则。虽然 GAAP 与 IFRS 是两套独立的会计准则，但实际二者的大部分内容是非常相近的，仅在一些细节方面存在差异。我们建议读者比较不同平台的格式，并选择最适合自己使用的格式。因为我们需要保证数据源格式的统一性，一旦确认后，则不要轻易更换数据平台。

有必要再强调一下，10-K 和 20-F（包括 10-Q、6-K）包含了非常有价值的全面的基本面信息，包括公司重大事件或前瞻指引。例如，特斯拉在 2021 年度财报中提到在柏林新建工厂，显示特斯拉基本面向好，但这些非量化信息是不会在财报数据中体现的。

1.5 可视化分析财务报表步骤

在传统分析中，我们经常采用表格呈现分析结果，表格的确是一种很重要且高效的可视化呈现方式，但也有其自身的局限，如表 1.3 所示。

表 1.3 表格制分析数据的优势与劣势

优势	劣势
创建难度小	特征不够直观
简单精确	不适合显示太多数字
数字直观	不利于比较

目前的主流分析趋势会强调可视化对分析的作用，也就是通过图形、颜色、位移、大小等一系列可视化元素来呈现分析结果，帮助用户洞察分析结果，这也是本书内容的侧重点之一。此外，本书内容将涉及如图 1.12 所示的 4 个方面的知识。

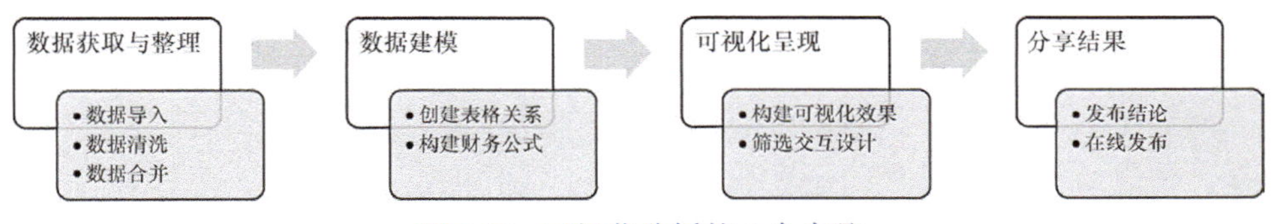

图 1.12 可视化分析的 4 个步骤

1. 数据获取与整理

多数情况下，我们需要将财务数据下载并导入到电子表格中，直接下载的数据通常需要进一步的整理，例如部分下载数据会带有单位格式的字符串数字，因此我们要将“文本”转化为“数值”，如图 1.13 所示。如果分析数据涉及多家企业，我们还需要考虑对数据进行“追加”。如果获取的数据并未经过处理，这个阶段往往需要花费很高的人工处理时间，而我们的目标是尽量实现自动化数据获取与整理任务，将节省的时间用于有价值的分析。

特斯拉公司利润表 (单位：美元)	2021年Q6	2021年Q1	2021年Q6	2021年Q1
营业收入	223.47亿	103.89亿	223.47	103.89
其他收入	-	-		
营业总收入	223.47亿	103.89亿	223.47	103.89
营业成本	172.48亿	81.74亿	172.48	81.74
营业毛利润	50.99亿	22.15亿	50.99	22.15
市场、销售和管理费用	20.29亿	10.56亿	20.29	10.56
研发费用	12.42亿	6.66亿	12.42	6.66
净利息费用	1.53亿	8900.00万	1.53	0.89
利息收入	2100.00万	1000.00万	0.21	0.1
利息支出	1.74亿	9900.00万	1.74	0.99
营业支出特殊科目总计	-7800.00万	-1.01亿	-0.78	-1.01
营业支出总计	33.46亿	17.10亿	33.46	17.1
营业利润	17.53亿	5.05亿	17.53	5.05
子公司股权权益收入	-	-		
税前营业收入特殊科目	7300.00万	2800.00万	0.73	0.28
税前利润	18.26亿	5.33亿	18.26	5.33
所得税	1.84亿	6900.00万	1.84	0.69
税后利润	16.42亿	4.64亿	16.42	4.64
净利润	16.42亿	4.64亿	16.42	4.64
归属于普通股股东的净利润	15.80亿	4.38亿	15.8	4.38
少数股东损益	6200.00万	2600.00万	0.62	0.26
归属于优先股净利润及其他项	0	0		
归属于母公司股东的净利润	15.80亿	4.38亿	15.8	4.38
其他综合收益				
综合收益总额	14.85亿	2.44亿	14.85	2.44
其中：归属于少数股东的综合收益	6200.00万	2600.00万	0.62	0.26
归属于母公司股东的综合收益	14.23亿	2.18亿	14.23	2.18
每股收益				
基本每股收益	1.64元	0.46元	1.64	0.46
稀释每股收益	1.41元	0.39元	1.41	0.39
基本每股收益、稀释每股收益为元				

图 1.13　将文本字符串转换为数值字符串

2. 数据建模

当数据被清理干净后，我们将建立表关系和度量公式。由分析的目的而定，建模过程或者简单，或者复杂。分析类型大致分为三种：垂直分析、水平分析、个体对比分析。

垂直分析是指在同一会计期间，通过不同数值的比率分析得出企业的财务指标，如市盈率、净利润率等[①]，如图 1.14 所示。

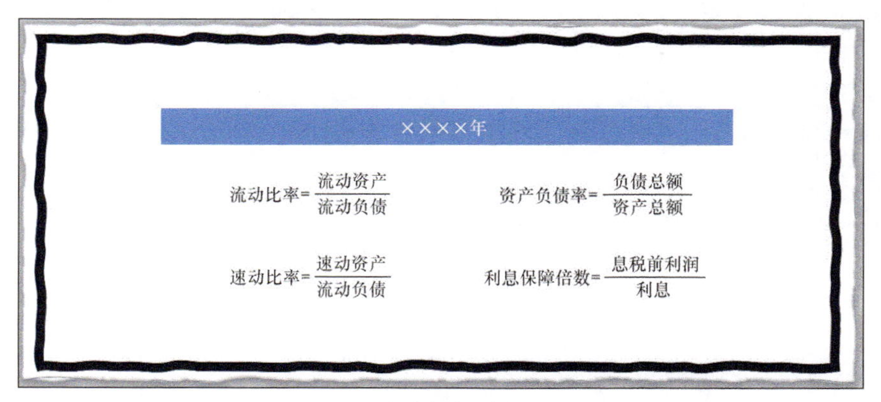

图 1.14 垂直分析的财务 KPI 例子

水平分析是指针对同一指标在不同会计期间的等比或环比分析，通过观察历史，以预测未来趋势，如图 1.15 所示。

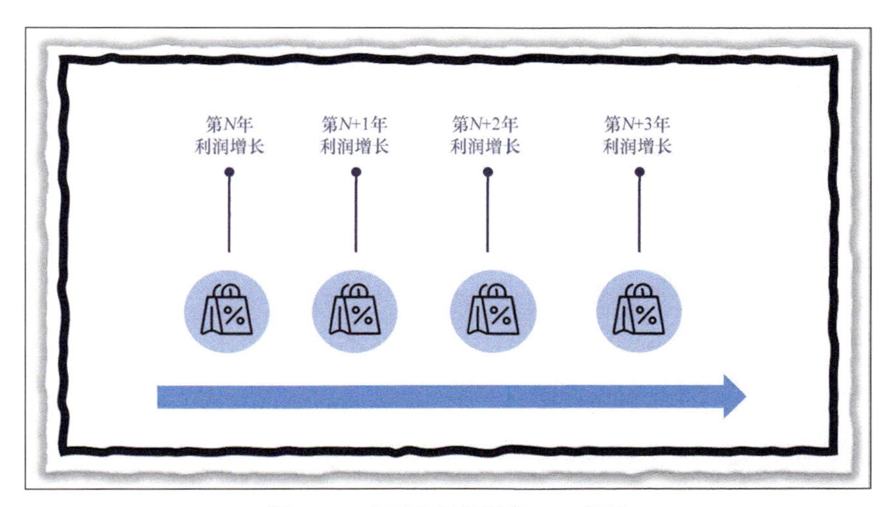

图 1.15 水平分析的财务 KPI 例子

个体对比分析是指在企业个体之间进行横向对比的分析，这有助于对比选择优于平均水平的公司。例如，我们打算投资 FAAMG（Meta Platforms[②]、亚马逊、苹果、微软、谷歌）五家科技公司之一，那我们便可以对这些企业的财务指标进行横向对比分析，如图 1.16 所示。

① 书中涉及“率”的公式，为了计算和表示方便统一没有乘以 100%。

② FAAMG 中的 F 为 Facebook，2021 年 10 月 Facebook 改名为 Meta Platforms。为行文方便，本书仍然沿用 FAAMG 的称谓。

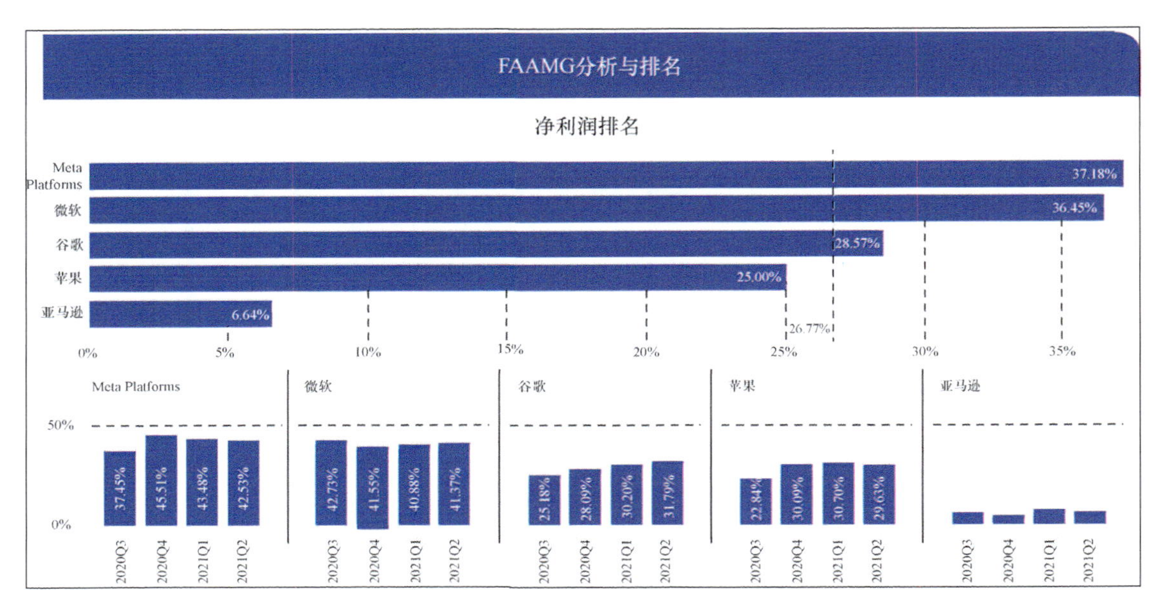

图 1.16 FAAMG 的净利润率对比

3. 可视化呈现

图 1.17 是传统表格方式呈现的利润表，前文已经解释了可视化分析的益处。

微软公司财务利润表 -单位（亿美元）、每股收益为美元

Year Month	2020-12	2019-12
-	季度利润科目金额	季度利润科目金额 PY
营业收入	\$430.76	\$369.06
营业总收入	\$430.76	\$369.06
营业成本	\$141.94	\$123.58
营业毛利润	\$288.82	\$245.48
市场、销售和管理费用	\$60.86	\$60.54
研发费用	\$48.99	\$46.03
营业利润	\$178.97	\$138.91
税前营业收入特殊科目	\$4.40	
所得税	\$28.74	\$24.36
净利润	\$154.63	\$116.49
综合收益总额	\$157.20	\$114.55
基本每股收益	\$2.04	\$1.53
稀释每股收益	\$2.03	\$1.52

图 1.17 用表格呈现的微软季度利润表同比

丰富的可视化方式不仅帮助用户看到基础数据，还进一步延伸分析能力。在图 1.18 中，可视化还展示了利润表科目的绝对值差异、百分比差异，给人更为直观的体验。

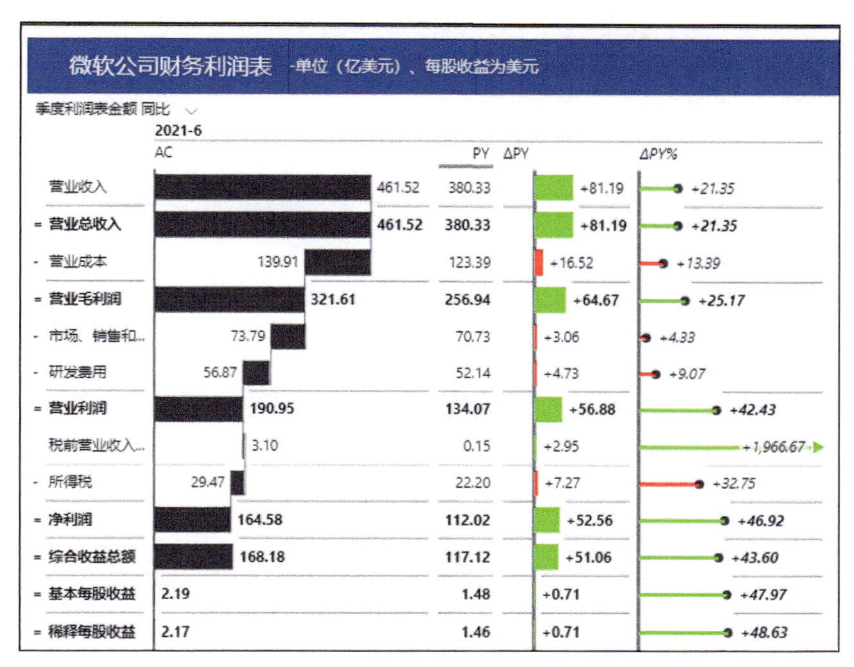

图 1.18 用高级可视化 Zebra BI 呈现微软季度利润表同比

4. 分享结果

这也许是被大多数人忽略的一个步骤，一般人想到的可能是通过 PPT 截图或制作网页的方式发布内容。对于大多数普通用户而言，制作网页有一定的门槛，大家更擅长的是通过静态 PPT 分享结果。这种方式的优势与劣势如表 1.4 所示。

表 1.4 静态 PPT 分享的优势与劣势

优势	劣势
创建难度小	静态数据，无法动态筛选
美观	无法与其他用户互动
直观、易于理解	容易有版本管理问题

随着科技的进步，分析者有更多的选择方式来分析结果。例如，将 Excel 或 Power BI 报表发布到 Power BI service 中，为分享带来更多便利。图 1.19 是 Power BI service 的股票分析应用示例，拥有 Pro 版许可权限的用户，可登录 Power BI service 并直接使用该服务。

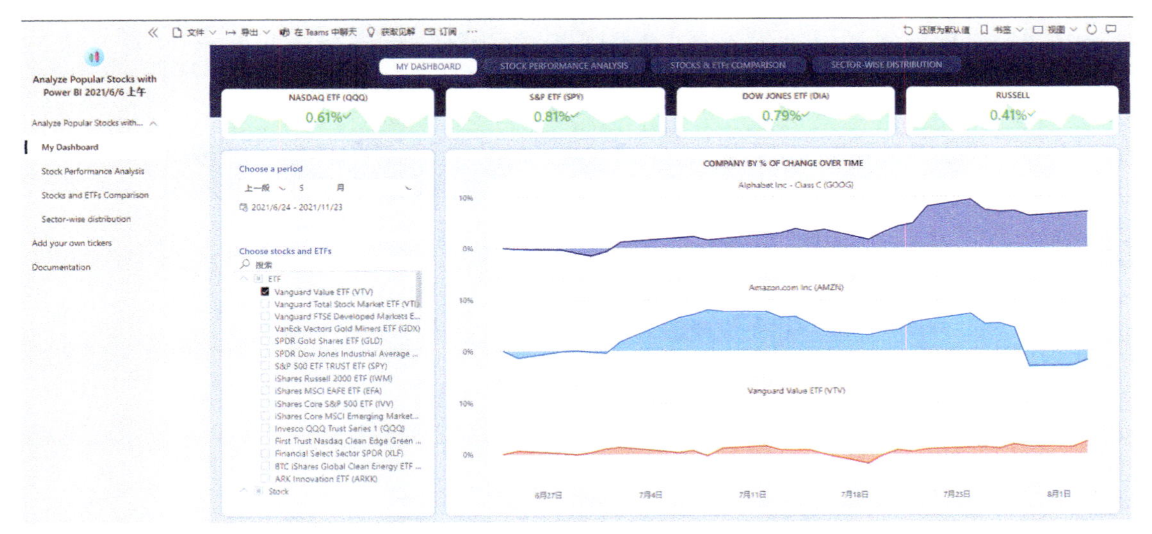

图 1.19　Power BI service 的股票分析应用示例

本章小结

在本章中，我们主要介绍了财报分析及其特点。财报分析有不同的需求用户群体，而本书主要面向的用户是股东和证券分析师，本书介绍财报分析的最终目的是帮助用户对比与筛选优质的投资标的。本章还介绍了获取财报数据的方法，尤其针对美国市场的财报数据特点进行介绍。最后，我们介绍了可视化分析的步骤，并阐明可视化分析的方式比传统的报表形式更能帮助用户洞察数字背后的价值。

第2章 财务报表分析工具比较

目前，Excel是当今世界毋庸置疑的电子制表的重要工具，许多财务报表都是通过Excel公式完成的，很难想象在没有Excel的世界中我们将如何完成财报分析，因此Excel是财报分析领域的必修课。Power BI是一款专门用于可视化分析的工具，也可以将其简单理解为专业数据分析工具。与Excel相比，Power BI能弥补Excel在数据分析方面的某些不足，但又不能完全替代Excel。至于用哪种工具更优，这取决于具体的数据分析场景。总之，二者之间有共通性也有互补性，我们需要综合掌握两种工具，使我们的数据分析能力得到强化。

2.1 Excel的特点与优势

有这样一则笑话：

问："在BI世界中，请问排名第三常用的按钮是什么？"
答："保存到Excel。"
问："那么排名第一和第二的按钮又是什么呢？"
答："是OK（存到Excel）和Cancel（取消保存到Excel)"。

从这则笑话中，我们不难看出Excel的受欢迎程度。再用一句俗语来形容Excel的领导者地位，那就是："一直被模仿，从未被超越"。如果这个世界只允许保留一种数据分析工具，大多数人会不约而同地选择Excel。对于数据分析用户而言，我们思考的不是要不要掌握Excel，而是要掌握Excel到何种程度。为了更好地说明Excel的优势，我们总结了以下重点功能。

1. 丰富的Excel函数

Excel中有丰富的聚合函数选择，包括日常我们接触的SUM、AVERAGE、COUNT、MAX、MIN等，图2.1为在Excel中用SUM对字段进行汇总的示例。

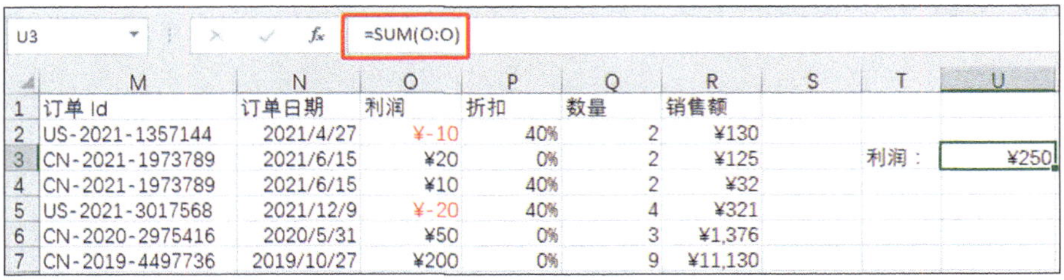

U3 =SUM(O:O)

	M	N	O	P	Q	R	S	T	U
1	订单 Id	订单日期	利润	折扣	数量	销售额			
2	US-2021-1357144	2021/4/27	¥-10	40%	2	¥130			
3	CN-2021-1973789	2021/6/15	¥20	0%	2	¥125		利润：	¥250
4	CN-2021-1973789	2021/6/15	¥10	40%	2	¥32			
5	US-2021-3017568	2021/12/9	¥-20	40%	4	¥321			
6	CN-2020-2975416	2020/5/31	¥50	0%	3	¥1,376			
7	CN-2019-4497736	2019/10/27	¥200	0%	9	¥11,130			

图 2.1 在 Excel 中用 SUM 对字段进行汇总

BI 工具光有聚合功能是不够的，筛选功能也是不可缺失的。你用过 SUMIF 吗？在图 2.2 中，我们用 SUMIF 对所有利润小于 0 的记录进行汇总。

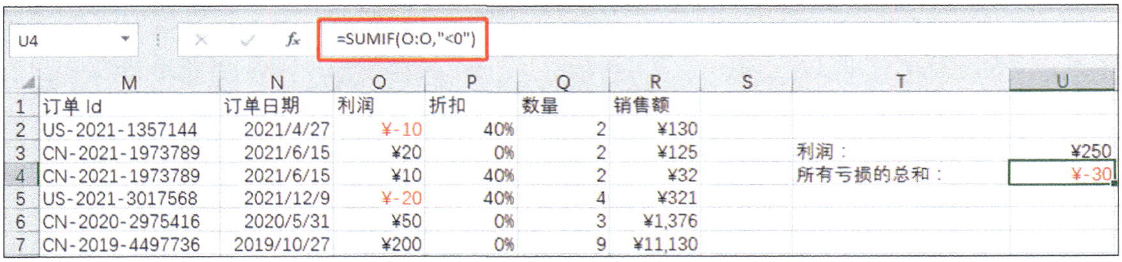

U4 =SUMIF(O:O,"<0")

	M	N	O	P	Q	R	S	T	U
1	订单 Id	订单日期	利润	折扣	数量	销售额			
2	US-2021-1357144	2021/4/27	¥-10	40%	2	¥130			
3	CN-2021-1973789	2021/6/15	¥20	0%	2	¥125		利润：	¥250
4	CN-2021-1973789	2021/6/15	¥10	40%	2	¥32		所有亏损的总和：	¥-30
5	US-2021-3017568	2021/12/9	¥-20	40%	4	¥321			
6	CN-2020-2975416	2020/5/31	¥50	0%	3	¥1,376			
7	CN-2019-4497736	2019/10/27	¥200	0%	9	¥11,130			

图 2.2 在 Excel 中用 SUMIF 对字段进行汇总

除了 SUMIF，你还知道 SUMIFS 吗？ SUMIF 只允许输入一个筛选条件，但 SUMIFS 一次允许输入多个筛选条件，在图 2.3 中，我们通过 SUMIFS 对所有“订单 Id”为 CN 开头的记录的利润进行汇总。比起 SUMIF，SUMIFS 功能更为强大。

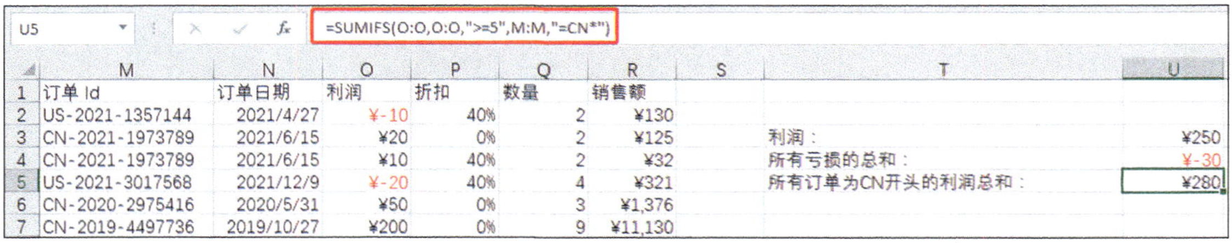

U5 =SUMIFS(O:O,O:O,">=5",M:M,"=CN*")

	M	N	O	P	Q	R	S	T	U
1	订单 Id	订单日期	利润	折扣	数量	销售额			
2	US-2021-1357144	2021/4/27	¥-10	40%	2	¥130			
3	CN-2021-1973789	2021/6/15	¥20	0%	2	¥125		利润：	¥250
4	CN-2021-1973789	2021/6/15	¥10	40%	2	¥32		所有亏损的总和：	¥-30
5	US-2021-3017568	2021/12/9	¥-20	40%	4	¥321		所有订单为CN开头的利润总和：	¥280
6	CN-2020-2975416	2020/5/31	¥50	0%	3	¥1,376			
7	CN-2019-4497736	2019/10/27	¥200	0%	9	¥11,130			

图 2.3 在 Excel 中用 SUMIFS 对字段进行汇总

2. 专业的财务内置函数

Excel 中集成了许多如 NPV（净现值）、FV（未来价值）、PV（现值）等的财务函数，用户可以直接套用这些函数进行财务计算，如图 2.4 所示。

要查阅更多财务函数以及用法，用户可在图 2.5 中单击公式标识①、选择类别②、选择对应的函数③，查看具体的函数说明。

=NPV(E2,C7:C11)+H8

	折现率	8%	初始投资金额
	NPV 场景1	$1,671.63	($10,000.00)
	NPV 场景2	$2,284.63	($10,000.00)

场景1		场景2	
第1年收入	$ 2,000	第1年收入	$ 4,000
第2年收入	$ 2,500	第2年收入	$ 3,500
第3年收入	$ 3,000	第3年收入	$ 3,000
第4年收入	$ 3,500	第4年收入	$ 2,500
第5年收入	$ 4,000	第5年收入	$ 2,000
总和	$ 15,000	总和	$ 15,000

图 2.4 Excel 的 NPV 计算示例

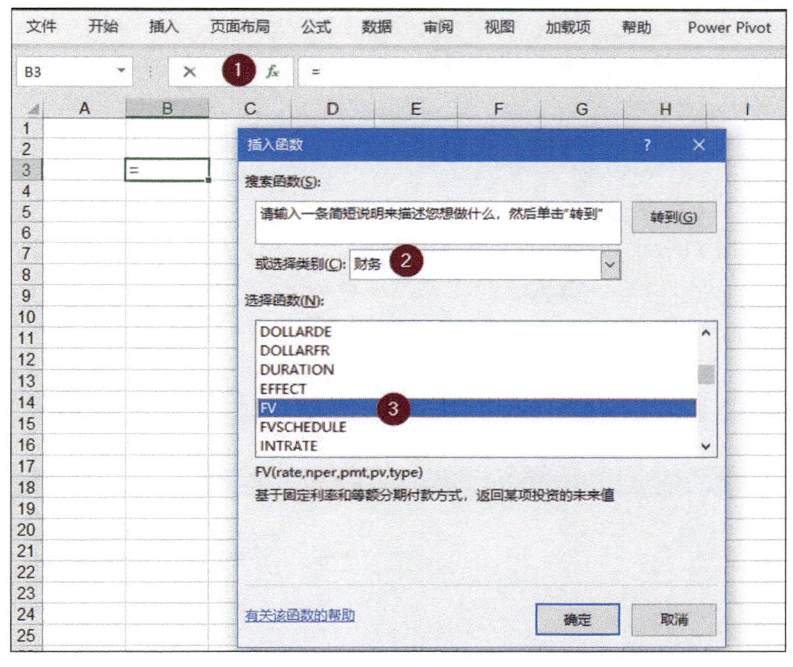

图 2.5 在 Excel 中查阅更多的财务函数

3. 高级 VBA 程序功能

Excel 中的 VBA 功能用于 Excel 编程，更加丰富了 Excel 的自动化功能。例如，我们可以在 Excel 中利用 VBA 功能添加按钮、复选框、列表等组件，实现高级、复杂的分析应用场景，如图 2.6 所示。

但是 VBA 功能仅能在线下使用，Excel Online 并不支持 VBA 功能。目前微软已推出 Office Script，作为 Excel Online 编程的补充，未来趋于云平台的应用会越来越多，Office Script 也将被更多人广泛使用。另外，尽管 Excel 中有自动录制宏功能（自动产生 VBA 代码），但如果要创建复杂的分析应用，VBA 还是有一定学习门槛的。

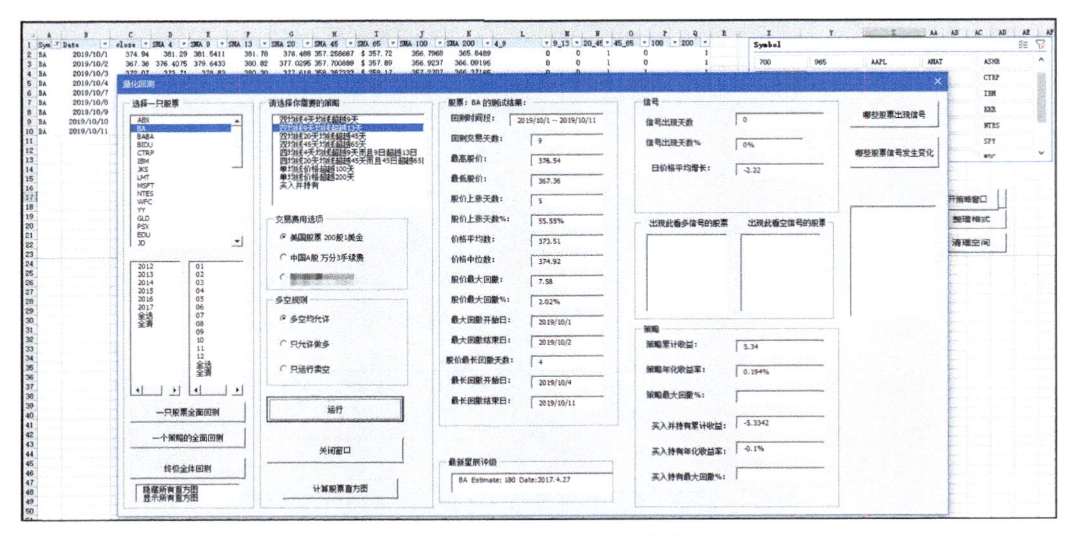

图 2.6 Excel 中用 VBA 编写软件应用

4. Power Query 与 Power Pivot

自 Excel 2013 推出以来，微软已经将 Power Query（见图 2.7）、Power Pivot（见图 2.8）应用与 Excel 结合，大幅提升了 Excel 作为数据分析工具的综合功能，这对于 Excel 的功能和应用升级有里程碑意义。这也意味着，要成为 Excel 专业人才，我们不光需要学习经典 Excel 函数与功能，还需要掌握 M 语言与 DAX 语言。

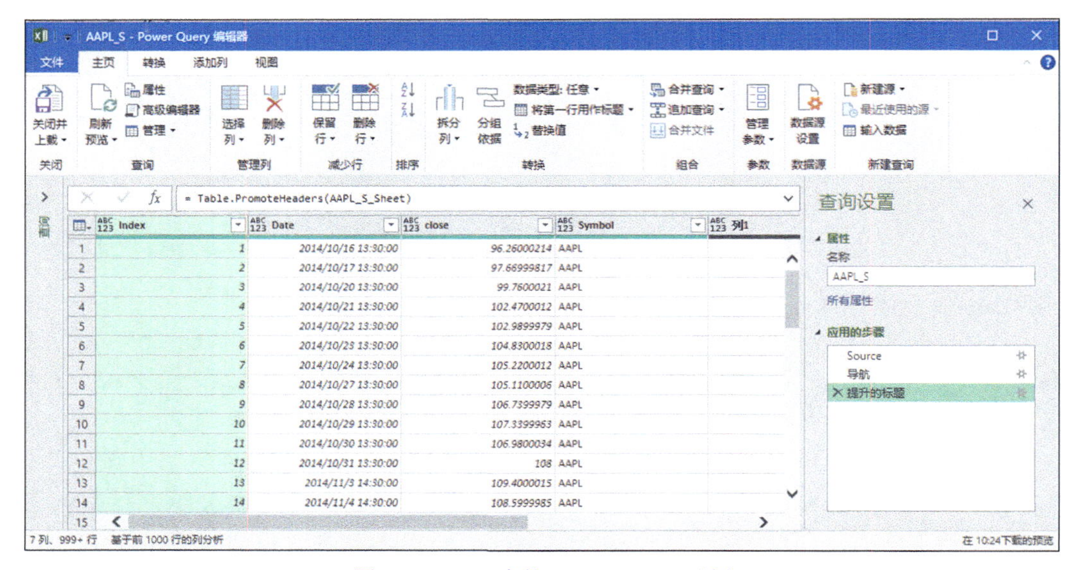

图 2.7 Excel 中的 Power Query 示例

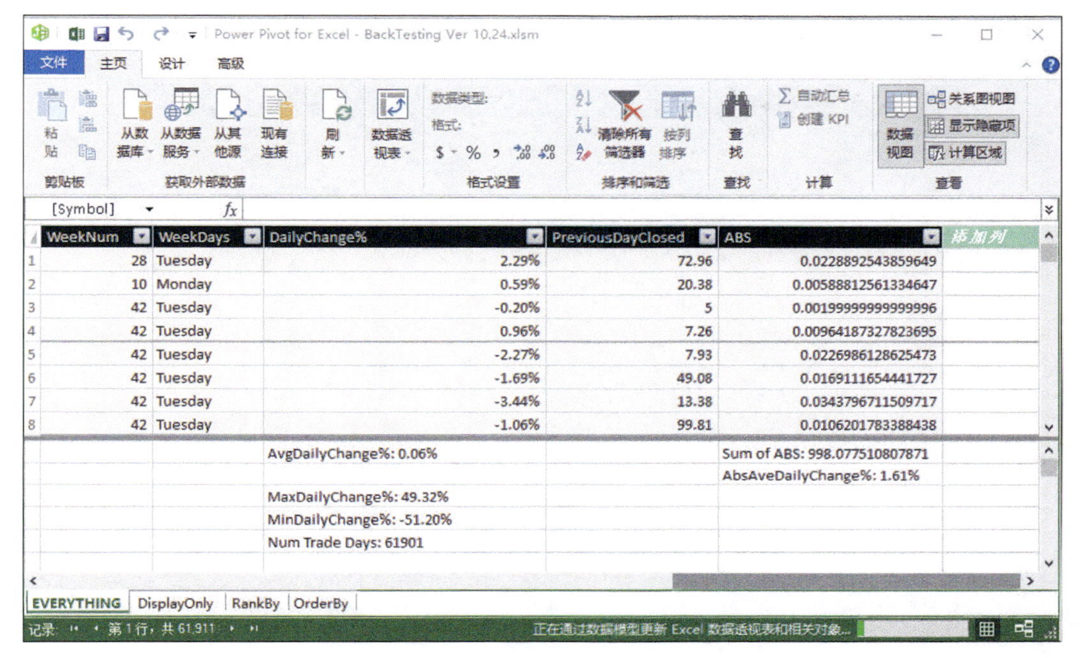

图 2.8　Excel 中的 Power Pivot 示例

2.2　Excel 的短板

尽管 Excel 提供了丰富的可视化图形解决方案，但仍然有不足之处，其可视化分析功能还有待提升，例如，可视化图形之间无法交互，缺乏第三方开发图形补充，设计界面不够直观，等等。Excel 属于微软早期开发的产品，基于当时的技术发展，Excel 主要作为一款线下分析工具，没有像 Power BI service 那样的软件即服务（Software-as-a-Service，SaaS）功能，这是先发的局限。作为线下工具，Excel 的线上集成功能不强，无法与其他微软云应用形成高度衔接。当然，我们也不能过分苛责，任何一款工具都是无法做到面面俱到的。

2.3　Power BI 的特点与优势

1. 丰富的 DAX 函数

Power BI 的灵魂功能是数据分析，而数据分析的灵魂是 DAX 函数。没有 DAX 支持的 Power BI 几乎是不可想象的。DAX 也能实现很丰富的聚合与筛选功能。我们可以通过

DAX 实现和 SUMIF 相同的结果，如图 2.9 所示。

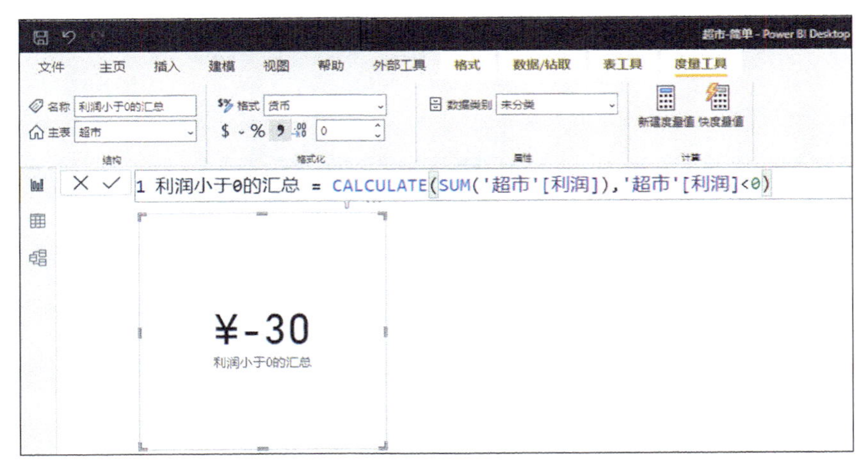

图 2.9 用 Power BI 实现与 Excel 同样的计算

2. 可视化体验升级

作为一款专业可视化数据分析应用，微软将 Power BI 的可视化功能提升到了一个新高度。用户可在 Power BI 中使用各种丰富的可视化图形，包括第三方可视化应用，且操作简单易用。目前 Power BI 可视化对象总数已经超过 200 种，图 2.10 为 Power BI 经典的可视化对象。不仅如此，可在 Power BI 中设置可视化图形之间的交互行为，如图 2.11 所示。

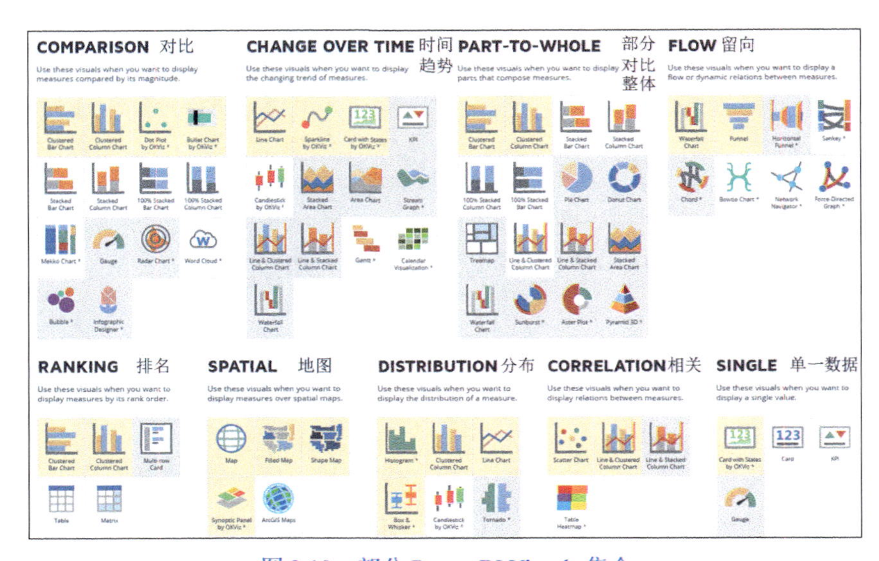

图 2.10 部分 Power BI Visuals 集合

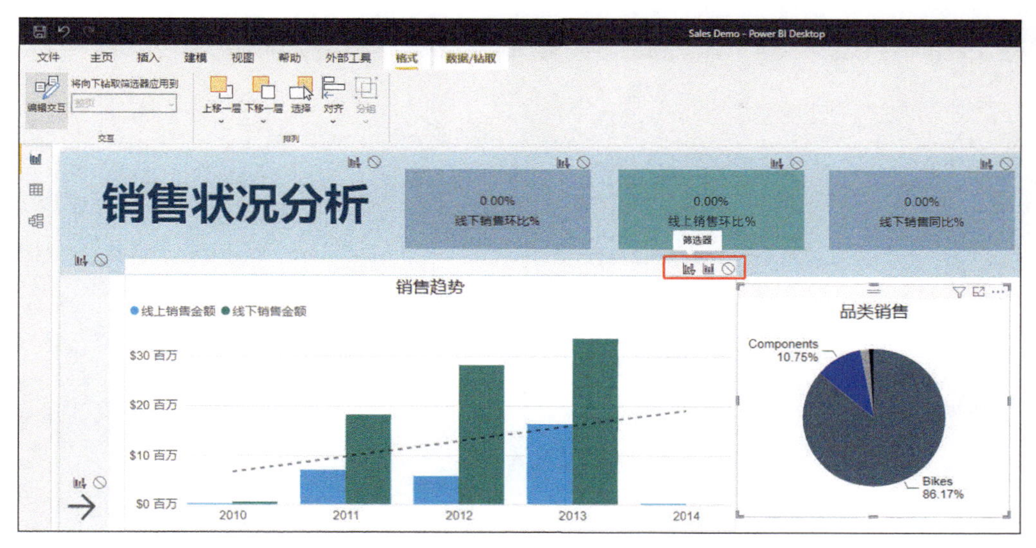

图 2.11　在 Power BI 中设置可视化图形的交互行为

3. 丰富的 SaaS 与无缝云端集成

Power BI service 是 Power BI 产品中极为重要的一部分，Power BI service 作为 SaaS 应用，为用户提供了基于云端丰富的功能应用，如图 2.12 所示。另外，Power BI 是 Power Platform 低代码云平台的一员，与 Microsoft 365、Azure、Dynamis 365 高度集成。

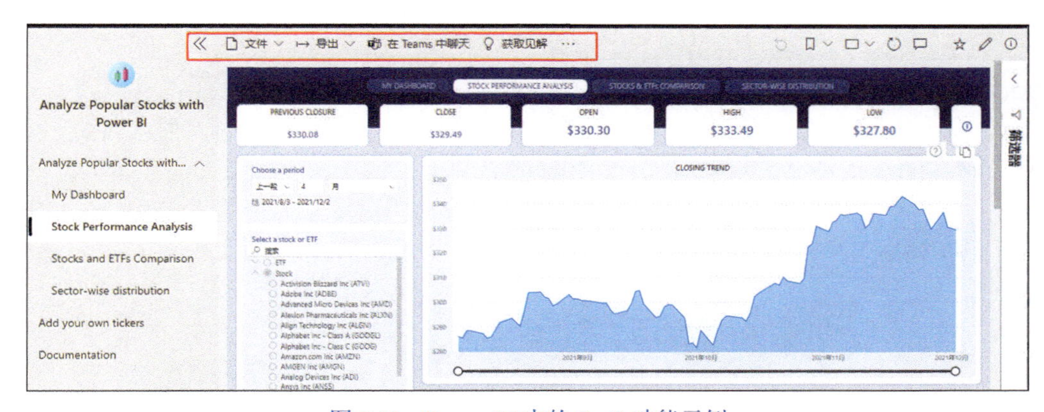

图 2.12　Power BI 中的 SaaS 功能示例

4. 丰富的财务函数

如图 2.13 所示，DAX 包含了 Excel 财务函数，理论上 Power BI 可以实现 Excel 中的所有财务功能。

图 2.13　DAX 包含了 Excel 财务函数

2.4　Power BI 的短板

1. 学习门槛相对高

在 Excel 中，我们既可以选择使用 Excel 函数，也可选择 DAX 函数。但在 Power BI 中，DAX 是唯一的分析语言。虽然说 DAX 分析能力强大，但比起 Excel，DAX 确实有一定的学习门槛，初学者往往会感到困惑，这是因为学习和使用 DAX 的思维方式与 Excel 有所不同，图 2.14 列举了学习 DAX 时的一些难点。

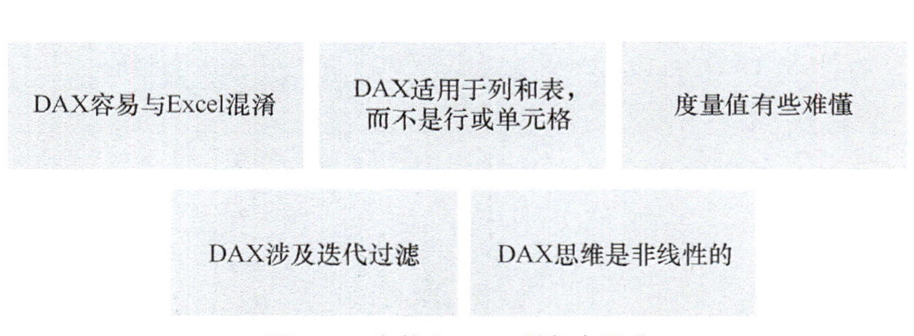

图 2.14　为什么 DAX 学起来困难

2. 普及性相对弱

总体而言，Power BI 的普及性还远远不及 Excel。Excel 是通用性办公软件，几乎职场人人必备，Power BI 是专业性软件，目前只有部分从事数据分析工作的人需要使用。基于设计用途与受众的差异，真实工作环境中，现实不可能要求每个人都安装 Power BI Desktop 或者每个人都拥有 Power BI Pro 许可，过于片面化强调使用 Power BI 也是不现实的。

3. 缺乏编辑数据的功能

Power BI 是为数据分析而设计的专门应用，无法像 Excel 那样灵活编辑单元格数据（Power BI 中甚至没有单元格的概念）。Power BI 并不适用于编辑修改数据功能，“事务型操作”功能并不是其长处。

4. 不善于处理非结构化数据

Power BI 是基于列存储的库，以结构化的方式处理与管理数据集。因此，Power BI 并不适用于非结构化数据处理，如图 2.15 所示的 Excel 操作难以在 Power BI 中实现。

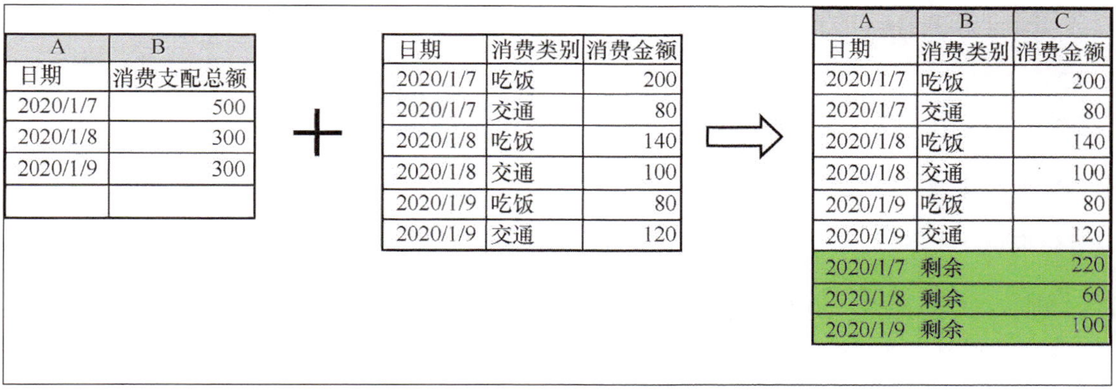

A	B
日期	消费支配总额
2020/1/7	500
2020/1/8	300
2020/1/9	300

+

日期	消费类别	消费金额
2020/1/7	吃饭	200
2020/1/7	交通	80
2020/1/8	吃饭	140
2020/1/8	交通	100
2020/1/9	吃饭	80
2020/1/9	交通	120

⇒

A	B	C
日期	消费类别	消费金额
2020/1/7	吃饭	200
2020/1/7	交通	80
2020/1/8	吃饭	140
2020/1/8	交通	100
2020/1/9	吃饭	80
2020/1/9	交通	120
2020/1/7	剩余	220
2020/1/8	剩余	60
2020/1/9	剩余	100

图 2.15 Excel 中的非结构化数据处理示例

2.5 Excel 与 Power BI 的协同应用

以上我们对比了 Excel 和 Power BI 各自的一些优势和劣势，对于简单的分析场景，使用 Excel 方案就足够了。对于模型复杂度高和数据规模高的分析场景，使用 Power BI 方案会是更好的选择。但需要注意的是，数据分析不应该局限于某个工具，工具只是实现分析目的手段而已，甚至只是解决问题中的一个环节，而我们更应该从整体解决方案的角度去思考问题。在本书后面的例子中，我们可以通过 Power BI+Excel 的方式，使分析解决方案更加灵活多样。我们可以使用 Power BI service 创建并管理数据流与数据集，然后用户可以使用 Excel 或 Power BI 作为前端展示工具，大大提高数据处理的规模与效率，如图 2.16 所示。

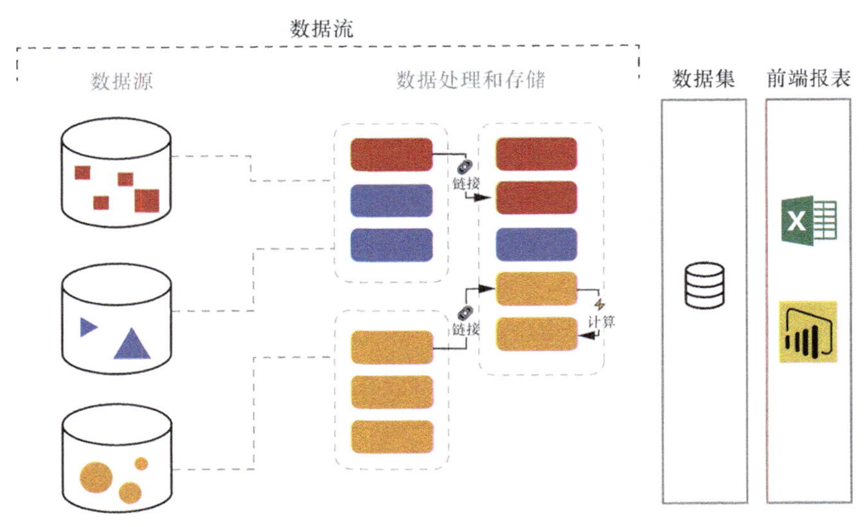

图 2.16 数据流、数据集与前端报表的关系

1. Power BI 数据流

一般情况下，Power Query 的处理过程和存储是依赖于 Excel 或 Power BI 的，复用起来不方便。Power BI 数据流相当于在线版的 Power Query 功能，我们通过用数据流，直接在云端处理并存储数据，这样便可直接将干净的数据分享给用户，前端用户可自助构建数据集，Excel 暂时不支持获取数据流。获取 Power BI 数据流的方式如图 2.17 所示。

2. Power BI 数据集

数据集与数据流的共享概念相似，只是 Power BI 数据集是包含数据模型关系、度量和计算列的集合。如果我们希望多人使用统一的数据集中的内容，我们便可将数据集发布至云端供多人获取使用。前端用户不可修改编辑数据流中的内容，但仍然可以创建报表级别的度量。

3. 在 Excel 中分析

在 Excel 中分析（Analyze in Excel）是以 Power BI 数据集为后端、Excel 为前端的一种混合搭配解决方案。这样的好处是既确保了数据源和数据模型的一致性，又确保照顾到传统 Excel 用户的使用体验。对于终端用户而言，后端数据模型如封装的黑匣子，用户直接在前端使用经典 Excel 透视表功能便可获取所有数据集的内容。图 2.18 为在 Power BI service 界面中启用该功能的示意图。

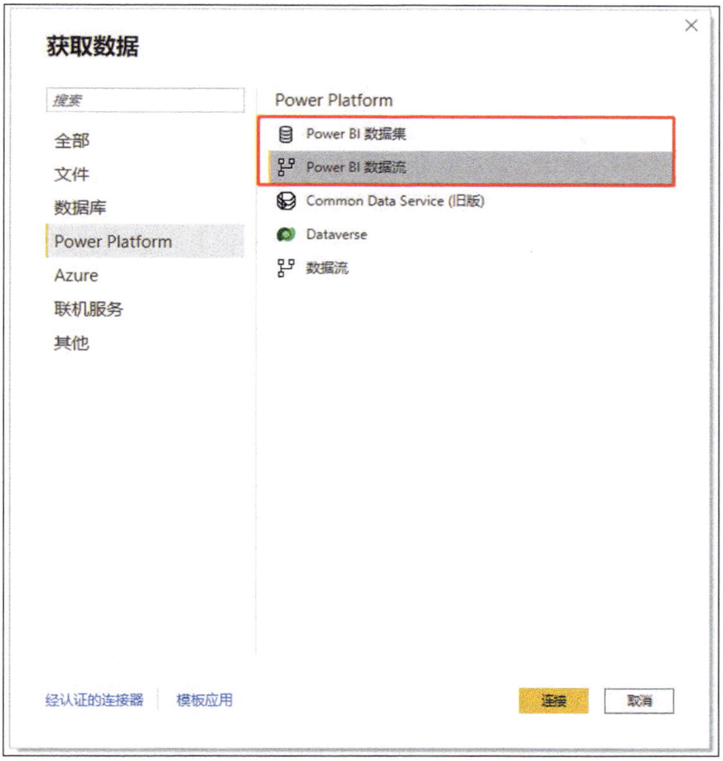

图 2.17　在 Power BI Desktop 中获取 Power BI 数据流或数据集

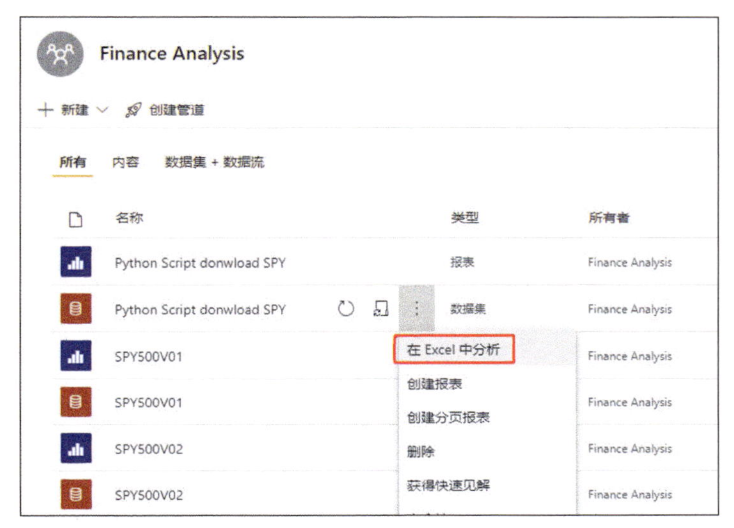

图 2.18　通过“在 Excel 中分析”方式使 Excel 获取 Power BI 数据集

本章小结

Excel 已深入人心，大多数用户对其感到熟悉，并且 Excel 的学习门槛可高可低，适用于普遍的分析场景。Power BI 作为新一代的专业数据分析应用，拥有更丰富的可视化操作、一体化的云集成与 SaaS 功能，适用于专业的可视化数据分析项目与解决方案。在许多场合中，二者也可以结合使用，以提供更符合用户习惯的数据分析解决方案。

第 3 章 Power BI 工具与 DAX 简介

3.1 工具简介

如果你还没有听说过 Power BI，你可以暂时将其理解为一个升级版的 Excel 工具，尽管这样的类比不太准确。世界上不存在十全十美的工具，笔者对目前几款主流的可视化分析工具的主要特性做出了评估，如表 3.1 所示（得分越高表示个人认为该项特性越优秀）。对比 Excel，Power BI 的交互性与生态集成更完备。对比 Tableau, Power BI 的许可费用与生态集成更有优势。对比 Python 和 R 语言，Power BI 在低代码与交互性方面都有明显优势。从综合得分角度而言，Power BI 算得上一款非常接地气的可视化工具，你越了解 Power BI，你越会对它的可视化功能赞不绝口。

表 3.1　多种分析工具的特性对比得分

特性	Excel	Power BI	Tableau	R	Python
使用人群	5	4	3	2	4
许可费用	3	5	2	5	5
分享发布	4	5	3	2	2
低代码易用性	3	5	4	2	2
可视化美感	3	3	5	2	2
可视化定制性	3	4	3	5	5
可视化交互	2	5	4	0	0
生态集成	4	5	3	2	2
综合得分	27	**36**	27	20	22

Power BI 是一系列组件的集合称呼，它包括了 Power BI Desktop（桌面应用）、Power BI service（在线应用）与 Power BI Mobile（移动应用），如图 3.1 所示。以下主要介绍 Power BI Desktop 和 Power BI service。

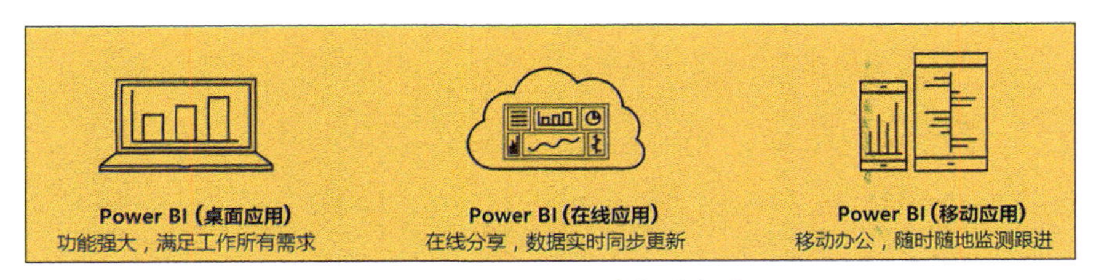

图 3.1 Power BI 三大组成部分

3.1.1 Power BI Desktop

Power BI Desktop 是用于报表可视化开发的工具，它的功能包括获取数据、整理数据、构建模型与构建可视化报表，其界面如图 3.2 所示。

（1）**功能区菜单**：用于设置报表和可视化效果相关功能。

（2）**画布区**：位于报表页面中间，可展示报表内容详情、数据内容详情和模型关系详情。

（3）**筛选器区**：筛选用于可视化效果的数据。

（4）**可视化区**：可在其中添加可视化效果，并自定义可视化格式。

（5）**字段窗格**：用于直观显示查询中的可用字段。

（6）**页面选项卡**：位于底部，支持选择或添加新报表页。

（7）**视图选择区**：用于切换报表视图、数据视图、模型视图。

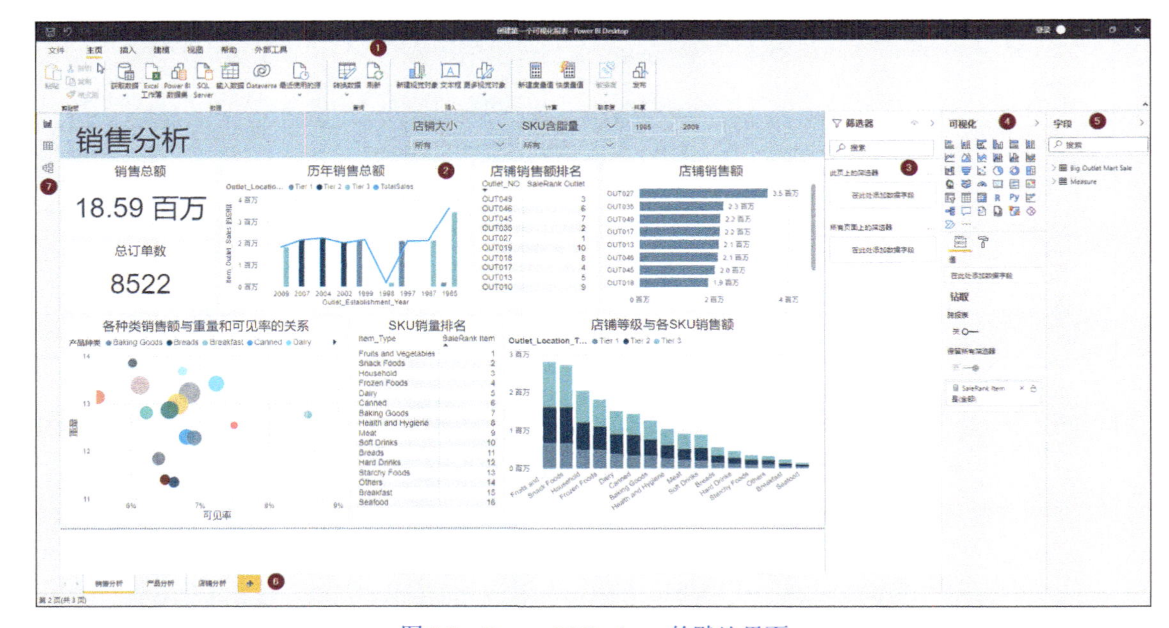

图 3.2 Power BI Desktop 的默认界面

单击图 3.2 中①区的“转换数据”按钮可启动 Power Query 功能，其界面如图 3.3 所示。完成操作后单击图 3.3 中①区的“关闭并应用”按钮，返回到 Power BI 默认界面。

（1）**功能区菜单**：用于设置数据的各种任务。

（2）**操作记录步骤面板**：记录数据整理每个步骤的操作详情。

（3）**数据视图区**：用于查看数据整理结果的快照。

（4）**查询面板**：用于展示已存在的数据获取，查询和添加新的数据获取。

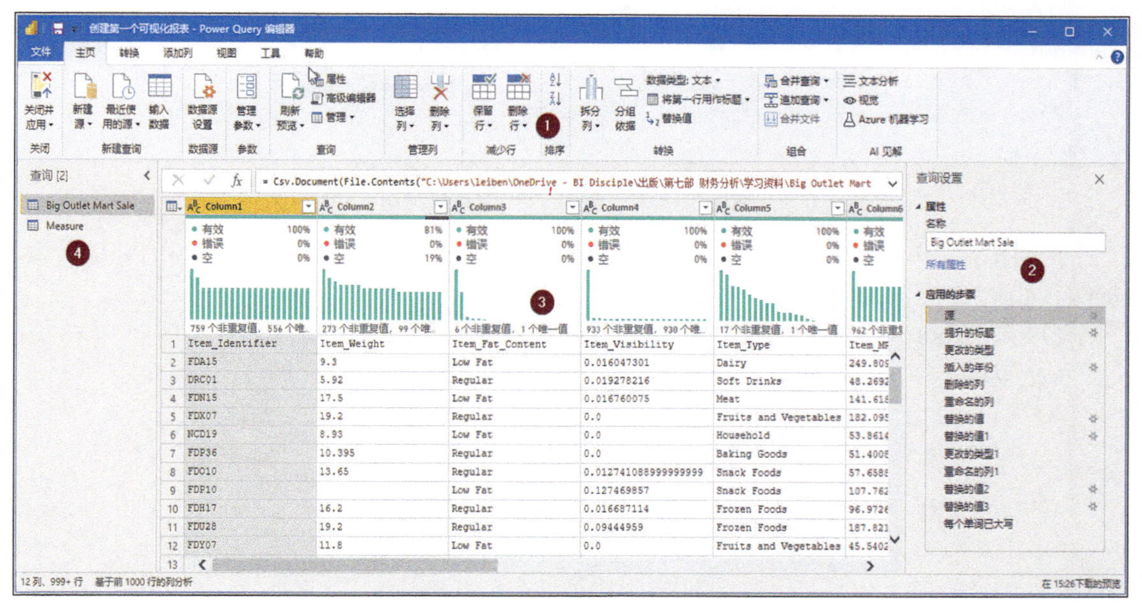

图 3.3 Power Query 的默认界面

3.1.2 Power BI service

Power BI service 是云端在线 SaaS 类型的服务。当用户完成了报表的设计后，单击图 3.2 中①区的“发布”按钮，便可把报表发布到云端。图 3.4 为 Power BI service 的报表界面。

（1）**菜单栏**：用于整个 Power BI service 的各类设置，例如线上语言、网关、应用下载等。

（2）**报表菜单栏**：用于与当前报表层面相关的各种设置。

（3）**筛选器区**：用于筛选可视化效果的数据。

（4）**报表浏览区**：用于浏览当前的报表内容。

（5）**页面导航栏**：用于导航当前报表页面。

（6）**功能导航菜单**：用于展示已存在的数据获取，查询和添加新的数据获取。

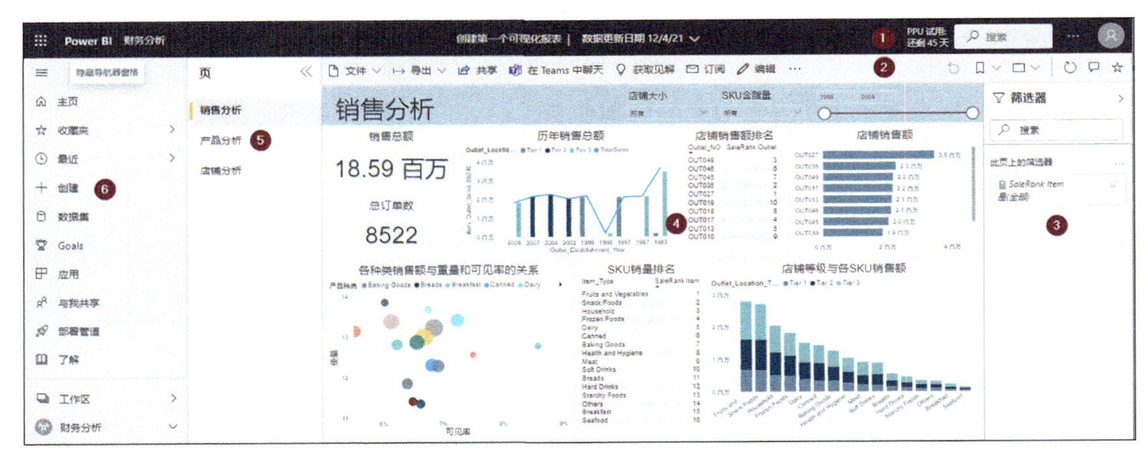

图 3.4 Power BI service 的报表界面

单击图 3.4 中⑥的“工作区”选项，选择对应的工作区，可浏览工作区中的分析内容，如图 3.5 所示。

（1）**菜单区**：用于操作工作区的视图、设置、访问等。

（2）**内容区**：用于查看工作区的内容，如报表、数据集、数据流等。

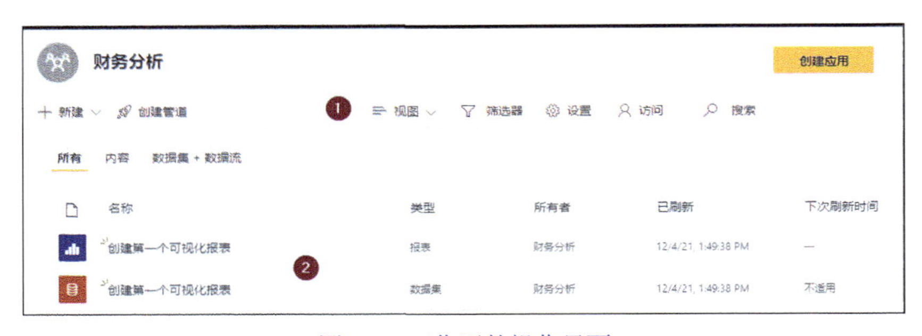

图 3.5 工作区的操作界面

3.2 DAX 简介

3.2.1 DAX 概念

DAX 是 Data Analysis Expressions 的缩写，即数据分析表达式。虽然本书不是专门介绍 DAX 的工具书，但 DAX 是 Power BI 的核心组件之一，可以说没有 DAX 就没有 Power BI 的存在，因此本节内容仍会对 DAX 的基本概念做进一步的解释。目前的 DAX 函数分为 12

大类，如图 3.6 所示。

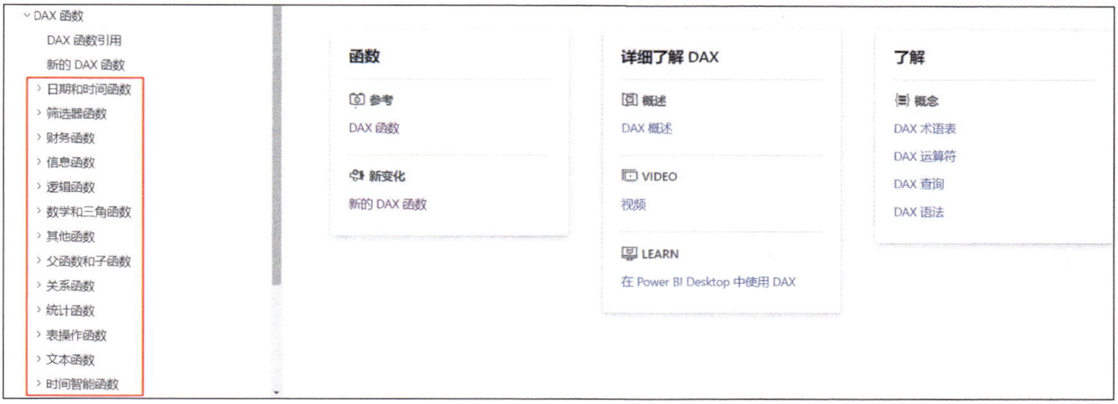

图 3.6 微软 DAX 函数

许多 DAX 函数与 Excel 函数功能一致，比如财务函数、日期和时间函数、数学和三角函数以及部分统计函数。DAX 函数中最为核心的是以 CALCULATE 为代表的筛选器函数集合，你越熟练掌握筛选器函数，代表你掌握 DAX 函数的能力越强大。除此之外，时间智能函数也是 DAX 函数的一个重要功能集，财报分析中需要大量使用筛选器函数与时间智能函数。

关于学习 DAX 函数的方式，笔者认为没有必要一次性掌握所有函数知识，只需要掌握核心函数，遇到疑惑时随时查阅在线文档，随学随用。关于更多 DAX 函数详情，请参阅本书配套资源中的 DAX 函数表。

3.2.2 计算列与度量

从计算方式而言，DAX 函数又可以分为两大类：计算列（Calculated Columns）与度量（Measure），表 3.2 列举了二者的主要区别。

表 3.2 计算列与度量的特点对比

	计算列（字段）	度量
应用	基于行上下文的计算，用于列数据整理或者辅助列	基于筛选上下文进行列计算
计算方向	横向计算	纵向计算
计算结果	静态	动态（根据上下文转变）
例子	X 列–Y 列、LEFT()	SUM 销售额
资源消耗	消耗磁盘空间与内存	仅使用时消耗内存

计算列与 Excel 函数类似，属于行计算方式，计算性能方面并不占优势，数量庞大的计算列将降低模型性能。而度量为基于内容的列计算方式，其计算性能比计算列更有效。一般在既可以使用计算列又可以使用度量的情况下优先使用度量，如果必须使用计算列，需清楚是什么原因不能使用度量替代。

3.2.3　什么是上下文

在正式介绍 DAX 函数前，我们需要弄清楚一个重要概念：上下文。因为上下文是 DAX 运行的核心逻辑。那么什么是上下文？比如朋友说“今晚吃鸡”。如果此刻你们在餐厅，那你会理解他想点份鸡肉，如果此刻你们在玩手机，那你会理解他想玩《绝地求生》，这就是上下文的通俗比喻。在 DAX 语境中，上下文指根据当前所处环境中 DAX 公式运行的筛选逻辑，DAX 公式返回相应的聚合结果。DAX 上下文分为两种：行上下文和筛选上下文。

3.2.4　行上下文

行上下文（Row Context）比较容易理解，即进行当前行的操作。比如，虽然在图 3.7 公式中未指定具体行数，但 Excel 只对当前行进行求和运算，图中的“@”符号表示其为 Excel 表（Table）。本质上，Excel 表与 Power BI 中的计算列的运算原理都是依据行上下文操作的。

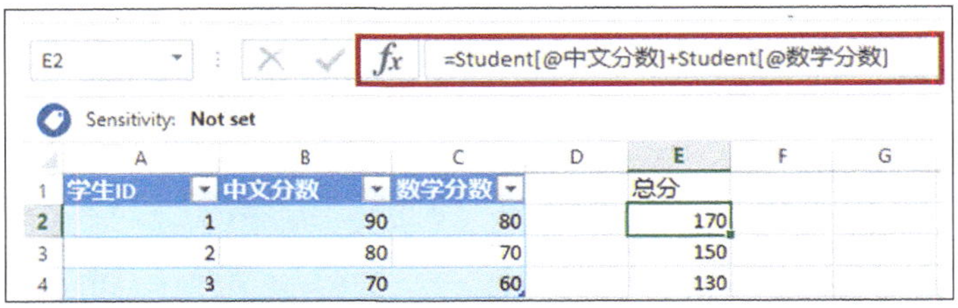

图 3.7　Excel 中创建计算列

在 Power BI 中，我们可以在数据视图下创建计算列公式，如图 3.8 所示。

图 3.8　Power BI 中创建计算列

可以看到这些按行运算的公式在 Excel 和 Power BI 中基本一致，并没有太大区别。像 LEN、LEFT、RIGHT 等 Excel 函数也同时存在于 DAX 中。

3.2.5 筛选上下文

筛选上下文（Filter Context）是指所有作用于 DAX 度量的筛选。如图 3.9 所示，笔者将其筛选逻辑分为三个筛选层次，帮助读者更好理解。

（1）**外部筛选**：任何存在于可视化层级的上下文筛选，包括任何对象本身、视觉级、页面级和报表级筛选。外部筛选通过外部可视化操作对度量进行筛选操作。外部筛选也被称为隐性筛选，筛选设置不依存于度量。

（2）**DAX 筛选**：DAX 筛选是指 DAX 函数内部自身的筛选设置。例如，CALCULATE 函数中的 FILTER 参数就是典型的 DAX 筛选。通过 FILTER、ALL、ALLSELECTED、ALLEXCEPT 等定义的筛选条件，可覆盖外部筛选的结果。DAX 筛选也被称为显性筛选，因为筛选条件直接依存于函数自身。

（3）**关联筛选**：通过设置表之间的关联关系，设置交叉筛选方向与基数，改变查询传递的查询结果。

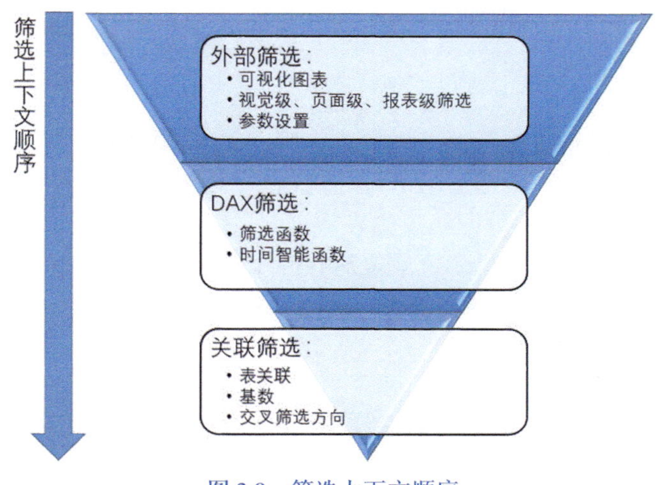

图 3.9 筛选上下文顺序

通过筛选上下文功能，DAX 将查询范围缩小至符合筛选条件的记录中，再完成聚合计算。计算结果会因为上下文条件的不同而返回相应的结果。篇幅有限，我们对 DAX 的介绍到此为止，对 DAX 感兴趣的读者，请参考更多相关的专业图书。你需要谨记一点，任何可视化分析需要建立在正确的 DAX 函数之上，就像是房屋必须屹立在坚实的地基上，因此 Power BI 学习者有必要充分学习 DAX 函数，为进一步的可视化分析奠定基础。

3.2.6 筛选器函数

（1）CALCULATE：该函数需与筛选器 FILTER 配合使用，改变表达式的筛选上下文逻辑。

语法： CALCULATE(<表达式>,<筛选条件 1>,<筛选条件 2>…)

示例：

```
销售额-广东 = CALCULATE(SUM('订单'[销售额]),FILTER('地理','地理'[LEVEL1]= "广东"))
```

解释： 以上公式为求广东省的销售总金额，其第一个参数为汇总聚合方式，第二个参数是 FILTER 筛选器部分，返回的是地理表中的广东省记录，这个结果进一步传递回到事实表中，使 CALCULATE 的筛选上下文返回与广东省相关的营业额，如图 3.10 所示。（为方便区分，我们将省 / 自治区 / 直辖市信息用 LEVEL1 命名、市 / 县信息用 LEVEL2 命名。）

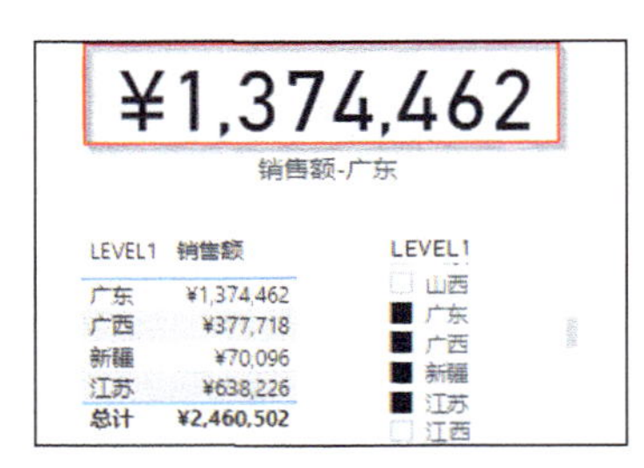

图 3.10 无需 LEVEL1 外部筛选上下文的度量结果

没有 DAX，则没有 Power BI；而无筛选器函数，则没有 DAX；而无 CALCULATE，则无筛选器函数。毫不夸张地说，CALCULATE 是 DAX 中最重要的函数。CALCULATETABLE 与 CALCULATE 用法相似，但返回结果为表。

（2）FILTER：返回表示另一个表或表达式的子集的表。FILTER 常与 CALCULATE 配合使用，如上文例子所示。如果单独使用，返回的是表结果，如图 3.11 所示。

语法： FILTER(<表>,<筛选条件>)

示例： 广东 = FILTER ('地理', '地理'[LEVEL1] = "广东")

解释： FILTER 返回了所有“LEVEL1”字段为 "广东" 的集合表。

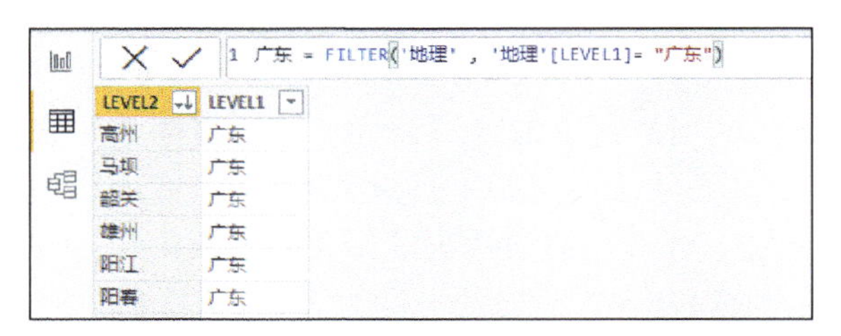

图 3.11 FILTER 返回表结果

（3）ALL：去除指定表单或列上应用的筛选器，让表或者列中的所有数据都参与计算。

语法：ALL([<表> | <列>[, <列>[, <列>[,…]]]])

示例：全部销售额 = CALCULATE(SUM('订单'[销售额]),ALL('地理'[LEVEL1]))

解释：示例创建了一个命名为“全部销售额”的度量值。假设用 LEVEL1 列作为筛选上下文条件，如果要计算各产品销售额在总销售量中的占比，则需要在该表上获得所有产品的销售总量。若要实现此结果就必须去掉筛选上下文。在此我们借助 ALL，去除“地理”表 LEVEL1 列的外部筛选器，以获取全部销售额数据汇总，如图 3.12 所示。

LEVEL1	销售额	全部销售额
山东	¥1,505,244	¥16,069,002
广东	¥1,374,462	¥16,069,002
黑龙江	¥1,092,194	¥16,069,002
河南	¥1,000,238	¥16,069,002
辽宁	¥861,701	¥16,069,002
河北	¥748,060	¥16,069,002
浙江	¥684,149	¥16,069,002
吉林	¥643,707	¥16,069,002
江苏	¥638,226	¥16,069,002
湖北	¥632,918	¥16,069,002
总计	¥16,069,002	¥16,069,002

图 3.12　ALL 去除了 LEVEL1 列对筛选上下文的影响

（4）AllEXCEPT：删除表中除了指定列以外的所有筛选器。可用于保留指定列或起筛选作用。

语法：ALLEXCEPT(<表>,<列名>[,<列名>[,…]])

示例：LEVEL1 销售额 = CALCULATE(SUM('订单'[销售额]),ALLEXCEPT('地理','地理'[LEVEL1]))

解释：ALLEXCEPT 帮助我们细化总销售额，我们可以求得每个 LEVEL1 的总销售额，如图 3.13 所示。

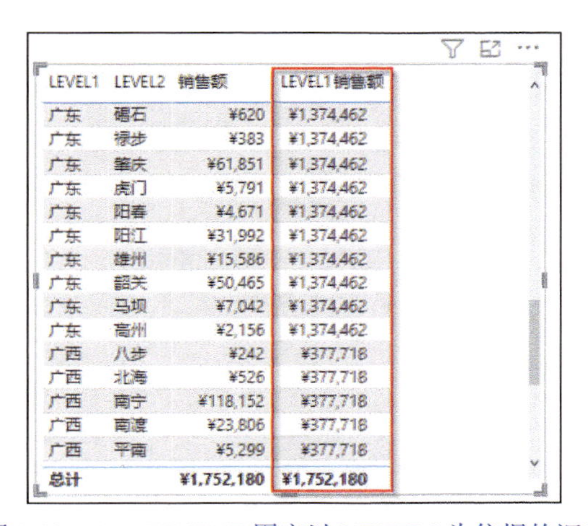

LEVEL1	LEVEL2	销售额	LEVEL1销售额
广东	碣石	¥620	¥1,374,462
广东	禄步	¥383	¥1,374,462
广东	肇庆	¥61,851	¥1,374,462
广东	虎门	¥5,791	¥1,374,462
广东	阳春	¥4,671	¥1,374,462
广东	阳江	¥31,992	¥1,374,462
广东	雄州	¥15,586	¥1,374,462
广东	韶关	¥50,465	¥1,374,462
广东	马坝	¥7,042	¥1,374,462
广东	高州	¥2,156	¥1,374,462
广西	八步	¥242	¥377,718
广西	北海	¥526	¥377,718
广西	南宁	¥118,152	¥377,718
广西	南渡	¥23,806	¥377,718
广西	平南	¥5,299	¥377,718
总计		¥1,752,180	¥1,752,180

图 3.13　ALLEXCEPT 固定以 LEVEL1 为依据的汇总

（5）ALLSELECTED：在当前查询里去除行列中的筛选器，同时保留上下文和显式筛选器。可用于计算查询中去除行列筛选器的视觉对象。

语法： `ALLSELECTED([<表名> | <列名>[, <列名>[, <列名>[,…]]]] )`

示例： `所选 LEVEL1 销售额 = CALCULATE(SUM('订单'[销售额]),ALLSELECTED('地理'[LEVEL1]))`

解释： ALLSELECTED 用于在所选值中忽略筛选器，返回总值。这种计算用于动态计算相对结果，而不是绝对结果，如图 3.14 所示。

LEVEL1	销售额	所选LEVEL1销售额
上海	¥582,447	¥1,528,801
云南	¥266,953	¥1,528,801
内蒙古	¥271,653	¥1,528,801
北京	¥407,748	¥1,528,801
总计	**¥1,528,801**	**¥1,528,801**

LEVEL1
上海
云南
内蒙古
北京
吉林
四川

图 3.14 ALLSELECTED 返回所选 LEVEL1 的汇总

（6）SELECTEDVALUE：当指定列中过滤为一个值时返回该值，否则返回备选结果。省略备选结果时返回空值。

语法： `SELECTEDVALUE(<列名>[, <返回值>])`

示例： `产品类别表 = VALUES('订单'[子类别])`

解释： 此处创建一个产品子类别表，包含非重复值的子类别值，适合用于创建维度表，如图 3.15 所示。

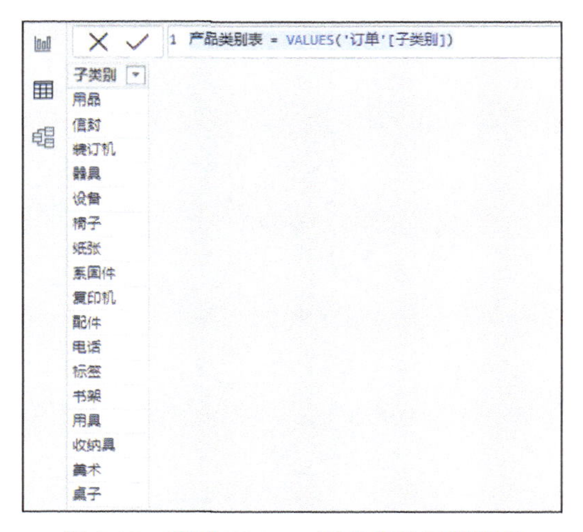

图 3.15 通过 VALUE 创建产品子类别表

3.2.7 表函数

（1）SUMMARIZECOLUMNS：返回一个表，包含分组类别列和汇总列。

语法： SUMMARIZECOLUMNS(<分组名 > [, < 分组名 >]…, [<筛选表>]…[, <命名>, <表达式>]…)

示例： 销售额按年按LEVEL1 = SUMMARIZECOLUMNS('地理'[LEVEL1],'日期表'[年],"销售额", SUM('订单'[销售额]))

解释： 返回按年份和 LEVEL1 分类分组的销售额汇总，返回的是表结果，而非度量，如图 3.16 所示。

```
1 销售额按年按省LEVEL1 = SUMMARIZECOLUMNS('地理'[LEVEL1],'日期表'[年],"销售额", SUM('订单'[销售额]))
```

LEVEL1	年	销售额
广东	2018	¥248,900
浙江	2018	¥161,003
四川	2018	¥60,562
江苏	2018	¥119,916
江西	2018	¥81,207
陕西	2018	¥104,777
黑龙江	2018	¥217,997

图 3.16 用 SUMMARIZECOLUMNS 返回表结果

（2）TOPN：批量返回结果，从一张表中返回满足条件的前 *N* 行记录。

语法： TOPN(<返回行的数量>, <表>, <排序表达式(可选可重复)> [, <排序方式(可选可重复)>, [<排序表达式>]]…])

示例： 前3销售额按LEVEL1 = TOPN(3,'地理', CALCULATE(SUM('订单'[销售额])))

解释： 示例创建了一个表结果，表内容依据销售额排名前3的地理记录结果，如图3.17所示。

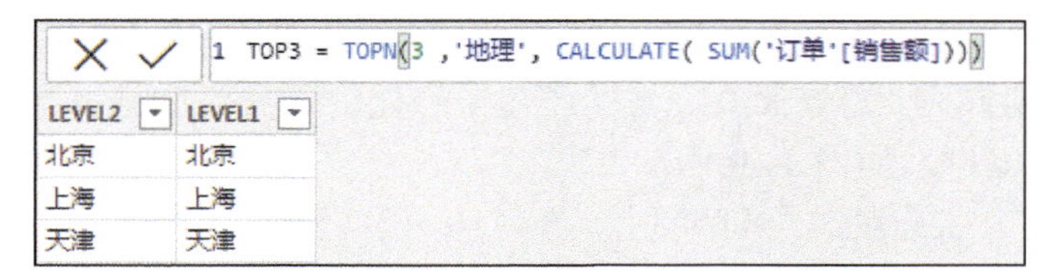

```
1 TOP3 = TOPN(3 ,'地理', CALCULATE( SUM('订单'[销售额])))
```

LEVEL2	LEVEL1
北京	北京
上海	上海
天津	天津

图 3.17 用 TOPN 返回表结果

（3）ADDCOLUMNS：返回包含原始列和所有新添加列的表。

语法： ADDCOLUMNS(<表>, <列名>, <DAX表达式>[, <列名>, < DAX表达式>]…)

示例： 产品类别表2 = ADDCOLUMNS(VALUES('订单'[子类别]), "销售额", SUMX(RELATEDTABLE('订单'),[销售额]))

解释： 创建了一个计算表，表是在先前创建的子类别表的基础上，计算每个子类别表对应的营业额，如图 3.18 所示。

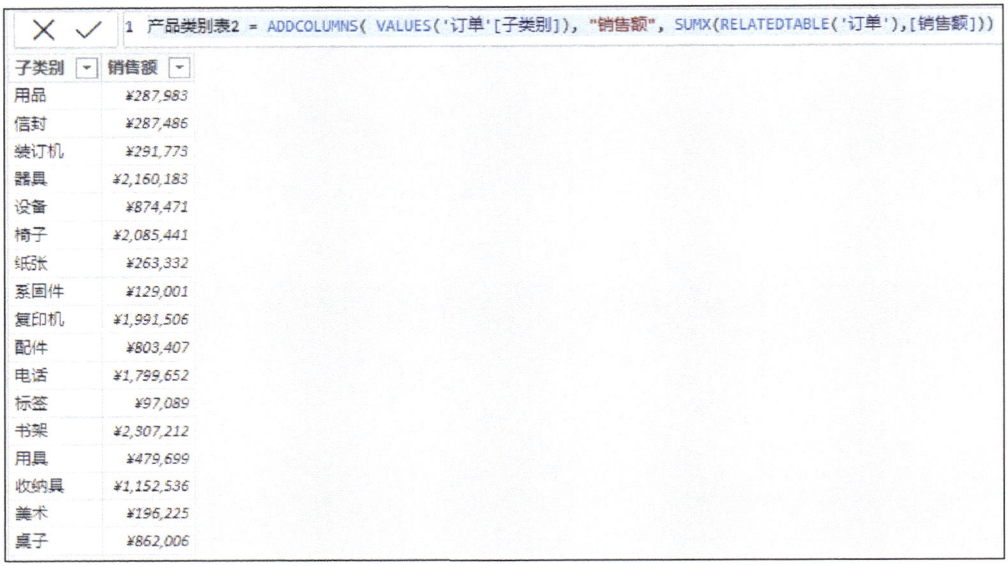

```
1 产品类别表2 = ADDCOLUMNS( VALUES('订单'[子类别]), "销售额", SUMX(RELATEDTABLE('订单'),[销售额]))
```

子类别	销售额
用品	¥287,983
信封	¥287,486
装订机	¥291,773
器具	¥2,160,183
设备	¥874,471
椅子	¥2,085,441
纸张	¥263,332
系固件	¥129,001
复印机	¥1,991,506
配件	¥803,407
电话	¥1,799,652
标签	¥97,089
书架	¥2,307,212
用具	¥479,699
收纳具	¥1,152,536
美术	¥196,225
桌子	¥862,006

图 3.18　用 ADDCOLUMNS 添加计算列

3.2.8　时间智能函数

（1）TOTALYTD：计算从年初至表达式所示日期为止的值。

语法： TOTALYTD(<表达式>,<日期列>[,<筛选器>][,<结束日期>])

示例： 年初至今销售额 = TOTALYTD([销售额],'日期表'[Date])

解释： 示例公式创建了一个年初至今累计度量。

提示：DAX 度量可以嵌套使用，以上示例中表达式使用的是“销售额”度量，公式为：销售额 = SUM(‘订单’[销售额])，这样嵌套的好处是不需要重复写表达式，每次只需要应用已存在的度量即可，如图 3.19 所示。

（2）DATEADD：返回一个日期列，该列从当前日期表向前或向后移动指定的时间间隔。

语法： DATEADD(<日期列>,<间隔数>,<间隔>)

示例： 去年同比销售额=CALCULATE([销售额], DATEADD('日期表'[Date],-1,YEAR))

解释： DATEADD 返回 Date 表中 Date 列前一年的日期，第一个参数是需要被移动日期的列，第二个参数是需要减去的日期间隔次数，即一年。第三个参数是日期间隔单位，在此处是“YEAR”，结果如图 3.20 所示。

Year	Month	销售额	年初至今销售额
2021	January	¥222,864	¥222,864
2021	February	¥285,483	¥508,347
2021	March	¥399,712	¥908,059
2021	April	¥333,401	¥1,241,460
2021	May	¥632,803	¥1,874,263
2021	June	¥565,524	¥2,439,787
2021	July	¥340,306	¥2,780,093
2021	August	¥588,746	¥3,368,839
2021	September	¥502,801	¥3,871,640
2021	October	¥577,451	¥4,449,091
2021	November	¥468,821	¥4,917,912
2021	December	¥544,543	¥5,462,455
总计		¥5,462,455	¥5,462,455

图 3.19 用 TOTALYTD 计算年初至今的销售额

Year	Month	销售额	去年同比销售额
2020	January	¥178,402	¥173,121
2020	February	¥190,254	¥117,714
2020	March	¥207,809	¥194,866
2020	April	¥220,114	¥128,719
2020	May	¥399,125	¥428,343
2020	June	¥442,846	¥343,334
2020	July	¥224,139	¥178,729
2020	August	¥443,250	¥425,121
2020	September	¥463,359	¥315,918
2020	October	¥484,793	¥360,632
2020	November	¥526,730	¥408,401
2020	December	¥462,728	¥357,032
2021	January	¥222,864	¥178,402
2021	February	¥285,483	¥190,254
2021	March	¥399,712	¥207,809
总计		¥9,706,004	¥7,675,479

图 3.20 用 DATEADD 计算同比日期

（3）DATESBETWEEN：返回从指定开始日期到指定结束日期的、连续的日期列。

语法：`DATESBETWEEN(<日期列>, <开始日期>, <结束日期>)`

示例：

```
订单数量(2020) = CALCULATE (
    SUM('订单'[销售额]),
    DATESBETWEEN ( '日期表'[Date], date(2020,1,1), date(2020,12,31) )
)
```

解释：DATESBETWEEN 的第一个参数是需要被移动日期的列，第二个参数是日期范围的起始点，第三个参数是日期范围的终结点，结果如图 3.21 所示。

Year	销售额	订单数量(2020)
2018	¥2,931,068	¥4,243,549
2019	¥3,431,930	¥4,243,549
2020	¥4,243,549	¥4,243,549
2021	¥5,462,455	¥4,243,549
总计	¥16,069,002	¥4,243,549

图 3.21　用 DATESBETWEEN 求所需日期范围

（4）DATESINPERIOD：返回一个日期列，该列从指定起始日开始，并以向后延续指定的日期间隔达一定的次数。

语法：DATESINPERIOD(<日期>,<开始日期>,<间隔日>,<日期间隔>)

示例：订单数量(2020) 2 = CALCULATE (SUM('订单'[销售额]), DATESINPERIOD('日期表'[Date],date(2020,1,1),4,QUARTER))

解释：此处订单数量（2020）2 同样是返回 2020 年的销售额，与之前的订单数量（2020）有异曲同工之妙。

3.2.9　DAX 编写小技巧

以下是关于编写DAX代码的小技巧，相信它们可以帮助你更高效地编写和管理代码。

1. 避免中文括号

在输入 DAX 公式时应避免输入中文括号，否则将导致公式的语法错误，如图 3.22 所示。

1 利润表金额 = SUM('利润表'[金额])
分析过程中出现以下语法错误:标记无效，行 1，偏移量 14，）。

图 3.22　使用中文括号导致的错误

2. 使用 VAR RETURN 样式语法

建议用 VAR RETURN 迭代方式编写度量，这有利于增加代码的整洁性与理解性，尤其对于处理复杂代码，使用 VAR RETURN 是一种非常好的习惯，如图 3.23 所示。

```
1 利润表头信息 = var company = SELECTEDVALUE('企业表'[企业名称])
2 return CONCATENATE(company,"公司利润表 （单位：亿美元  每股收益为美元)")
```

图 3.23　利用 VAR RETURN 样式语法增加度量的可读性

3. 注意字段类型

当度量使用字段进行判断时，应注意字段的类型，如果类型与判断条件不匹配，则会导致度量返回错误，如图 3.24 所示。

图 3.24 因字段类型导致度量无法使用

4. 注释

与一般编程类似，当代码变得复杂，建议使用“//”符号对代码进行注释，如图 3.25 所示。

```
1 利润表金额亿 = SUMX(FILTER('利润表', [财报会计科目] <>
  "data.list.total_basic_earning_common_ps.0" ||  [财报会计科目] <>
  "data.list.total_dlt_earnings_common_ps.0"  ),DIVIDE([利润表金额],100000000)) + SUMX
  (FILTER('利润表',[财报会计科目]= "data.list.total_basic_earning_common_ps.0" || [财报会
  计科目] = "data.list.total_dlt_earnings_common_ps.0" ),[利润表金额])
2 //"data.list.total_basic_earning_common_ps.0" 与
 "data.list.total_dlt_earnings_common_ps.0" 每股收益 单位为美元 故此 不需要除以亿
```

图 3.25 用“//”符号对代码进行注释

5. 修整格式

同样是以上代码，我们可以使用 DAX Formatter by SQLBI 网站里的功能将冗长代码进行层次化的优化，以增加其可读性，如图 3.26 所示。

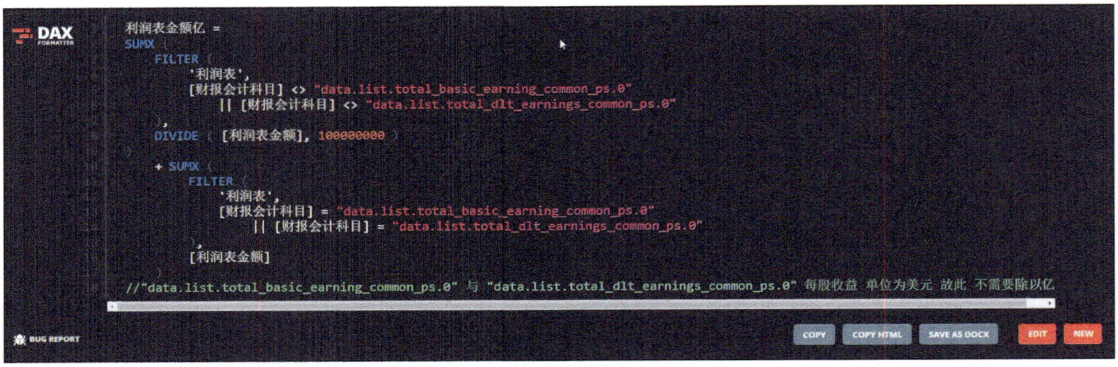
DAX FORMATTER
利润表金额亿 =
SUMX (
FILTER (
'利润表',
[财报会计科目] <> "data.list.total_basic_earning_common_ps.0"
|| [财报会计科目] <> "data.list.total_dlt_earnings_common_ps.0"
),
DIVIDE ([利润表金额], 100000000)
)
+ SUMX (
FILTER (
'利润表',
[财报会计科目] = "data.list.total_basic_earning_common_ps.0"
|| [财报会计科目] = "data.list.total_dlt_earnings_common_ps.0"
),
[利润表金额]
)
//"data.list.total_basic_earning_common_ps.0" 与 "data.list.total_dlt_earnings_common_ps.0" 每股收益 单位为美元 故此 不需要除以亿
BUG REPORT
COPY
COPY HTML
SAVE AS DOCX
EDIT
NEW

图 3.26 DAX Formatter by SQLBI 网站提供的 DAX 层级整理功能

6. 可放大 DAX 代码

选中代码部分，按 Ctrl+ 滑动鼠标上的滚轴可将代码放大，从而更易观察代码，如图 3.27 所示。

```
1 利润表金额同比% = var _lastYear= [利润表去年同比金额2]
2 return   DIVIDE( [单季度利润表金额2] - _lastYear,_lastYear)
```

图 3.27 放大代码倍数

本章小结

本书不是一本专门介绍 Power BI 和 DAX 的工具书，但对于初次接触 Power BI 和 DAX 的用户而言，还是有必要介绍一些基本的、必要的工具知识。本章主要介绍的是 Power BI 工具和 DAX 分析语言，因篇幅有限，本章简单介绍 Power BI Desktop 和 Power BI service 的作用与区别。另外重点说明筛选器函数、表函数与时间智能函数的用法。最后一部分是 DAX 编写小技巧，希望能够帮助读者提高代码编写质量。

第4章　利润表介绍

4.1　利润表简介

通俗一点说，利润表是关注企业“赚钱”能力和“成长”能力的一张表。利润表好比是企业的“摄像机”，记录指定会计期间的利润变化。通过利润表，我们可以了解企业收入的组成与变化，知道企业是盈利还是亏损，其每项的具体金额是多少。注意，并不是所有利润表的利润都为正，所以利润表又被称为损益表。

当公司发布年报，新闻往往会重点关注企业的营业收入（简称“营收”）和净利润以及同比变化，如图 4.1 所示。

新浪科技讯 北京时间7月28日凌晨消息，据报道，微软今天发布了2021财年第四财季及全年财报。报告显示，微软第四财季营收为461.52亿美元，与去年同期的380.33亿美元相比增长21%，不计入汇率变动的影响为同比增长17%；净利润为164.58亿美元，与去年同期的112.02亿美元相比增长47%。

微软第四财季调整后每股收益和营收均超出华尔街分析师预期，但其盘后股价仍旧下跌逾2%。

第四财季主要业绩：

在截至6月30日的这一财季，微软的净利润为164.58亿美元，每股摊薄收益为2.17美元，这一业绩好于去年同期，且超出分析师此前预期。相比之下，微软在2020财年第四财季的净利润为112.02亿美元，每股摊薄收益为1.46美元。微软第四财季的净利润与去年同期相比增长47%，不计入汇率变动的影响为同比增长40%；每股摊薄收益与去年同期相比增长49%，不计入汇率变动的影响为同比增长42%。据雅虎财经频道提供的数据显示，28名分析师此前预计微软第四财季每股收益将达1.90美元。

微软第四财季营收为461.52亿美元，与去年同期的380.33亿美元相比增长21%，不计入汇率变动的影响为同比增长17%，这一业绩也超出分析师预期。据雅虎财经频道提供的数据显示，24名分析师此前预计微软第四财季营收将达441亿美元。

微软第四财季运营利润为190.95亿美元，与去年同期的134.07亿美元相比增长42%，不计入汇率变动的影响为同比增长35%。

图 4.1　来自新浪科技关于微软 2021 财年财报的新闻报道

因为以上这些财务指标均来源于利润表，所以大多数投资者会认为利润表是三大表中关注度最高的。微软 2021 财年利润表如图 4.2 所示。

微软2021财年利润表（单位：美元）	
营业收入	1680.88亿
其他收入	-
营业总收入	1680.88亿
营业成本	522.32亿
营业毛利润	1158.56亿
市场、销售和管理费用	252.24亿
研发费用	207.16亿
净利息费用	-
利息收入	-
利息支出	-
营业支出特殊科目总计	-
营业支出总计	459.40亿
营业利润	699.16亿
子公司股权权益收入	-
税前营业收入特殊科目	11.86亿
税前利润	711.02亿
所得税	98.31亿
税后利润	612.71亿
净利润	612.71亿
归属于普通股股东的净利润	612.71亿
少数股东损益	-
归属于优先股净利润及其他项	0
归属于母公司股东的净利润	612.71亿
其他综合收益	
综合收益总额	598.97亿
其中：归属于少数股东的综合收益	-
归属于母公司股东的综合收益	598.97亿
每股收益	
基本每股收益	8.12元
稀释每股收益	8.05元

图 4.2　微软 2021 财年利润表

4.2　利润表金额累计

到这里你可能会产生疑问，新闻中说了第四财季的营收为 461.52 亿美元。可图 4.2 利润表的营收数额却是 1680.88 亿美元，是不是搞错了？其实没有。图 4.1 新闻中的会计期间为“2021 财年第四财季”，即其会计期间为 2021 年 3 月 1 日至 2021 年 6 月 30 日，这段时间的营收为 461.52 亿美元。而图 4.2 则是指从 2020 年 7 月 1 日至 2021 年 6 月 30 日期间 4 个财季的营收为 1680.88 亿美元。为什么会有这样的差别呢？我们刚才说了利润表是企业利润的“摄像机”，其记录的是某个会计周期时间的数据。微软的财年是从前一年的 7 月 1 日开始至本年 6 月 30 日截止，因此第四财季显示的金额其实是从第 1 财季至今的累计（累加）额。在图 4.3 中便可以发现这一规律。2021 年 Q1 的 371.54 亿美元是单季度的金额，然后 2021 年 Q6 则是第 1、2 季度的累计，依此类推。如果要算单季度的数额，则需要与上一季度财报数额相减（计算第 1 财季营收时除外），比如 1680.88−1219.36=461.52（亿美元），这便是第四财季的单季度营收。

微软2021财年利润表（单位：美元）

	2021年FY	2021年Q9	2021年Q6	2021年Q1
营业收入	1680.88亿	1219.36亿	802.30亿	371.54亿
其他收入	-	-	-	-
营业总收入	1680.88亿	1219.36亿	802.30亿	371.54亿
营业成本	522.32亿	382.41亿	251.96亿	110.02亿
营业毛利润	1158.56亿	836.95亿	550.34亿	261.52亿
市场、销售和管理费用	252.24亿	178.45亿	114.36亿	53.50亿
研发费用	207.16亿	150.29亿	98.25亿	49.26亿
净利息费用	-	-	-	-
利息收入	-	-	-	-
利息支出	-	-	-	-
营业支出特殊科目总计	-	-	-	-
营业支出总计	459.40亿	328.74亿	212.61亿	102.76亿
营业利润	699.16亿	508.21亿	337.73亿	158.76亿
子公司股权权益收入	-	-	-	-
税前营业收入特殊科目	11.86亿	8.76亿	6.88亿	2.48亿
税前利润	711.02亿	516.97亿	344.61亿	161.24亿
所得税	98.31亿	68.84亿	51.05亿	22.31亿
税后利润	612.71亿	448.13亿	293.56亿	138.93亿
净利润	612.71亿	448.13亿	293.56亿	138.93亿
归属于普通股股东的净利润	612.71亿	448.13亿	293.56亿	138.93亿
少数股东损益	-	-	-	-
归属于优先股净利润及其他项	0	0	0	0
归属于母公司股东的净利润	612.71亿	448.13亿	293.56亿	138.93亿
其他综合收益				
综合收益总额	598.97亿	430.79亿	295.27亿	138.07亿
其中：归属于少数股东的综合收益	-	-	-	-
归属于母公司股东的综合收益	598.97亿	430.79亿	295.27亿	138.07亿
每股收益				
基本每股收益	8.12元	5.93元	3.88元	1.84元
稀释每股收益	8.05元	5.88元	3.85元	1.82元

图 4.3 微软 2021 财年所有季度的利润记录

可是利润表为什么要以累加方式显示金额而不是以单季度显示呢？事实上，我们只需认定累加方式是一种通用统计方式便可，同样的逻辑也发生在现金流量表上。在分析计算时需注意细节，也提醒我们要将累加值与单季度值区分，尤其是进行企业之间的对比时，因为不同企业的财年会计期间也是有差异的，如表 4.1 所示。

表 4.1 不同企业的财年起始与截止日期有所差别

企业名称	财年起始日期	财年截止日期
苹果	前一年的10月1日	每年的9月30日
微软	前一年的7月1日	每年的6月30日
谷歌	每年的1月1日	每年的12月31日
亚马逊	每年的1月1日	每年的12月31日
Meta Platforms（原Facebook）	每年的1月1日	每年的12月31日

4.3 利润表的层级

从营收转换净利润过程中，会有一系列的财务扣减发生，比如要扣除营收成本、税费等，因此利润表中的每个科目之间是有逻辑递进关系的，比如毛利润是营收减去营收成本的结果，这个道理大家都比较容易理解。我们只要记住利润表的 1 级科目顺序，就能很好掌握利润计算的逻辑。1 级科目分别有营业收入、营业成本、营业毛利润、营业利润、税前利润、净利润（表 4.2 的加粗科目）。

表 4.2　带层级的利润表

微软2019～2022财年利润表（单位：美元）			
财年截至6月30日	2021年FY	2020年FY	2019年FY
营业收入：			
产品	710.74亿	680.41亿	660.69亿
服务与其他	970.14亿	749.74亿	597.74亿
营业总收入	1680.88亿	1430.15亿	1258.43亿
营业成本：			
产品	182.19亿	160.17亿	162.73亿
服务与其他	340.13亿	300.61亿	266.37亿
营业总成本	522.32亿	460.78亿	429.10亿
营业毛利润	1158.56亿	969.37亿	829.33亿
研发费用	207.16亿	192.69亿	168.76亿
市场与销售费用	201.17亿	195.98亿	182.13亿
一般与管理费用	51.07亿	51.11亿	48.85亿
营业利润	699.16亿	529.59亿	429.59亿
其他净收入	11.86亿	0.77亿	7.29亿
税前利润	711.02亿	530.36亿	436.88亿
所得税	98.31亿	87.55亿	44.48亿
净利润	612.71亿	442.81亿	392.40亿
每股收益			
基本每股收益	8.12	5.82	5.11
稀释每股收益	8.05	5.76	5.06
加权平均流通股			
基本流通股	75.47亿	76.10亿	76.73亿
稀释流通股	76.08亿	76.83亿	77.53亿

4.4 财务指标

利润表中的财务指标大多数是以盈利能力与成长能力为出发点的。盈利能力是体现企业是否能赚钱的指标，而成长能力是体现企业发展趋势的指标。一些成熟企业有很好的盈利能力，但其成长能力可能趋缓；而一些高科技公司没有很强的盈利能力，但其成长能力非常惊人。

4.4.1 盈利能力

- **营收（增长）同比**：是指本期与去年同期营收的差额，与去年同期营收之间的比率，主要是为了消除季节变动的影响，用以说明营收的相对发展速度，营收同比是衡量企业经营状况和市场占有能力、预测企业经营业务拓展趋势的重要标志。

$$营收同比=\frac{本期营收-去年同期营收}{去年同期营收}$$

- **毛利率**：是指毛利润与营业收入（或销售收入）之间的比率，其中毛利润是营业收入与营业收入相对应的营业成本之间的差额。该指标反映的是一个商品经过生产转换内部系统以后增值的大小。

$$毛利率=\frac{营业收入-营业成本}{营业收入}$$

- **净利率**：是指经营所得的净利润与营业收入之间的比率。该指标综合反映一家企业的经营效率。

$$净利率=\frac{净利润}{营业收入}$$

- **市盈率**（PE）：是指股票价格与每股收益（Earning Per Share，EPS）之间的比率，常用来评估股价水平是否合理。

$$市盈率=\frac{股票价格}{每股收益}$$

4.4.2 成长能力

- **毛利润同比**：是指本期与去年同期毛利润的差额，与去年同期毛利润之间的比率，主要是为了消除季节变动的影响，用以说明毛利润的相对发展速度。

$$毛利润同比=\frac{本期毛利润-去年同期毛利润}{去年同期毛利润}$$

- **净利润同比**：是指本期与去年同期净利润的差额，与去年同期净利润之间的比率，主要是为了消除季节变动的影响，用以说明净利润的相对发展速度。

$$净利润同比=\frac{本期净利润-去年同期净利润}{去年同期净利润}$$

- **每股收益同比**：是指本期与去年同期每股收益的差额，与去年同期每股收益之间的比率，主要是为了消除季节变动的影响，用以说明每股收益的相对发展速度。

$$每股收益同比=\frac{本期每股收益-去年同期每股收益}{去年同期每股收益}$$

- **PEG 估值（PE/GROWTH）**：即市盈率与盈利增长率之间的比率，一般 PEG 估值 =1，则认为该公司股价较合理。该指标既可以通过市盈率考察公司目前的财务状况，又可以通过盈利增长率考察未来一段时期内公司的增长预期。

$$PEG估值=\frac{市盈率}{盈利增长率}$$

本章小结

本章介绍了利润表的结构和特点，利润表是企业利润的“摄像机”，记录了某个会计期间的金额累计。本章同时也介绍了利润表相关的财务指标，绝大多数的财务指标都是围绕盈利能力与成长能力设立的，这也是投资者最关注企业财报的原因。

第5章　资产负债表介绍

5.1　资产负债表简介

资产负债表是反映企业在某个特定时期财务状况的“快照”，通过这幅“快照”我们可以了解到企业在具体时间点的资产、负债、股东权益情况。通俗一点说，资产负债表能够帮我们了解企业有多少“家底”，每季度的资产负债表都会“拍下”企业的家底“快照”。让我们来看一张真实的资产负债表，图 5.1 为微软公司截至 2020 年 12 月 31 日的资产负债情况。一眼看去，这里面的内容还是挺多的，但刚才我们已经提到负债表的三大模块是资产、负债和股东权益，也就是说所有的子类型都可以归到这三大类中。

微软2021财年资产负债表（单位：美元）			
资产		**负债**	
现金及现金等价物	142.24亿	短期借款	80.72亿
短期投资	1161.10亿	应付账款	151.63亿
总现金	1303.34亿	应缴所得税	21.74亿
应收账款	380.43亿	应计负债	100.57亿
存货	26.36亿	流动负债递延收入	415.25亿
流动资产递延所得税	-	流动负债特殊科目	116.66亿
预付款项	-	流动负债合计	886.57亿
流动资产特殊项目	133.93亿	长期借款	500.74亿
流动资产合计	1844.06亿	递延所得税负债	1.98亿
固定资产总额	1110.66亿	非流动负债递延收入	26.16亿
固定资产折旧	513.51亿	非流动负债特殊科目	502.46亿
固定资产净额	597.15亿	非流动负债合计	1031.34亿
股权投资和长期投资	59.84亿	负债合计特殊科目	-
商誉	497.11亿	负债合计	1917.91亿
无形资产净额	78.00亿	**股东权益**	
累计摊销	-	优先股	-
非流动资产递延所得税	-	普通股	-
非流动资产特殊项目	261.63亿	额外实收资本	831.11亿
非流动资产合计	1493.73亿	未分配利润	570.55亿
资产特殊科目	-	库存股	-
资产合计	3337.79亿	累计损益	18.22亿
		归属于母公司股东权益特殊项目	-
		归属于母公司股东权益合计	1419.88亿
		归属于少数股东权益	-
		权益特殊项目	-
		股东权益合计	1419.88亿

图 5.1　微软 2021 财年资产负债表

有别于我们在网站上看到的自上而下的一体式格式，图 5.1 所示的资产负债表格式经过了调整，表的左边为资产科目，右边为负债与股东权益科目，这种布局设置更方便读者理解，也被形象地称为 T 型布局。我们可以清晰地从图中看出“资产合计 = 负债合计 + 股东权益合计”这个等式。

读者需要牢记“资产合计 = 负债合计 + 股东权益合计”这个恒定公式，它在任何时候都有效，否则这个资产负债表就是有问题的。我们可以换一个角度去理解这个等式。公司是属于谁的？ CEO 吗？当然不是，是属于全体股东的。而股东拥有的公司包括了资产和负债两部分，因此我们也可以将等式改为：

股东权益合计 = 资产合计 − 负债合计

读者可能问为什么是这些科目呢？这里有什么规律呢？财务分析（包括会计学）是一门实践性的学科，表科目分类都是从实际运用中得出的结果，已经相当成熟，比如，流动资产的排序是依据变现的能力降序而定的，越靠前的科目，其变现能力越强。让我们看看这些科目的变现能力（变现能力由强到弱），如表 5.1 所示。

表 5.1 流动资产科目的变现能力排名

流动资产科目	解释
现金及现金等价物	等同现金
短期投资	可快速兑现的证券
应收账款	应收款的权益金
存货	需要出售变现的货品
流动资产特殊项目	比存货更不容易变现的特殊资产

5.2 资产负债表层级

上节中我们将资产、负债、股东权益这三项认定为资产负债表的 1 级科目，1 级科目下还有许多子类科目，或者称为会计科目，所有的子类科目总和应等于 1 级科目总和。细心的读者可能会发现，左侧的所有金额加起来远比 521.48 亿美元要多，这是怎么回事呢？造成这种不等的原因有两个。

（1）表中出现了 1 级科目与子类科目重复计算的问题。例如“现金及现金等价物”归属于“总现金”科目。但这里的“总现金”和“现金及现金等价物”的金额都在一个层级上出现，造成了一些理解困扰，不同层级的科目不可以直接被加总计算。

（2）表中某些科目应为负数。例如，固定资产总额－固定资产折旧＝固定资产净额，表中并没有体现这层逻辑关系，我们会在接下来的内容中逐步优化这些问题。

从图 5.1 中，我们可以观察到两种逻辑关系：

$$资产合计 = 流动资产 + 非流动资产$$
$$负债合计 = 流动负债 + 非流动负债$$

如何定义流动与非流动呢？一般而言，区分的标准是时间范围，会计制度将小于一年（含一年）内可变现的资产称为流动资产，反之则称为非流动资产。对于负债科目，原则也是一样的，小于一年（含一年）内需偿还的负债为流动负债，反之则称为非流动负债。

5.3 财务指标

除了盈利能力和成长能力，我们也需要关注企业的另外两个能力：营运能力（资本运作效率）与偿还能力（财务健康状况）。

你也许会问为什么许多科技企业财报发布时，分析师并没有重点关注营运能力与偿还能力指标，而更关注成长能力与盈利能力？那是因为这些科技企业都手握大量流动性资产，偿还能力都较强，而且企业的高盈利与成长性也间接说明企业的营运是高效的，因此分析师会淡化对这方面的关注。

但并不是所有企业的情况均是如此。在分析企业财务状况时，我们不能仅观察企业是否能赚钱，还应该知道企业目前存在的风险因素。

5.3.1 营运能力

- **应收账款周转率：**是指企业在一定时期内赊销净收入与平均应收账款余额之间的比率。

$$应收账款周转率 = \frac{营业收入}{（期末应收账款 + 期初应收账款）/2}$$

$$应收账款周转率（简化版）= \frac{营业收入}{当期应收账款}$$

注意，为简化计算步骤，此处公式以营业收入替代赊销净收入。另外，现实中的周转率计算有多种改良版本，以上我们列举了其中常用的两种，指标可用“（期初 ××+ 期末 ××）/2”或者“当期 ××”作为分母，前者版本会更准确，后者版本会更简化，为行文方便，以下类似公式采用简化版。

- **应收账款周转天数（DSO）**：也被称为应收账款的收现期，表明从销售开始到回收现金平均需要的天数[①]。周转天数越少，说明变现速度越快。

$$应收账款周转天数=\frac{365}{应收账款周转率}$$

- **存货周转率**：又名库存周转率，是指企业一定时期营业成本（销售成本）与平均存货余额之间的比率。存货周转率越高，说明企业营运效率越高。

$$存货周转率=\frac{营业成本}{当期存货}$$

- **存货周转天数（DIO）**：是指企业从取得存货开始，至消耗、销售为止所经历的天数。通过企业一定时期（通常为 1 年）内营业成本与平均存货余额之间的比率计算得到。周转天数越少，说明存货变现的速度越快。存货占用资金时间越短，存货管理工作的效率越高。

$$存货周转天数=\frac{365}{存货周转率}$$

- **应付账款周转率**：是指企业在一定时期内营业成本与平均应付账款余额之间的比率。与应收账款周转率不同，应付账款周转率越低，反而对企业越有利。

$$应付账款周转率=\frac{营业成本}{当期应付账款}$$

- **应付账款周转天数（DPO）**：是指企业需要多长时间付清供应商的欠款。通常应付账款周转天数越长越好，说明企业可以更多地占用供应商货款来补充营运资本而无需向银行短期借款。

$$应付账款周转天数=\frac{365}{应付账款周转率}$$

- **现金周期循环天数（DSO+DIO−DPO）**：是指应收账款周转天数＋存货周转天数－应付账款周转天数。汇总天数越小说明企业现金周转越快，效率越高；反之，汇总越大，现金周转越慢，效率越低。

$$现金周期循环天数=应收账款周转天数+存货周转天数-应付账款周转天数$$

---

① 也有计算方式采用 360 天作为天数标准，具体看企业的要求。

5.3.2 盈利能力

- **总资产收益率（ROA）**：是指净利润与平均资产总额之间的比率，是分析企业盈利能力时一个非常有用的比率。

$$总资产收益率=\frac{净利润}{平均资产总额}$$

- **净资产收益率（ROE）**：是指净利润与股东权益之间的比率，通常与 ROTA 一起分析使用。虽然存在行业差别，但一般认为 ROE>20% 的盈利是优秀企业的特征之一。

$$净资产收益率=\frac{净利润}{股东权益}$$

5.3.3 偿还能力

- **流动比率**：是指流动资产与流动负债之间的比率，用来衡量企业流动资产在短期债务到期以前，可以变现用于偿还债务的能力。一般说来，比率越高，说明企业资产的变现能力越强，短期偿债能力亦越强，但由于各行业经营性质不同，具体标准也不尽相同。

$$流动比率=\frac{流动资产}{流动负债}$$

- **速动比率**：是指企业速动资产与流动负债之间的比率，速动资产是企业的流动资产减去存货和预付费用后的余额，主要包括现金、短期投资、应收票据、应收账款等项目。

$$速动比率=\frac{速动资产}{流动负债}$$

- **资产负债率**：又称举债经营比率，指企业负债总额与资产总额之间的比率。它是用以衡量企业利用债权人提供的资金进行经营活动的能力，以及反映债权人发放贷款的安全程度的指标。

$$资产负债率=\frac{负债总额}{资产总额}$$

- **利息保障倍数**：是指息税前利润与利息之间的比率。是反映企业用所获利润偿付利息费用能力的指标。一般利息保障倍数大于 1，但是该比率并没有统一的标准或通用原则。保障倍数越小，企业偿付每年的利息费用难度就越大。

$$利息保障倍数=\frac{息税前利润}{利息}$$

本章小结

资产负债表是反映公司某一特定时期内财务状况的“照相机”，拍摄企业关账日期截止时企业资产、负债与股东权利的相关信息“快照”。我们学习了资产负债表恒等式：股东权益合计＝资产合计 - 负债合计。资产与负债分为流动性与非流动性，区别在于其时间范围。本章还介绍了资产负债表中的一些主要科目的定义，以及与资产负债表相关的财务指标。资产负债表中的数据涉及大量财务指标，提供了丰富的财务分析维度，并与利润表一起成为企业分析的重要组成部分。

第 6 章　现金流量表介绍

6.1　现金流量表简介

到此为止我们已经接触了财务报表中的 3 张报表。你可能会问：为什么是 3 张报表呢？先前我们已经介绍了，利润表用于分析企业“赚钱”的能力，资产负债表用于分析企业的“家底”状况，而现金流量表是用于查看现金流量变化的。

你也许会继续问：现金流量的变化不是在资产负债表的“现金及现金等价物”中有所体现吗？通过查看期末与期初的现金变化就可以知道资金的变化了。资产负债表确实可以说明现金的增减，但却无法解释现金变化的来龙去脉，为此我们需要一张专门与现金相关的表。你也许又会问：为什么要把现金作为一种特殊资产单独列出来？那我们还需要第 4、第 5 张表，例如“应收账款流量表”或者“库存流量表”吗？答案是否定的。因为其他一切资产或负债都是可以用现金去衡量的，现金是流动性最高的特殊资产。一家企业可以没有应收账款、没有库存，但是如果企业没有现金，则会面临巨大风险。

从这个角度而言，现金流量表是从风险控制的角度来描述企业的经营状况，一家企业要生存下去，需要有充足的流动性现金，而在房地产、航空制造等重资产行业中则显得更为重要。

6.2　现金流的计算方式

与利润表金额相似，现金流金额也是按财年年初至今累积的。现金流量表的 1 级科目是经营活动产生的现金流量净额、投资活动产生的现金流量净额与筹资活动产生的现金流量净额，它们囊括了企业运作中与现金相关的所有活动，剩余的子类科目都归属于这三大科目，如图 6.1 所示。三者的汇总为现金流合计，刚好等于“期末现金及现金等价物余额”与“期初现金及现金等价物余额”两项之差，也等于资产负债表中的“现金及现金等价物”。

微软2021财年现金流量表（单位：美元）	
经营活动产生的现金流量净额	767.40亿
投资活动产生的现金流量净额	-275.77亿
物业设备资金	-206.22亿
筹资活动产生的现金流量净额	-484.86亿
汇率变动对现金及现金等价物的影响	-2900.00万
期初现金及现金等价物余额	135.76亿
期末现金及现金等价物余额	142.24亿
现金及现金等价物净增加额	6.48亿
折旧与摊销	116.86亿
营运资金变动	-9.36亿
投资购买	-629.24亿
股票发行	16.93亿
股份回购	-273.85亿
支付股息	-165.21亿

图 6.1 微软 2021 财年现金流量表

表面上看，现金流量表不如利润表和资产负债表结构复杂，这是因为图 6.1 的现金流量表为简化版本，仅包括部分信息。比如，股票发行（16.93 亿美元）、股份回购（−273.85 亿美元）、支付股息（−165.21 亿美元）这三项的总和不等于筹资活动产生的现金流量净额（−484.86 亿美元）。

完整的现金流量表其实包括的内容远比你想象的要复杂，图 6.2 为微软 2019 ～ 2021 财年的完整现金流量表，注意关于经营的计算部分是从净收入开始一步一步推导而形成的，这种方法称为间接法。

微软2019~2021财年现金流量表（单位：百万美元）			
	截至6月30日的年度，		
	2021	2020	2019
经营			
净收入	**61,271**	44,281	39,240
调整净收入与运营净现金：			
折旧、摊销和其他	**11,686**	12,796	11,682
基于股票的薪酬费用	**6,118**	5,289	4,652
投资及衍生工具的已确认收益净额	**-1,249**	-219	-792
递延所得税	**-150**	11	-6,463
经营资产和负债的变化：			
应收账款	**-6,481**	-2,577	-2,812
库存	**-737**	168	597
其他流动资产	**-932**	-2,330	-1,718
其他长期资产	**-3,459**	-1,037	-1,834
应付账款	**2,798**	3,018	232
未赚取的收入	**4,633**	2,212	4,462
所得税	**-2,309**	-3,631	2,929
其他流动负债	**4,149**	1,346	1,419
其他长期负债	**1,402**	1,348	591
来自运营的净现金	**76,740**	60,675	52,185
融资			
债务交换的现金溢价	**-1,754**	-3,417	0
偿还债务	**-3,750**	-5,518	-4,000
已发行普通股	**1,693**	1,343	1,142
回购普通股	**-27,385**	-22,968	-19,543
已支付的普通股现金股息	**-16,521**	-15,137	-13,811
其他，净值	**-769**	-334	-675
用于融资的净现金	**-48,486**	-46,031	-36,887
投资			
财产和设备的补充	**-20,622**	-15,441	-13,925
收购公司（扣除收购现金）以及购买无形资产	**-8,909**	-2,521	-2,388
购买投资	**-62,924**	-77,190	-57,697
投资到期日	**51,792**	66,449	20,043
出售投资	**14,008**	17,721	38,194
其他，净值	**-922**	-1,241	0
用于投资的净现金	**-27,577**	-12,223	-15,773
外汇汇率对现金及现金等价物的影响	**-29**	-201	-115
现金及现金等价物净变动额	**648**	2,220	-590
期初现金及现金等价物	**13,576**	11,356	11,946
期末现金及现金等价物	**14,224**	13,576	11,356

图 6.2 微软 2019 ～ 2021 财年的完整现金流量表

6.3 现金流与利润和折旧

图 6.2 中出现“折旧、摊销和其他”（简称“折旧”）科目为正的现金流，这可能让你感到困惑。为什么明明是折旧了，但是却增加了营收现金流呢？真实的原因是“净收入”已经是排除折旧费用后的收入，也就是说一开始折旧已经被“减去”了一次，而折旧并没有在当期产生现金费用（购买是以前发生的，折旧不会产生新的费用）。所以为了“对平”真实现金的流动，这里要做一次“加回”的动作，把没有的折旧“放回去”。

如果这样理解太抽象，我们不妨再次回到资产负债表中，如图 6.3 所示，在非流动资产处，这个当期折旧费用已经被扣减了一次，而如果现金中的净收入再扣减一次的话，折旧则被计算了两次，账目就错了，这同样也解释了为什么间接法中对“折旧”予以“加回”。

微软2021财年资产负债表（单位：美元）

资产		负债	
现金及现金等价物	142.24亿	短期借款	80.72亿
短期投资	1161.10亿	应付账款	151.63亿
总现金 ← 不扣减折旧费	303.34亿	应缴所得税	21.74亿
应收账款	380.43亿	应计负债	100.57亿
存货	26.36亿	流动负债递延收入	415.25亿
流动资产递延所得税	-	流动负债特殊科目	116.66亿
预付款项	-	流动负债合计	886.57亿
流动资产特殊项目	133.93亿	长期借款	500.74亿
流动资产合计	1844.06亿	递延所得税负债	1.98亿
固定资产总额	[illegible]	非流动负债递延收入	26.16亿
固定资产折旧 ← 非流动中扣减了折旧费	513.51亿	非流动负债特殊科目	502.46亿
固定资产净额	597.15亿	非流动负债合计	1031.34亿
股权投资和长期投资	59.84亿	负债合计特殊科目	-
商誉	497.11亿	负债合计	1917.91亿
无形资产净额	78.00亿	股东权益	
累计摊销	-	优先股	-
非流动资产递延所得税	-	普通股	-
非流动资产特殊项目	261.63亿	额外实收资本	831.11亿
非流动资产合计	1493.73亿	未分配利润	570.55亿
资产特殊科目	-	库存股	-
资产合计	3337.79亿	累计损益	18.22亿
		归属于母公司股东权益特殊项目	-
		归属于母公司股东权益合计	1419.88亿
		归属于少数股东权益	-
		权益特殊项目	-
		股东权益合计	1419.88亿

图 6.3 微软 2021 财年资产负债表

6.4 现金流量表的正负影响因素

除了折旧科目，还有哪些经济活动对经营、投资、融资有影响呢？表 6.1 列出一些对 1 级科目有影响的因素。如应收是对经营活动产生的现金流量有负面影响（应付表示未支付的现金，所有增加现金），应付是对经营活动产生的现金流量有正面影响（应收表示待转换为现金，所有减少现金），这些还是比较好理解的。以上对于现金流量表的描述中，我们不难看出，现金流量表并不是一张孤立的财务报表，而是与利润表、资产负债表有着紧密联系的。

表6.1　现金流量表1级科目以及影响其变化的因素

1级科目	正影响	负影响
经营活动产生的现金流量净额	营运收入、应付	营运支出、应收、库存、税款
投资活动产生的现金流量净额	收回投资	投资生产设备、其他投资
筹资活动产生的现金流量净额	举债、股票发行	派发股息、还债、回购股份

值得一提的是，现金流合计并不是一个能够单独衡量公司优劣的指标，表6.2列举了A、B两家公司的案例，虽然双方现金流合计相等，但是其内在却截然不同，相信很多读者能察觉到A公司的经营状况要比B公司健康，B公司的经营活动产生的现金流量净额为负，说明公司失去了自我“造血”功能，只能通过举债度日。

当然，即使这样，也不能就此说B公司一定很糟糕。很多成长型公司在发展初期都没有自我“造血”功能，都是通过“输血”才能发展壮大，当年亚马逊、京东在初创阶段也经历过这样的情况。所以，当分析公司财务时，我们一定要结合多个角度更立体、多方面地去评估公司的财务状况。

表6.2　A、B两家公司的经营、投资、筹资情况对比

1级科目	A公司（美元）	B公司（美元）
经营活动产生的现金流量净额	+10亿	−3亿
投资活动产生的现金流量净额	−6亿	−1亿
筹资活动产生的现金流量净额	1亿	+9亿
现金流合计	5亿	5亿

6.5　财务指标

与利润表和资产负债表相比，现金流量表的指标不多，且主要是从现金流动性的角度分析企业的偿还能力，以及是否存在短期现金不足的风险。

偿还能力

- **现金流量比率：**该比率用于衡量企业经营活动产生的现金流量净额可以抵偿流动负债的程度。比率越高，说明企业的财务弹性越好。

$$现金流量比率=\frac{经营活动产生的现金流量净额}{流动负债}$$

- **现金流量充足率：**指经营活动产生的现金流量净额与长期负债偿还额、固定资产购置额及股利支付额之间的比率，该指标可综合反映企业的持续经营能力和获利能力。

$$现金流量充足率=\frac{经营活动现金流量净额}{长期负债偿付额+固定资产购置额+股利支付额}$$

本章小结

本章介绍现金流量表的结构和特点，现金流量表包含了经营、投资、筹资（融资）活动产生的现金流量变化，同时也介绍了现金流量表中的一些主要科目的定义，还有现金流量表主要的财务指标。绝大多数的现金流指标都是从风险控制的角度设置的，旨在衡量企业是否有充足的流动性或者有足够的现金“造血”功能。

第 7 章　传统 Excel 财务报表分析

传统 Excel 财务报表（简称“财报”）分析是指基于单元格计算的 Excel 思维知识体系。我们可以简单认为与单元格相关的存储与计算都属于传统 Excel 财报分析的范畴，如使用 VLOOKUP、INDEX、MATCH 等函数连接数据表之间的关系就是传统 Excel 财报分析的典型案例。传统 Excel 财报分析的好处是门槛低，适用于绝大多数分析人员。本章分析的标的是苹果公司，让我们马上开始分析实操。

7.1　获取数据与整理

首先，登录雪球网站，查询苹果公司（代码 AAPL）股票界面，在左侧“财务数据”栏下单击“利润表”，如图 7.1 所示。

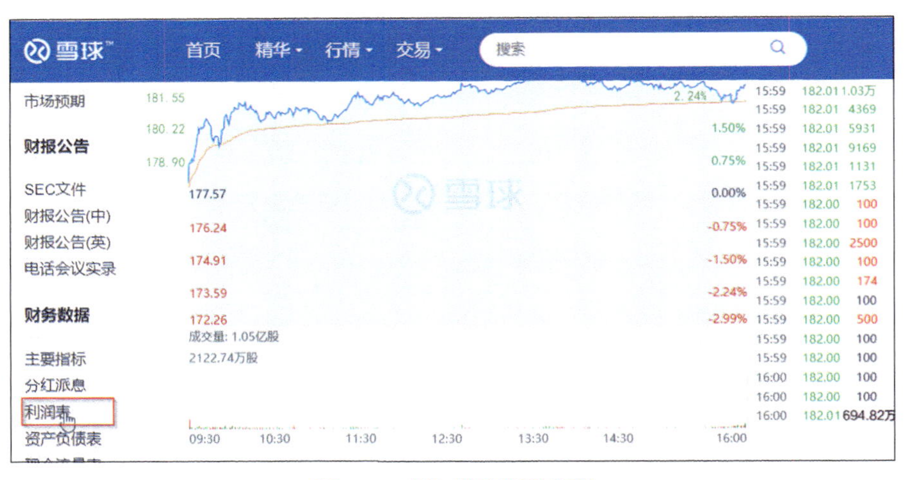

图 7.1　查询苹果股票界面

进入利润表页面后，单击“年报”栏①，然后按鼠标标选中年报栏下面的数值区②，按 Ctrl+C 键复制所选内容，如图 7.2 所示。

苹果(AAPL)

全部 | 年报 | 中报 | 一季报 | 三季报 □同比

苹果财年为每年的10月1日至第二年的9月30日，最新披露财报所属2021财年。 财报币种：美元(USD)

报告期	2021年FY	2020年FY	2019年FY	2018年FY	2017年FY
营业收入	3658.17亿	2745.15亿	2601.74亿	2655.95亿	2292.34亿
其他收入	-	-	-	-	-
营业总收入	3658.17亿	2745.15亿	2601.74亿	2655.95亿	2292.34亿
营业成本	2129.81亿	1695.59亿	1617.82亿	1637.56亿	1410.48亿
营业毛利润	1528.36亿	1049.56亿	983.92亿	1018.39亿	881.86亿
市场、销售和管理费用	219.73亿	199.16亿	182.45亿	167.05亿	152.61亿
研发费用	219.14亿	187.52亿	162.17亿	142.36亿	115.81亿
净利息费用	-	-	-	-	-
利息收入	-	-	-	-	-
利息支出	-	-	-	-	-
营业支出特殊科目总计	-	-	-	-	-
营业支出总计	438.87亿	386.68亿	344.62亿	309.41亿	268.42亿

图 7.2 获取网页数据

打开 Excel，将网页内容粘贴至 Excel 中，如图 7.3 所示。注意，Excel 中的数值部分为字符串，这部分数值需要经过公式转换才能使用。

	A	B	C	D	E	F
1		2021年FY	2020年FY	2019年FY	2018年FY	2017年FY
2	营业收入	3658.17亿	2745.15亿	2601.74亿	2655.95亿	2292.34亿
3	其他收入	-	-	-	-	-
4	营业总收入	3658.17亿	2745.15亿	2601.74亿	2655.95亿	2292.34亿
5	营业成本	2129.81亿	1695.59亿	1617.82亿	1637.56亿	1410.48亿
6	营业毛利润	1528.36亿	1049.56亿	983.92亿	1018.39亿	881.86亿
7	市场、销售和管理费用	219.73亿	199.16亿	182.45亿	167.05亿	152.61亿
8	研发费用	219.14亿	187.52亿	162.17亿	142.36亿	115.81亿
9	净利息费用	-	-	-	-	-
10	利息收入	-	-	-	-	-
11	利息支出	-	-	-	-	-
12	营业支出特殊科目总计	-	-	-	-	-
13	营业支出总计	438.87亿	386.68亿	344.62亿	309.41亿	268.42亿
14	营业利润	1089.49亿	662.88亿	639.30亿	708.98亿	613.44亿
15	子公司股权权益收入	-	-	-	-	-
16	税前营业收入特殊科目	2.58亿	8.03亿	18.07亿	20.05亿	27.45亿
17	税前利润	1092.07亿	670.91亿	657.37亿	729.03亿	640.89亿
18	所得税	145.27亿	96.80亿	104.81亿	133.72亿	157.38亿
19	税后利润	946.80亿	574.11亿	552.56亿	595.31亿	483.51亿
20	净利润	946.80亿	574.11亿	552.56亿	595.31亿	483.51亿
21	归属于普通股股东的净利润	946.80亿	574.11亿	552.56亿	595.31亿	483.51亿
22	少数股东损益	-	-	-	-	-
23	归属于优先股净利润及其他项	0	0	0	0	0
24	归属于母公司股东的净利润	946.80亿	574.11亿	552.56亿	595.31亿	483.51亿
25	其他综合收益					
26	综合收益总额	952.49亿	574.53亿	580.37亿	565.05亿	475.67亿
27	其中：归属于少数股东的综合收益	-	-	-	-	-
28	归属于母公司股东的综合收益	952.49亿	574.53亿	580.37亿	565.05亿	475.67亿
29	每股收益					
30	基本每股收益	5.67元	3.31元	2.99元	3.00元	9.27元
31	稀释每股收益	5.61元	3.28元	2.97元	2.98元	9.21元

图 7.3 粘贴结果至 Excel 中

复制 B1 ～ F1 单元格信息，粘贴至 G1 ～ K1 单元格中。在 G2 单元格输入以下公式，该公式旨在将字符串转换为单位为亿的数值（单位为元除外），然后将公式拖至 K31 单元格，在 A33 单元格粘贴“基本每股收益、稀释每股收益为元”以作说明，如图 7.4 所示。

```
=IFERROR(VALUE(SWITCH(RIGHT(B2,1),"亿",SUBSTITUTE(B2,"亿",),'万",SUBSTITUTE(B2,"万","E"&-4),"元",SUBSTITUTE(B2,"元",))),"")
```

G2 =IFERROR(VALUE(SWITCH(RIGHT(B2,1),"亿",SUBSTITUTE(B2,"亿",),"万",SUBSTITUTE(B2,"万","E"&-4),"元",SUBSTITUTE(B2,"元",))),"")

	A	B	C	D	E	F	G	H	I	J	K
1		2021年FY	2020年FY	2019年FY	2018年FY	2017年FY	2021年FY	2020年FY	2019年FY	2018年FY	2017年FY
2	营业收入	3658.17亿	2745.15亿	2601.74亿	2655.95亿	2292.34亿	3658.17	2745.15	2601.74	2655.95	2292.34
3	其他收入	-	-	-	-	-					
4	营业总收入	3658.17亿	2745.15亿	2601.74亿	2655.95亿	2292.34亿	3658.17	2745.15	2601.74	2655.95	2292.34
5	营业成本	2129.81亿	1695.59亿	1617.82亿	1637.56亿	1410.48亿	2129.81	1695.59	1617.82	1637.56	1410.48
6	营业毛利润	1528.36亿	1049.56亿	983.92亿	1018.39亿	881.86亿	1528.36	1049.56	983.92	1018.39	881.86
7	市场、销售和管理费用	219.73亿	199.16亿	182.45亿	167.05亿	152.61亿	219.73	199.16	182.45	167.05	152.61
8	研发费用	219.14亿	187.52亿	162.17亿	142.36亿	115.81亿	219.14	187.52	162.17	142.36	115.81
9	净利息费用	-	-	-	-	-					
10	利息收入	-	-	-	-	-					
11	利息支出	-	-	-	-	-					
12	营业支出特殊科目总计	-	-	-	-	-					
13	营业支出总计	438.87亿	386.68亿	344.62亿	309.41亿	268.42亿	438.87	386.68	344.62	309.41	268.42
14	营业利润	1089.49亿	662.88亿	639.30亿	708.98亿	613.44亿	1089.49	662.88	639.3	708.98	613.44
15	子公司股权权益收入	-	-	-	-	-					
16	税前营业收入特殊科目	2.58亿	8.03亿	18.07亿	20.05亿	27.45亿	2.58	8.03	18.07	20.05	27.45
17	税前利润	1092.07亿	670.91亿	657.37亿	729.03亿	640.89亿	1092.07	670.91	657.37	729.03	640.89
18	所得税	145.27亿	96.80亿	104.81亿	133.72亿	157.38亿	145.27	96.8	104.81	133.72	157.38
19	税后利润	946.80亿	574.11亿	552.56亿	595.31亿	483.51亿	946.8	574.11	552.56	595.31	483.51
20	净利润	946.80亿	574.11亿	552.56亿	595.31亿	483.51亿	946.8	574.11	552.56	595.31	483.51
21	归属于普通股股东的净利润	946.80亿	574.11亿	552.56亿	595.31亿	483.51亿	946.8	574.11	552.56	595.31	483.51
22	少数股东损益	-	-	-	-	-					
23	归属于优先股净利润及其他项	0	0	0	0	0					
24	归属于母公司股东的净利润	946.80亿	574.11亿	552.56亿	595.31亿	483.51亿	946.8	574.11	552.56	595.31	483.51
25	其他综合收益										
26	综合收益总额	952.49亿	574.53亿	580.37亿	565.05亿	475.67亿	952.49	574.53	580.37	565.05	475.67
27	其中：归属于少数股东的综合收益	-	-	-	-	-					
28	归属于母公司股东的综合收益	952.49亿	574.53亿	580.37亿	565.05亿	475.67亿	952.49	574.53	580.37	565.05	475.67
29	每股收益										
30	基本每股收益	5.67元	3.31元	2.99元	3.00元	9.27元	5.67	3.31	2.99	3	9.27
31	稀释每股收益	5.61元	3.28元	2.97元	2.98元	9.21元	5.61	3.28	2.97	2.98	9.21
32											
33	基本每股收益、稀释每股收益为元										

图 7.4 将字符串转换为数值

选中 B ～ F 列后单击鼠标右键，选择“隐藏（H）”命令，将原始字符串隐藏，如图 7.5 所示。

	A	B	C	D	E	F	G	H	I	J	K
1	苹果公司利润表 (亿美元)	2021年FY	2020年FY	2019年FY	2018年FY	2017年FY	2021年FY	2020年FY	2019年FY	2018年FY	2017年FY
2	营业收入	3658.17亿	2745.15亿	2601.74亿	2655.95亿	2292.34亿	3658.17	2745.15	2601.74	2655.95	2292.34
3	其他收入	-	-	-	-	-					
4	**营业总收入**	**3658.17亿**	**2745.15亿**				**3658.17**	**2745.15**	**2601.74**	**2655.95**	**2292.34**
5	营业成本	2129.81亿	1695.59亿				2129.81	1695.59	1617.82	1637.56	1410.48
6	**营业毛利润**	**1528.36亿**	**1049.56**				**1528.36**	**1049.56**	**983.92**	**1018.39**	**881.86**
7	市场、销售和管理费用	219.73亿	199.16亿				219.73	199.16	182.45	167.05	152.61
8	研发费用	219.14亿	187.52亿			115.81亿	219.14	187.52	162.17	142.36	115.81
9	净利息费用	-	-			-					
10	利息收入	-	-			-					
11	利息支出	-	-			-					
12	营业支出特殊科目总计	-	-			-					
13	营业支出总计	438.87亿	386.68亿			268.42亿	438.87	386.68	344.62	309.41	268.42
14	**营业利润**	**1089.49亿**	**662.88亿**			**613.44亿**	**1089.49**	**662.88**	**639.3**	**708.98**	**613.44**
15	子公司股权权益收入	-	-			-					
16	税前营业收入特殊科目	2.58亿	8.03亿			27.45亿	2.58	8.03	18.07	20.05	27.45
17	税前利润	1092.07亿	670.91亿			640.89亿	1092.07	670.91	657.37	729.03	640.89
18	所得税	145.27亿	96.80亿			157.38亿	145.27	96.8	104.81	133.72	157.38
19	税后利润	946.80亿	574.11亿			483.51亿	946.8	574.11	552.56	595.31	483.51
20	**净利润**	**946.80亿**	**574.11亿**			**483.51亿**	**946.8**	**574.11**	**552.56**	**595.31**	**483.51**
21	归属于普通股股东的净利润	946.80亿	574.11亿			483.51亿	946.8	574.11	552.56	595.31	483.51
22	少数股东损益	-	-			-					
23	归属于优先股净利润及其他项	0				0					
24	归属于母公司股东的净利润	946.80亿	574.11亿			483.51亿	946.8	574.11	552.56	595.31	483.51
25	其他综合收益										
26	综合收益总额	952.49亿	574.53亿			475.67亿	952.49	574.53	580.37	565.05	475.67
27	其中：归属于少数股东的综合收益	-	-			-					
28	归属于母公司股东的综合收益	952.49亿	574.53亿	580.37亿	565.05亿	475.67亿	952.49	574.53	580.37	565.05	475.67
29	每股收益										
30	基本每股收益	5.67元	3.31元	2.99元	3.00元	9.27元	5.67	3.31	2.99	3	9.27
31	稀释每股收益	5.61元	3.28元	2.97元	2.98元	9.21元	5.61	3.28	2.97	2.98	9.21
32											
33	基本每股收益、稀释每股收益为元										

剪切(T)
复制(C)
粘贴选项:
选择性粘贴(S)...
插入(I)
删除(D)
清除内容(N)
设置单元格格式(F)...
列宽(W)...
隐藏(H)
取消隐藏(U)

图 7.5 隐藏带有单位的原始字符串

如果想美化效果，读者可为报表添加表头信息①，加粗重要科目和设置上框线②，添加盈利与成长能力相关的指标名称③，读者也可选择隐藏网格，如图 7.6 所示。

	苹果公司利润表 (亿美元)	2021年FY	2020年FY	2019年FY	2018年FY	2017年FY
2	营业收入	3658.17	2745.15	2601.74	2655.95	2292.34
3	其他收入					
4	**营业总收入**	**3658.17**	**2745.15**	**2601.74**	**2655.95**	**2292.34**
5	营业成本	2129.81	1695.59	1617.82	1637.56	1410.48
6	**营业毛利润**	**1528.36**	**1049.56**	**983.92**	**1018.39**	**881.86**
7	市场、销售和管理费用	219.73	199.16	182.45	167.05	152.61
8	研发费用	219.14	187.52	162.17	142.36	115.81
9	净利息费用					
10	利息收入					
11	利息支出					
12	营业支出特殊科目总计					
13	营业支出总计	438.87	386.68	344.62	309.41	268.42
14	**营业利润**	**1089.49**	**662.88**	**639.3**	**708.98**	**613.44**
15	子公司股权权益收入					
16	税前营业收入特殊科目	2.58	8.03	18.07	20.05	27.45
17	税前利润	1092.07	670.91	657.37	729.03	640.89
18	所得税	145.27	96.8	104.81	133.72	157.38
19	税后利润	946.8	574.11	552.56	595.31	483.51
20	**净利润**	**946.8**	**574.11**	**552.56**	**595.31**	**483.51**
21	归属于普通股股东的净利润	946.8	574.11	552.56	595.31	483.51
22	少数股东损益					
23	归属于优先股净利润及其他项					
24	归属于母公司股东的净利润	946.8	574.11	552.56	595.31	483.51
25	其他综合收益					
26	综合收益总额	952.49	574.53	580.37	565.05	475.67
27	其中：归属于少数股东的综合收益					
28	归属于母公司股东的综合收益	952.49	574.53	580.37	565.05	475.67
29	每股收益					
30	基本每股收益	5.67	3.31	2.99	3	9.27
31	稀释每股收益	5.61	3.28	2.97	2.98	9.21
32						
33	基本每股收益 、稀释每股收益为元					
34						
35	**盈利与成长能力财务指标：**					
36	营收同比%					
37	毛利率%					
38	净利率%					
39	净资产收益率% (ROA)					
40	净资产收益率% (ROE)					

图 7.6 调整利润表格式

同理，我们将对资产负债表进行类似的数据与格式处理，具体步骤此处省略，图 7.7 为调整格式后的资产负债表部分截图。

	A	G	H	I	J	K	L
1	苹果公司资产负债表 (亿美元)	2021年FY	2020年FY	2019年FY	2018年FY	2017年FY	
2	现金及现金等价物	349.4	380.16	488.44	259.13	202.89	
3	短期投资	276.99	529.27	517.13	403.88	538.92	
4	总现金	626.39	909.43	1005.57	663.01	741.81	
5	应收账款	262.78	161.2	229.26	231.86	178.74	
6	存货	65.8	40.61	41.06	39.56	48.55	
7	流动资产递延所得税						
8	预付款项						
9	流动资产特殊项目	393.39	325.89	352.3	378.96	317.35	
10	**流动资产合计**	**1348.36**	**1437.13**	**1628.19**	**1313.39**	**1286.45**	
11	固定资产总额	1097.23	1035.26	959.57	904.03	750.76	
12	固定资产折旧	702.83	667.6	585.79	490.99	412.93	
13	固定资产净额	394.4	367.66	373.78	413.04	337.83	
14	股权投资和长期投资	1278.77	1008.87	1053.41	1707.99	1947.14	
15	商誉						
16	无形资产净额						
17	累计摊销						
18	非流动资产递延所得税						
19	非流动资产特殊项目	488.49	425.22	329.78	222.83	181.77	
20	**非流动资产合计**	**2161.66**	**1801.75**	**1756.97**	**2343.86**	**2466.74**	
21	资产特殊科目						
22	**资产合计**	**3510.02**	**3238.88**	**3385.16**	**3657.25**	**3753.19**	

图 7.7 调整格式后的资产负债表部分截图

7.2　数据模型

财务指标的部分计算公式已在前文提供，此处不再赘述，此处仅列出 Excel 公式，如表 7.1 与表 7.2 所示。

表 7.1　成长能力与盈利能力指标

财务指标名称	指标类型	Excel 公式
营收同比	成长能力	(G4-H4)/H4
净利润同比	成长能力	(G20-H20)/H20
毛利率	盈利能力	G6/G2
净利率	盈利能力	G20/G2
总资产收益率(ROA)	盈利能力	G20/'资产负债表'!G22
净资产收益率(ROE)	盈利能力	G21/'资产负债表'!G48

表 7.2　营运能力与偿还能力指标

财务指标名称	指标类型	Excel 公式
应收账款周转天数（DSO）	营运能力	H5/'利润表'!H4*360
存货周转天数（DIO）	营运能力	H6/'利润表'!H5*360
应付账款周转天数（DPO）	营运能力	H24/'利润表'!H6*360
现金周转循环天数(DSO＋DIO－DPO)	营运能力	H54+H55-H56
速动比率	偿还能力	H4/H29
流动比率	偿还能力	H10/H29
资产负债率	偿还能力	G36/G22
利息保障倍数	偿还能力	IFERROR(利润表!G14/(利润表!G11 - 利润表!G10),"Null")

此处略过在 Excel 中的具体操作步骤，我们直接将结果展示在图 7.8 与图 7.9 中。

	A	G	H	I	J	K
1	苹果公司利润表 (亿美元)	2021年FY	2020年FY	2019年FY	2018年FY	2017年FY
35	盈利与成长能力:					
36	营收同比%	33.26%	5.51%	-2.04%	15.86%	
37	净利润同比%	64.92%	3.90%	-7.18%	23.12%	
38	毛利率	41.78%	38.23%	37.82%	38.34%	38.47%
39	净利率	25.88%	20.91%	21.24%	22.41%	21.09%
40	总资产收益率 (ROA)	26.97%	17.73%	16.32%	16.28%	12.88%
41	净资产收益率 (ROE)	150.07%	87.87%	61.06%	55.56%	36.07%

财年利润表 财年资产负债表

图 7.8 苹果公司盈利与成长能力分析结果

让我们评估苹果公司 2021 财年的财务状况。首先在成长能力方面，营收同比增长为 33.26%，净利润同比增长为 64.92%，获得显著的增长的主要原因之一是 2020 财年受到新冠肺炎疫情的冲击，尽管疫情在 2021 财年仍然持续，但全球经济有所恢复。另外，如表 7.3 所示，在 2021 财年期间，苹果公司发布了 iPhone12 和 iPhone13 两款重磅新品，促进了营收，而 2020 财年重磅产品较少，这也是 2021 财年业绩大幅增长的原因之一。

表 7.3 近年苹果公司发布 iPhone 产品情况

发布日期	产品
2019 年 9 月 11 日	iPhone 11，iPhone 11 Pro，iPhone 11 Pro Max
2020 年 4 月 15 日	iPhone SE 2
2020 年 10 月 13 日	iPhone 12 mini，iPhone 12，iPhone 12 Pro，iPhone 12 Pro Max
2021 年 9 月 15 日	iPhone 13 mini，iPhone 13，iPhone 13 Pro，iPhone 13 Pro Max

在盈利方面，毛利率与净利率分别为 41.78% 与 25.88%，也高于往年的指标。很多人观念里认为苹果公司只是一家硬件公司，生产 iPhone、iMac、iPad 等硬件设备，但其实苹果公司也从软件服务如 Apple Store 中获利，软件服务的利润通常比硬件产品更高。例如，苹果公司 2021 财年产品和服务的毛利率分别为 35.35%、69.72%，表 7.4 为苹果公司子业务部门营收结果。

表 7.4 苹果公司子业务部门营收与营收成本明细

苹果公司子业务部门营收与营收成本明细（单位：亿美元）			
	2021 财年	2020 财年	2019 财年
净销售收入：			
产品	2973.92	2207.47	2138.83
服务	684.25	537.68	462.91
总净销售收入	36.5817	27.4515	26.0174

续表

苹果公司子业务部门营收与营收成本明细（单位：亿美元）			
	2021 财年	2020 财年	2019 财年
销售成本：			
产品	1922.66	1512.86	1449.96
服务	207.15	182.73	167.86
总销售成本	21.2981	16.9559	16.1782
毛利润	1528.36	1049.56	983.92

总资产收益率与净资产收益率分别为 26.97% 和 150.07%，这两项指标用于衡量企业的杠杆能力，体现出苹果公司的盈利能力较强。高净资产收益率说明企业通过借入大量的资金，运用财务杠杆提高资金的使用效率，但同时风险也在增加。图 7.9 为盈利与成长能力的展示结果。

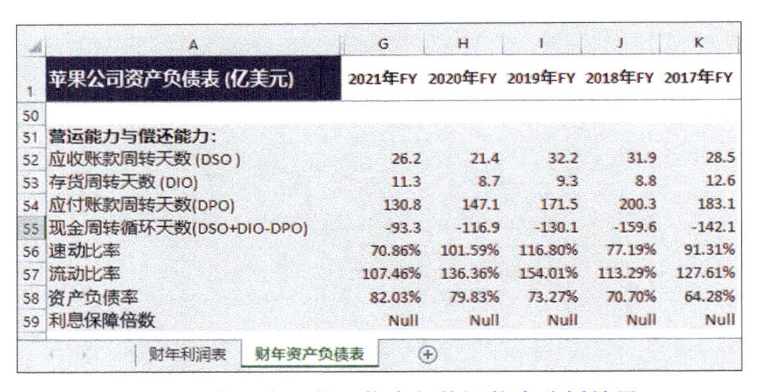

	A	G	H	I	J	K
1	苹果公司资产负债表 (亿美元)	2021年FY	2020年FY	2019年FY	2018年FY	2017年FY
50						
51	营运能力与偿还能力:					
52	应收账款周转天数 (DSO)	26.2	21.4	32.2	31.9	28.5
53	存货周转天数 (DIO)	11.3	8.7	9.3	8.8	12.6
54	应付账款周转天数(DPO)	130.8	147.1	171.5	200.3	183.1
55	现金周转循环天数(DSO+DIO-DPO)	-93.3	-116.9	-130.1	-159.6	-142.1
56	速动比率	70.86%	101.59%	116.80%	77.19%	91.31%
57	流动比率	107.46%	136.36%	154.01%	113.29%	127.61%
58	资产负债率	82.03%	79.83%	73.27%	70.70%	64.28%
59	利息保障倍数	Null	Null	Null	Null	Null

财年利润表 财年资产负债表

图 7.9 苹果公司营运能力与偿还能力分析结果

在营运能力方面，主要的变化为应付账款周转天数变短，这对苹果公司是不利的，这种变化的部分原因是疫情期间供应链紧张和芯片短缺，下游的产品自然受到上游芯片短缺的影响，但总体而言，苹果公司的现金周转循环天数仍是一个很小的负值，回款的天数远短于付账的天数，说明苹果公司在资金流循环方面的管理十分优秀。

在偿还能力方面，苹果公司的速动比率和流动比率都有所降低，主要原因是苹果公司的现金数量有所减少且短期借债与应付有所增长，资产负债率方面与同期基本持平，变化不大。因为引用网站没有提供相关利息，因此无法计算利息保障倍数[①]。遇到这种问题，分析师不得不通过其他信息来源获取数据。虽然目前很少有人会担心苹果公司的偿还能力，

① 不可避免地，使用开源数据作为数据源的潜在问题在于数据的完整性和准确性。

但苹果公司总体资产负债率并不算低，好的一方面是苹果公司拥有良好的信用评级，意味着苹果公司可以用较低的成本借贷获取大量的运营资金。

7.3 可视化呈现

可视化呈现的目的在于帮助读者理解数据背后的意义。接下来，我们将创建可视化趋势图，具体做法如下。

以利润表为例，选中相关的财务指标，单击 Excel 自动突出的小图标①，选择“迷你图（S）”②，然后选择“折线图”③，如图 7.10 所示。

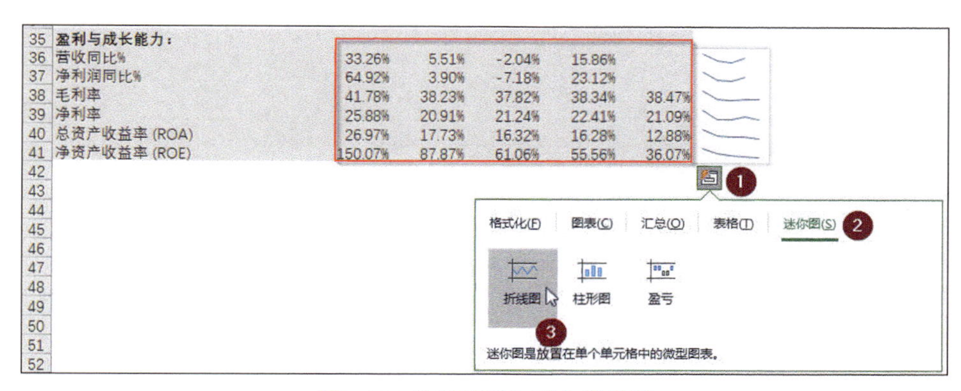

35 盈利与成长能力：
36 营收同比% 33.26% 5.51% -2.04% 15.86%
37 净利润同比% 64.92% 3.90% -7.18% 23.12%
38 毛利率 41.78% 38.23% 37.82% 38.34% 38.47%
39 净利率 25.88% 20.91% 21.24% 22.41% 21.09%
40 总资产收益率 (ROA) 26.97% 17.73% 16.32% 16.28% 12.88%
41 净资产收益率 (ROE) 150.07% 87.87% 61.06% 55.56% 36.07%
格式化(F)
图表(C)
汇总(O)
表格(T)
迷你图(S)
折线图
柱形图
盈亏
迷你图是放置在单个单元格中的微型图表。

图 7.10 为数值添加迷你折线图

有的读者可能留意到财报数据是按年降序排列的，这与大多数情况下按年升序排列的效果相反。如果需要以升序排列的话，我们还要将数据进行左右倒置的操作，具体步骤如下。

复制 G ～ K 列的数据，将鼠标停留在新区域并单击右键，在菜单中选择“粘贴选项”—“值”，结果为不带公式的数值，如图 7.11 所示。

	A	G	H	I	J	K	L	M	N	O	P
1	苹果公司利润表 (亿美元)	2021年FY	2020年FY	2019年FY	2018年FY	2017年FY	2021年FY	2020年FY	2019年FY	2018年FY	2017年FY
2	营业收入	3658.17	2745.15	2601.74	2655.95	2292.34	3658.17	2745.15	2601.74	2655.95	2292.34
3	其他收入										
4	营业总收入	3658.17	2745.15	2601.74	2655.95	2292.34	3658.17	粘贴选项:		55.95	2292.34
5	营业成本	2129.81	1695.59	1617.82	1637.56	1410.48	2129.81			37.56	1410.48
6	营业毛利润	1528.36	1049.56	983.92	1018.39	881.86	1528.36			18.39	881.86
7	市场、销售和管理费用	219.73	199.16	182.45	167.05	152.61	219.73	199.16	182.45	167.05	152.61
8	研发费用	219.14	187.52	162.17	142.36	115.81	219.14	187.52	162.17	142.36	115.81
9	净利息费用										

图 7.11 选择粘贴数值

选中新数值，在菜单上选择“排序和筛选”—“自定义排序（u）”，如图 7.12 所示。

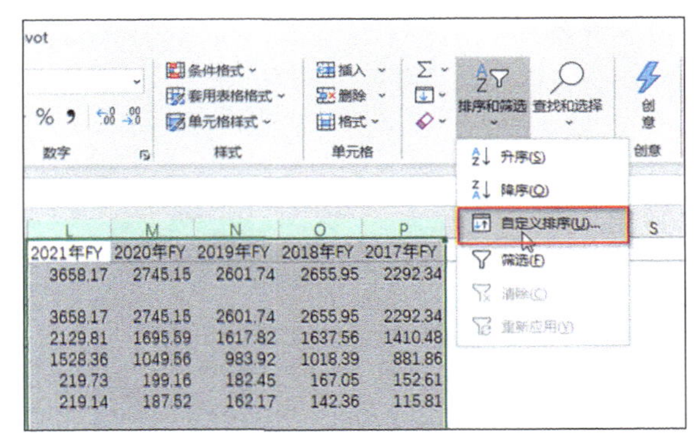

图 7.12　对选中范围的自定义排序

在弹出框中单击“选项”按钮①，选择“按行排序（L）”②，单击“确定”按钮③，如图 7.13 所示。

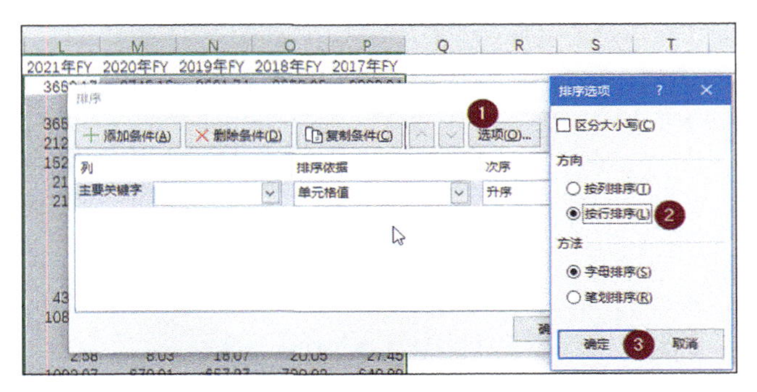

图 7.13　在选项中选择按行排序

确保次序为“升序”，并在“主要关键字”栏中选择“行 1”①，单击“确定”按钮②，如图 7.14 所示。

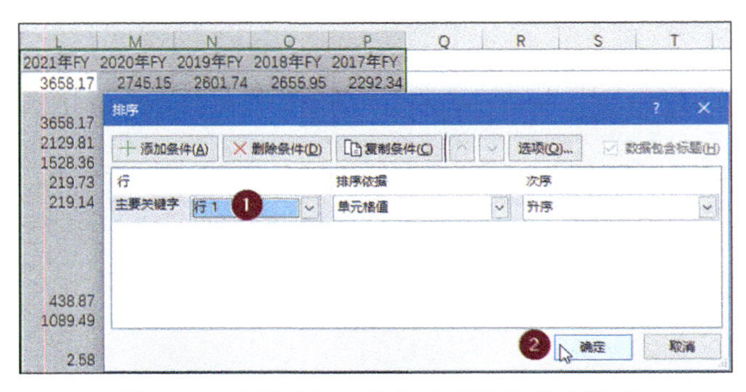

图 7.14　选择以行 1 为主要关键字升序排列

图 7.15 为重新排序完成的结果。

G	H	I	J	K	L	M	N	O	P
2021年FY	**2020年FY**	**2019年FY**	**2018年FY**	**2017年FY**	2017年FY	2018年FY	2019年FY	2020年FY	2021年FY
3658.17	2745.15	2601.74	2655.95	2292.34	2292.34	2655.95	2601.74	2745.15	3658.17
3658.17	**2745.15**	**2601.74**	**2655.95**	**2292.34**	2292.34	2655.95	2601.74	2745.15	3658.17
2129.81	1695.59	1617.82	1637.56	1410.48	1410.48	1637.56	1617.82	1695.59	2129.81
1528.36	**1049.56**	**983.92**	**1018.39**	**881.86**	881.86	1018.39	983.92	1049.56	1528.36
219.73	199.16	182.45	167.05	152.61	152.61	167.05	182.45	199.16	219.73
219.14	187.52	162.17	142.36	115.81	115.81	142.36	162.17	187.52	219.14

图 7.15 以年升序排列的利润表

Excel 提供了丰富的可视化图表供用户选择，用户可选中具体字段和值①，点击“推荐的图表”②，在选择理想的可视化对象后，单击“确定”按钮③，如图 7.16 所示。

图 7.16 在 Excel 中插入可视化图表

注意，在以上示例中采用的财年报表中，如果需要分析单季度财报内容，用户需单击“全部”选项①，选择“单季度”选项②，如图 7.17 所示。其他操作与财年报表分析相似，当需要分析多个季度则需单击“下一页”③按钮，进行数据搬运。

苹果(AAPL)

全部 ①　一季度　二季度　三季度　四季度　　上一页　下一页 ③

□ 环比

苹果财年为每年的10月1日至第二年的9月30日，最新披露财报所属2021财年。　财报币种：美元(USD)

单季度 ②	2022年Q2	2022年Q1	2021年Q4	2021年Q3	2021年Q2
报告期 单季度	972.78亿	1239.45亿	833.60亿	814.34亿	895.84亿
其他收入	-	-	-	-	-
营业总收入	972.78亿	1239.45亿	833.60亿	814.34亿	895.84亿
营业成本	547.19亿	697.02亿	481.86亿	461.79亿	515.05亿
营业毛利润	425.59亿	542.43亿	351.74亿	352.55亿	380.79亿
市场、销售和管理费用	61.93亿	64.49亿	56.16亿	54.12亿	53.14亿
研发费用	63.87亿	63.06亿	57.72亿	57.17亿	52.62亿

图 7.17　选择单季度报表

本章小结

本章主要演示传统 Excel 财报分析的具体操作，Excel 作为一款分析工具，适合快速构建简易的数据分析应用。但 Excel 的局限性也是明显的，比如说，在获取数据与整理过程中有太多手工步骤，想象一下，如果要分析的是 10 家公司 10 年的数据，甚至对比个体公司之间的差异，那这部分的工作量将是巨大的，而且随着数据量的增多，Excel 工作簿的性能也会降低，后文将探讨如何使用 Power BI 克服 Excel 的短板。

第 8 章　获取批量数据

Excel 虽然简单实用，但也存在一些明显的局限，比如庞大数据量的数据整理过程可能会令 Excel 表格“瘫痪”。你也许会问用 VBA 编程是不是能节省一部分数据整理的时间。的确，VBA 在一定程度上自动化了整理过程，但这不足以系统性地提升 Excel 的分析能力，深层原因是 Excel 行存储的设计理念。为了解决“大数据”的挑战，我们需要选择更适合的数据分析工具，这便是本书的重点——Power BI。接下来让我们一起通过 Power BI 体验数据分析的魅力吧！

8.1　获取财务事实数据

8.1.1　下载 JSON 格式数据

有别于直接从网页复制数据，我们用更聪明的方法系统化读取企业的财报数据，这次读取的是网页背后的“表”内容。让我们试着在浏览器中输入以下的 URL 地址（示例中使用的是火狐浏览器，需登录雪球账号后查看，仅供参考）。

https://stock.xueqiu.com/v5/stock/finance/us/balance.json?symbol=msft&type=all&is_detail=true&count=1000

URL 返回的是 JSON 格式下的微软资产负债表，单击“JSON”①，选择“保存”②，将文件下载至本地，如图 8.1 所示。

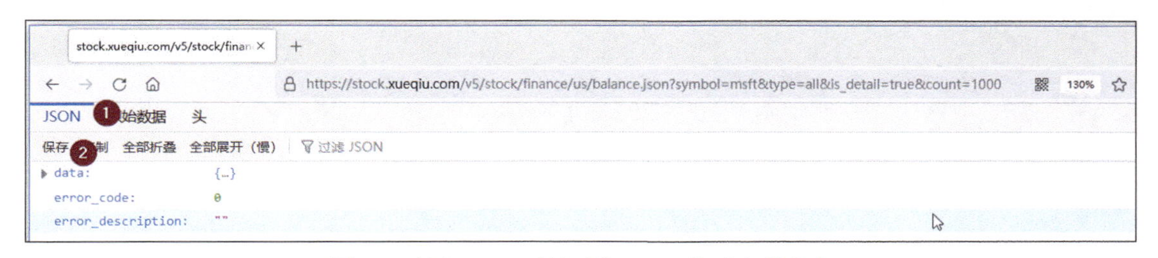

图 8.1　输入 URL 后显示的 JSON 格式文件内容

同理，我们继续输入利润表与现金流量表的 URL，如图 8.2 所示。依次输入 URL 后，下载 JSON 文件。

https://stock.xueqiu.com/v5/stock/finance/us/balance.json?symbol=msft&type=all&is_detail=true&count=1000

资产负债表　股票代码　报表数量

https://stock.xueqiu.com/v5/stock/finance/us/income.json?symbol=msft&type=all&is_detail=true&count=1000

利润表　股票代码　报表数量

https://stock.xueqiu.com/v5/stock/finance/us/cash_flow.json?symbol=msft&type=all&is_detail=true&count=1000

现金流量表　股票代码　报表数量

图 8.2 雪球网站中微软三大财务报表的 URL 链接

接下来，仿照以上的操作再分别下载苹果公司的资产负债表、现金流量表和利润表，用户需要将代码“msft”替换为“aapl”。

https://stock.xueqiu.com/v5/stock/finance/us/balance.json?symbol=aapl&type=all&is_detail=true&count=1000

在本地环境中建立三个文件夹，分别命名为资产负债表（BALANCE）、现金流量表（CASH）和利润表（INCOME），再将下载的文件对应地放入其中，如图 8.3 所示。

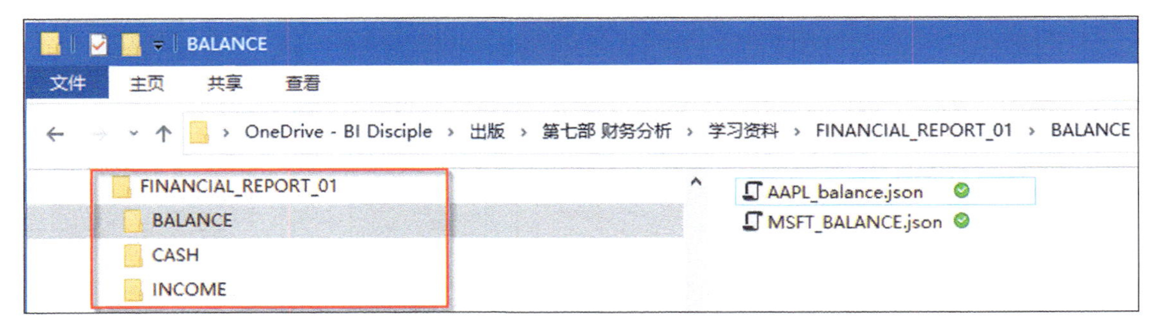

图 8.3 本地设置三个文件夹分别放置下载的文件

8.1.2 获取文件夹数据源

接下来，我们将通过 Power BI Desktop 批量获取财务数据。如图 8.4 所示，打开 Power

BI Desktop，单击“获取数据”下方箭头，选择“更多…”选项①，在弹出的对话框中选择“文件夹”②，单击“连接”按钮③。

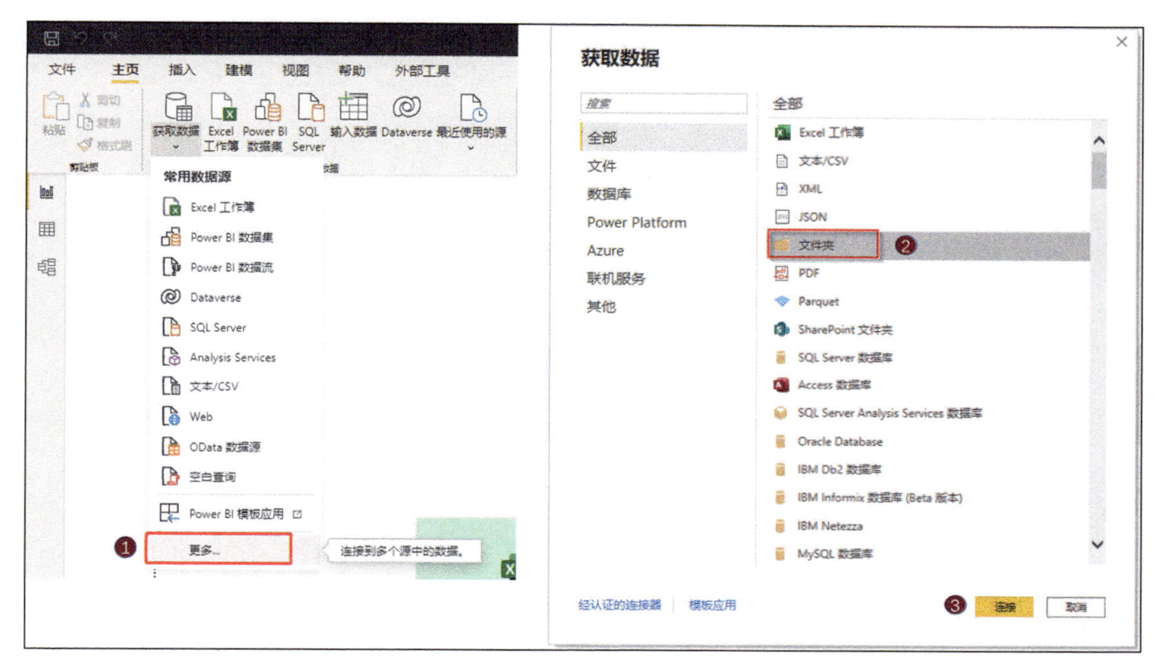

图 8.4 在 Power BI Desktop 中获取文件夹数据

在图 8.5 中，复制、粘贴对应资产负债表路径信息，并单击“确定”按钮。

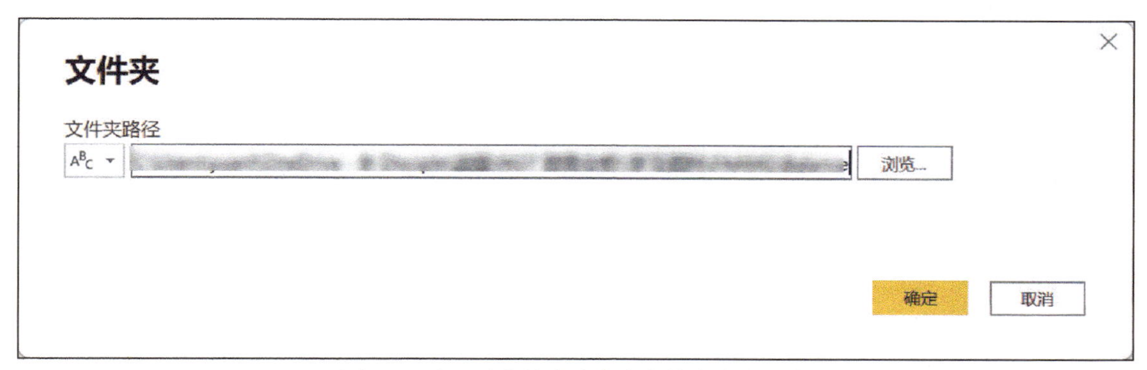

图 8.5 填入对应的本地资产负债表路径信息

在弹出的对话框中，可看到文件夹中的文件列表，单击图下方的“合并并转换数据”选项进行数据合并，如图 8.6 所示。

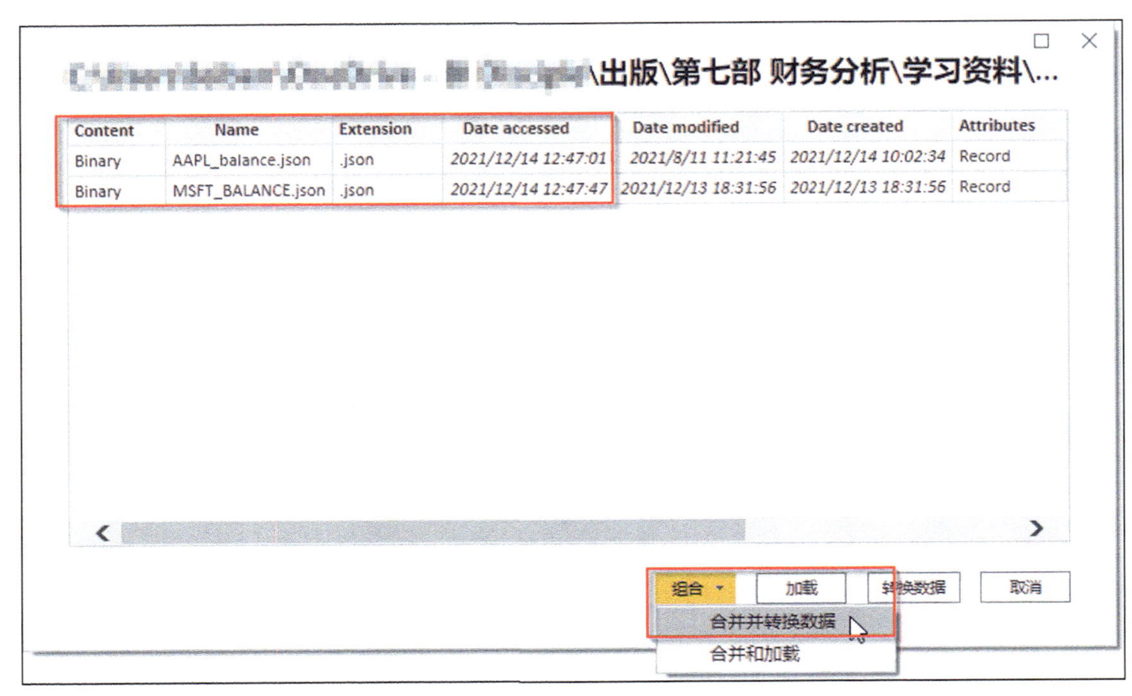

图 8.6　获取数据界面

如图 8.7 所示，在 Power Query 界面中，单击“data.quota_name”字段处向下箭头①，可见“微软”“苹果”字符信息，说明已将两张独立文件数据合并到一处。

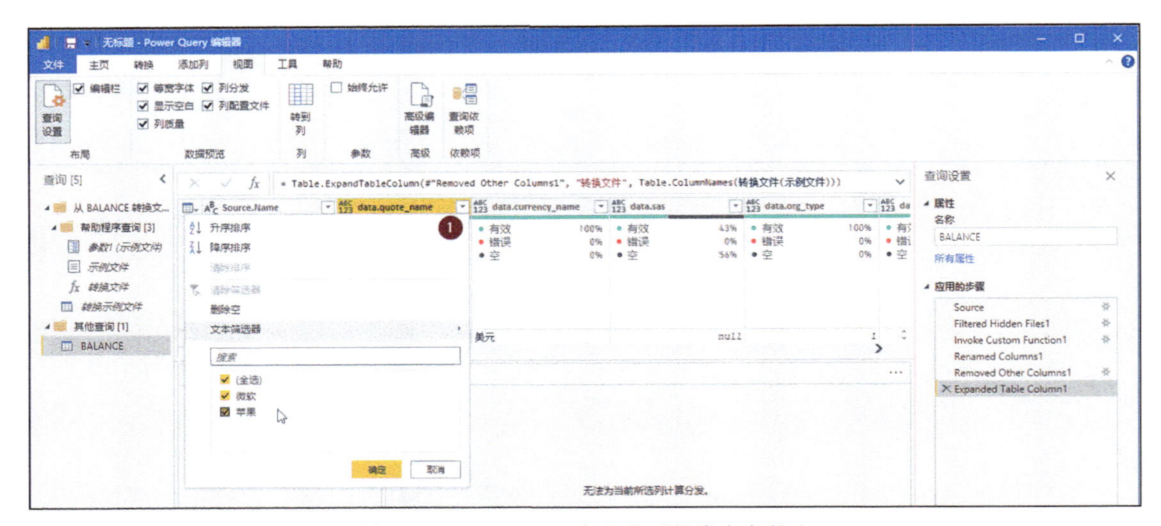

图 8.7　Power Query 中合并后的资产负债表

8.1.3 整理数据格式

虽然获取了数据，但仍然要对数据原始格式和结构进行整理，首先处理冗余列。在主页菜单下单击“选择列”，如图 8.8 所示。

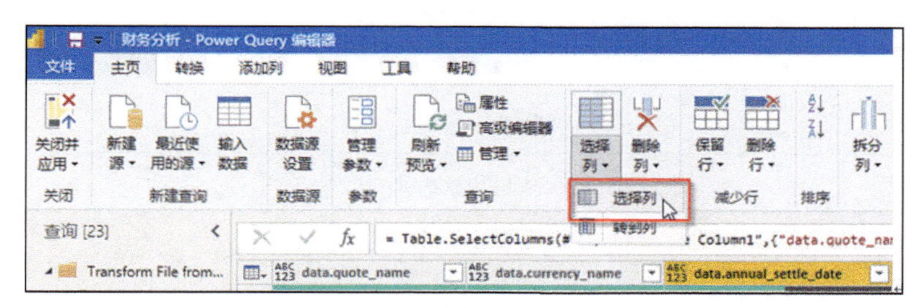

图 8.8 选择需要的列

在弹出的对话框中，勾去没有分析价值的字段，如图 8.9 所示，单击“确定”按钮。表 8.1 列举了示例文件中可被删除的冗余字段。

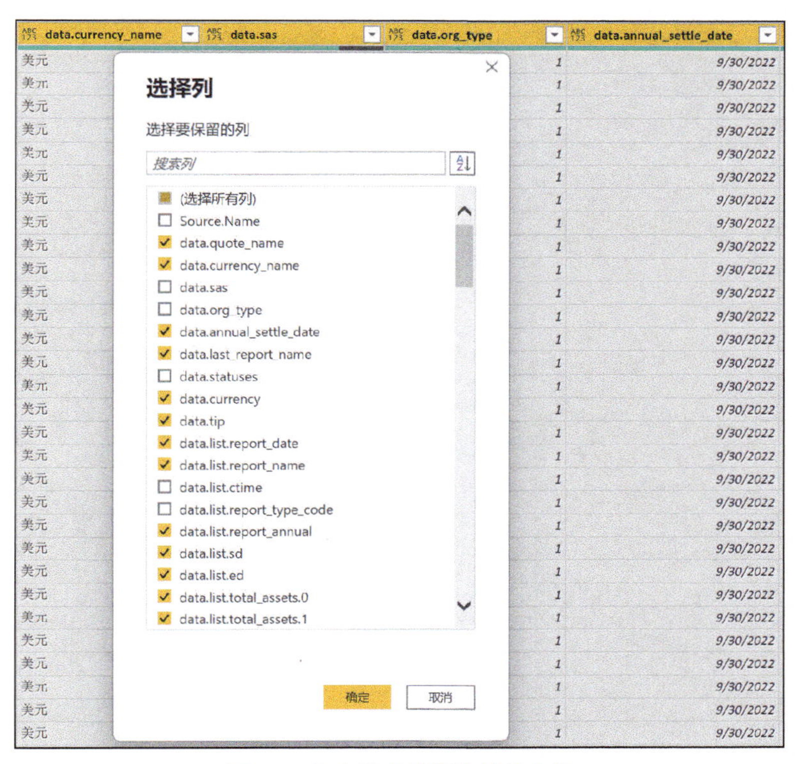

图 8.9 勾去没有分析价值的字段

表 8.1 可被删除的冗余字段

可被删除的冗余字段参考
Source.Name
data.sas
data.org_type
data.statuses
data.list.ctime
data.list.report_type_code
error_code
error_description

8.1.4 逆透视数据

按 Shift 键，同时选择第 1 列到“data.list.ed”所有非数值字段列，单击右键，在菜单中选择“逆透视其他列”，如图 8.10 所示。

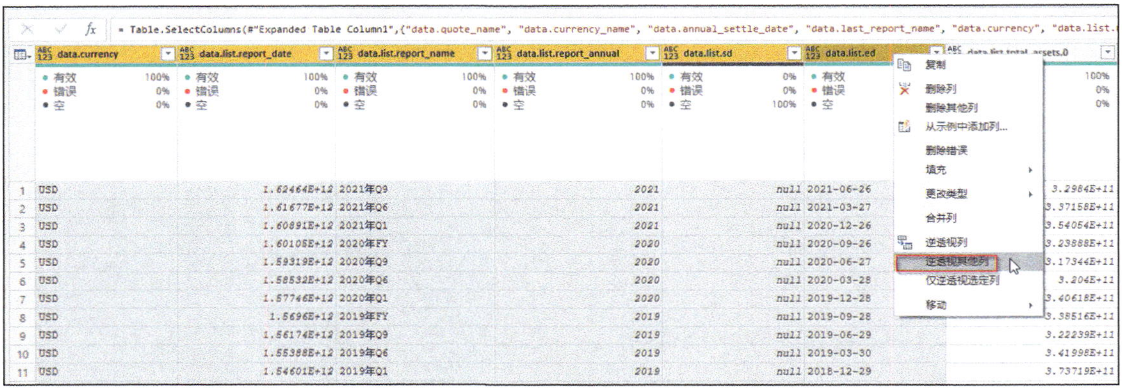

图 8.10 选中字段后逆透视其他列①

完成后，原有多列数值字段变成两列：“属性”和“值”，如图 8.11 所示。

① 图中的 Q1、Q6、Q9、FY 具有雪球网站的命名特征，分别表示前 1、2、3、4 财季，即 FY 代表完整财年。本书其他处类似，请读者注意区分。

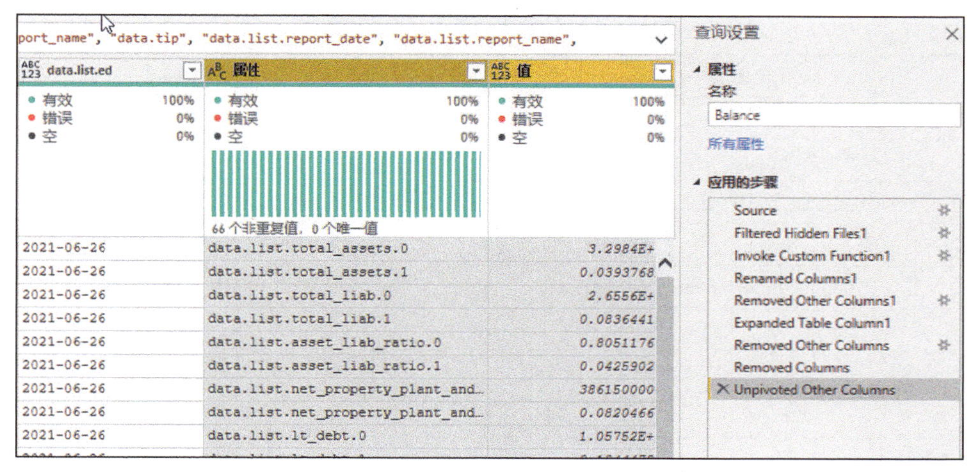

图 8.11 逆透视的效果

8.1.5 列改名

为了易于理解，双击表头将原来的“属性”列名称改为“财报会计科目”，将“值”列名称改为“金额”，如图 8.12 所示。

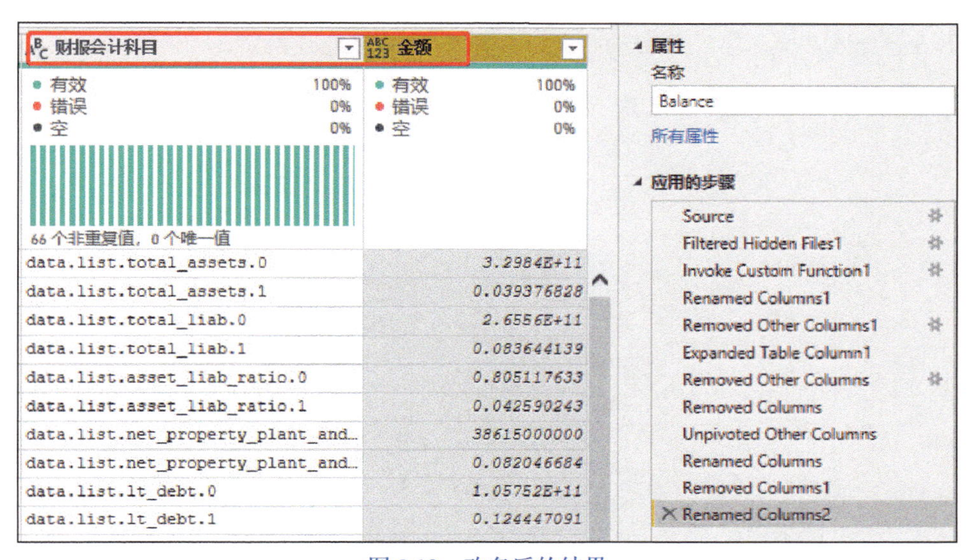

图 8.12 改名后的结果

表 8.2 列举了其他字段列的原英文名称和建议更改的新名称。读者可以双击表头对名字进行调整。

表 8.2　其他字段列的原英文名称和建议更改的新名称

原英文名称	建议更改的新名称
data.quote_name	企业名称
data.currency_name	货币名称
data.last_report_name	最新财报名称
data.tip	财报日期提示
data.list.report_name	财报名称
data.list.report_annual	财报年
data.list.sd	财报开始日期
data.list.ed	财报截止日期

注意，资产负债表的“data.tip”列与“data.list.sd”列为空值，系统自动删除这两列。

8.1.6　筛选记录

在“财报会计科目”列中，所有以 1 结尾的记录名称是计算完成的同比结果，因为后面会用 DAX 度量计算这部分数据，所以此处先将以 1 结尾的记录删除。

单击“财报会计科目”表头旁的下拉框①，在输入框内输入“1”字样②，然后勾去“(选择所有搜索结果)”③，单击“确定”按钮④，如图 8.13 所示。

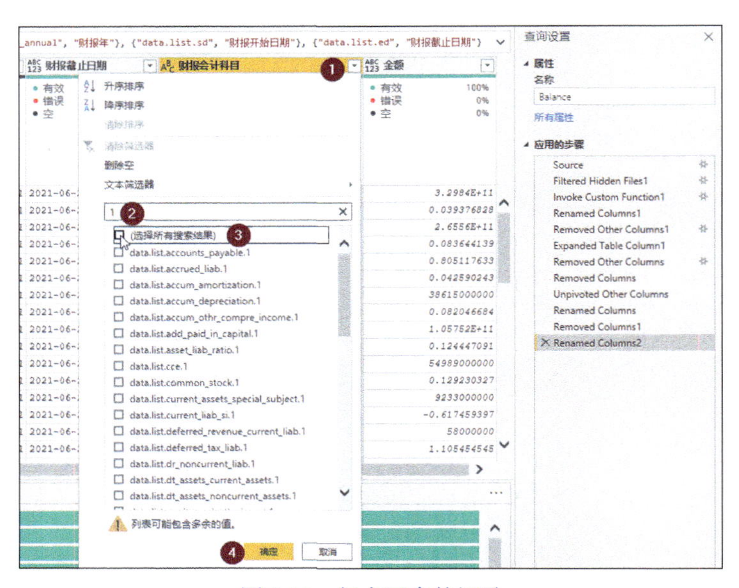

图 8.13　勾去冗余的记录

8.1.7 修改字段类型

留意“金额”字段表头左侧有ABC123这样的符号，代表 Power Query 不确定此列的字段类型。单击该符号，将字段类型改为“定点小数”，如图 8.14 所示。

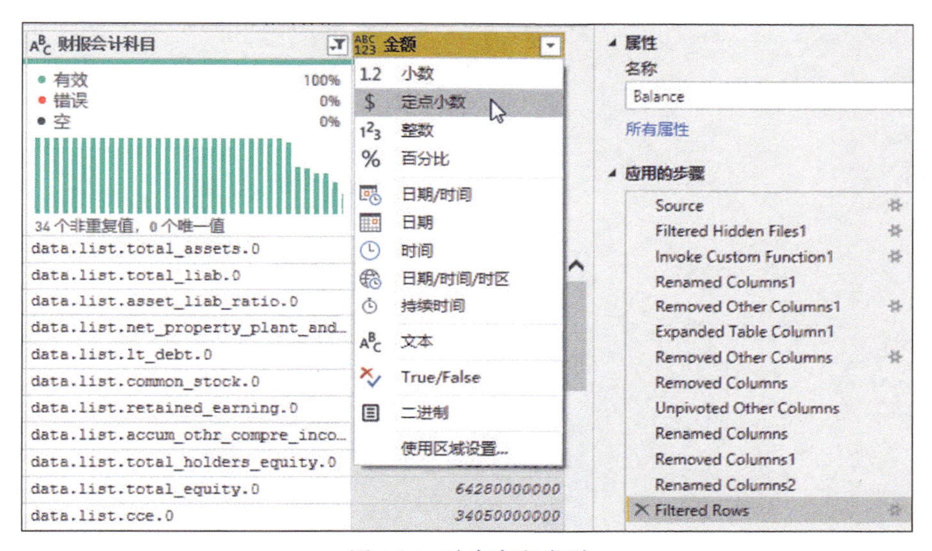

图 8.14 改变字段类型

8.1.8 获取利润表与现金流量表数据

以上是关于获取资产负债表信息的操作。同样，我们还需获取利润表和现金流量表的数据。操作方法类似，我们可在 Power Query 左侧查询面板上单击鼠标右键，选择“新建查询”，单击“更多…”选项，如图 8.15 所示。Power Query 会弹出获取数据对话框（如图 8.4 右图所示），选择对应的文件夹路径，再参照资产负债表的步骤获取和整理其余财务数据。

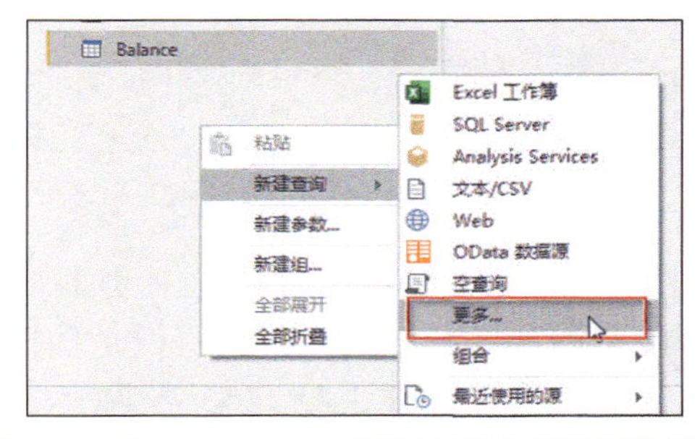

图 8.15 在 Power Query 界面下再次获取财务数据

图 8.16 为三张表获取完成的数据界面，可见三个独立的查询结果①，单击“关闭并应用”②，退出 Power Query 界面，并返回 Power BI 主界面。

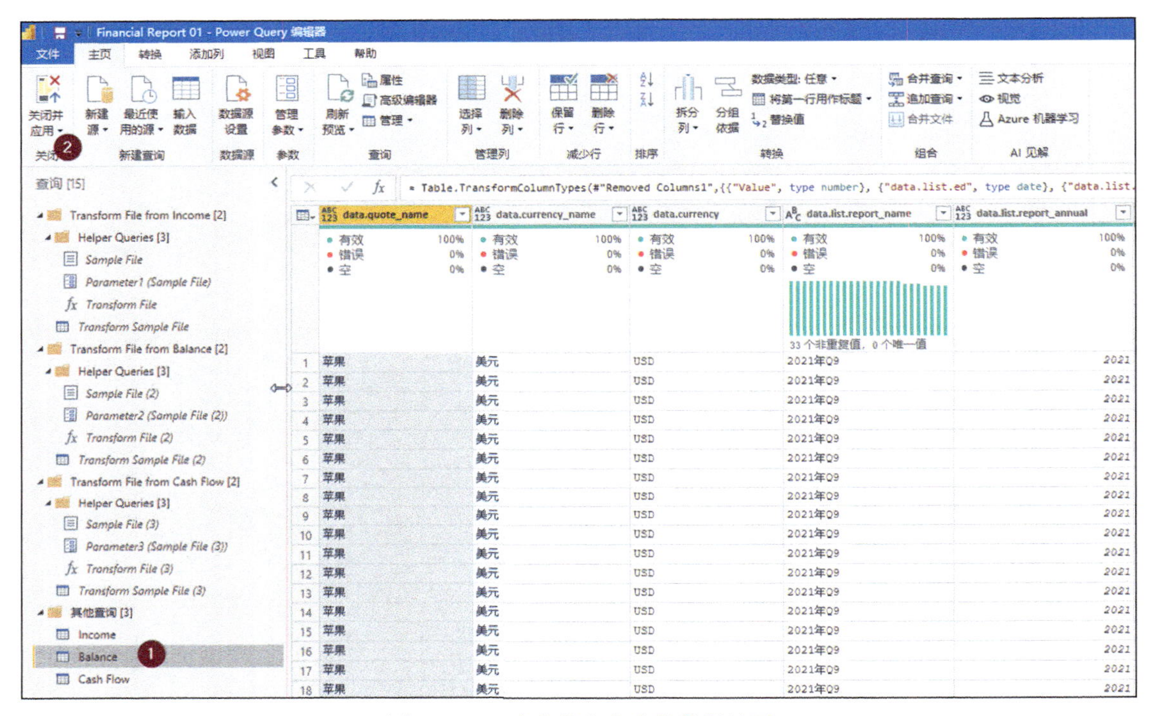

图 8.16　三张表获取完成的数据界面

在主界面字段栏下，可单击表名称对其进行汉化，如图 8.17 所示。

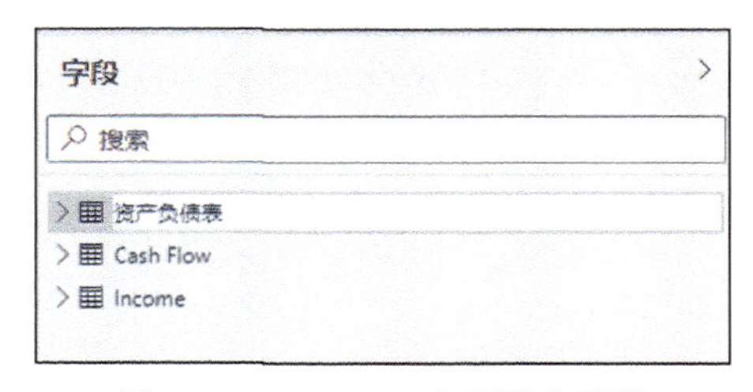

图 8.17　Power BI 主界面字段栏

读者也许会问：虽然用下载 JSON 文件的方式的确比复制网页数据的方式高效，一次下载 3 份文件便能获取一家企业数年完整的财报数据，但是如果需要获取更多的企业，如获取标普 500 指数企业的数据，岂不是需要下载 1500 份 JSON 文件（500 家企业乘以 3 份报表）？这个工作量还是挺大的。而且，还需要按季度更新季度财报。对于这种情况，有什么解决方法呢？

采取自动下载的方法可以解决以上问题，但这部分内容不是本书的重点。后续章节中，我们将直接提供标普 500 指数企业的财务数据。

8.2 构建主数据表

8.2.1 主数据准备

在 Power BI 界面中，我们尝试拉入科目名称和金额，如图 8.18 所示。显然图中科目名称令人困惑，我们需要创建主数据表（维度数据）来解释科目本身的含义（主数据是数据分析中的质性数据，事实数据是数据分析中的量性数据）。

图 8.18 数据整理后的财务数据

在图 8.19 中，我们归纳了数据模型中需要使用到的相关数据表。在上文中已获取了 3 张事实表的数据，接下来准备维度表。

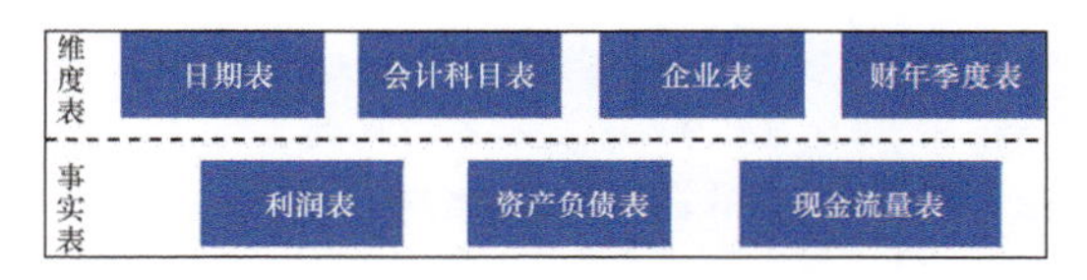

图 8.19 数据模型中相关数据表

图 8.20、图 8.21 和图 8.22 分别是会计科目表、企业表与财年季度表的准备内容（日期表另外在 DAX 中实现），读者可在配套资源中找到维度表文件。为什么要创建日期表？这

是 Power BI 的星型模型所要求的。同时，日期表是创建时间智能函数度量的基础。

财报会计科目技术名称	会计层级0	会计层级1	会计层级2	会计层级3	层级1索引	层级2索引	层级3索引	层级2可见	层级1可见	正负
data.list.revenue.0	利润表	营业总收入	营业收入		1	1	0	0	0	1
data.list.othr_revenues.0	利润表	营业总收入	其他收入		1	2	0	0	0	1
data.list.total_revenue.0	利润表	营业总收入	营业总收入		1	3	0	1	0	1
data.list.sales_cost.0	利润表	营业成本	营业成本		2	4	0	1	0	-1
data.list.gross_profit.0	利润表	营业毛利润	营业毛利润		3	5	0	1	0	1
data.list.marketing_selling_etc.0	利润表	营业支出总计	市场、销售和管理费用		4	6	0	0	0	-1
data.list.rad_expenses.0	利润表	营业支出总计	研发费用		4	7	0	0	0	-1
data.list.interest_income.0	利润表	营业支出总计	利息收入		4	8	0	0	0	1
data.list.net_interest_expense.0	利润表	营业支出总计	利息支出		4	9	0	0	0	-1
data.list.total_operate_expenses.0	利润表	营业支出总计	营业支出总计		4	10	0	1	0	-1
data.list.operating_income.0	利润表	营业利润	营业利润		5	11	0	1	0	1
data.list.share_of_earnings_of_affiliate.0	利润表	子公司股权权益收入	子公司股权权益收入		6	12	0	1	0	1
data.list.income_from_co_before_tax_si.0	利润表	税前营业收入特殊科目	税前营业收入特殊科目		7	13	0	1	0	1

图 8.20　会计科目表

企业财报名称	企业代码	企业英文用命	企业板块-中文	企业子版块-中文
3M公司	MMM	3M	工业	工业企业集团
雅培	ABT	Abbott Laboratories	医疗保健	医疗保健设备
艾伯维公司	ABBV	AbbVie	医疗保健	药品
阿比奥梅德	ABMD	Abiomed	医疗保健	医疗保健设备
埃森哲	ACN	Accenture	信息技术	IT咨询及其他服务
动视暴雪	ATVI	Activision Blizzard	通信服务	互动家庭娱乐
Adobe	ADBE	Adobe	信息技术	应用软件
ADV MICRO DEVICE	AMD	Advanced Micro Device	信息技术	半导体
Advance Auto Parts	AAP	Advance Auto Parts	非必需消费品	汽车零售
爱依斯电力	AES	AES Corp	公用事业	独立的电力生产者和能源交易商
美国家庭人寿保险	AFL	Aflac	金融	人寿和健康保险
安捷伦科技	A	Agilent Technologies	医疗保健	医疗保健设备

图 8.21　企业表

财报年季	财报年季序列	财报财年	财报季度
2011年Q1	100	2011	1
2011年Q6	99	2011	2
2011年Q9	98	2011	3
2011年FY	97	2011	4
2012年Q1	96	2012	1
2012年Q6	95	2012	2
2012年Q9	94	2012	3
2012年FY	93	2012	4

图 8.22　财年季度表

接下来，让我们通过以下 DAX 代码完成日期表的创建。虽然代码中的公式看起来有点复杂，但其实是有一定规律可循的，代码中的 VAR datetable 部分用于创建日历的日期列，RETURN 后的 ADDCOLUMNS 依据日期列返回相应的属性列。

```
日期表 =
VAR datetable =
    CALENDAR ( DATE ( MIN ( '现金流量表'[财报年] ), 01, 01 ),
        DATE ( MAX ( '现金流量表'[财报年]  ), 12, 31 ) )
RETURN
    ADDCOLUMNS (
        datetable, "年月日索引",  -1
  * (YEAR ( [Date] ) * 10000 + MONTH ( [Date] ) * 100+ DAY ( [Date] )),
```

```
        "季度", QUARTER ( [Date] ),  "年份", YEAR ( [Date] ),
        "年-月", YEAR ( [Date] ) & "-" & MONTH ( [Date] ),
        "年月索引",  (  YEAR ( [Date] ) * 10000  + MONTH ( [Date] ) * 100 ) * -1,
        "年季度", YEAR ( [Date] ) & "Q"  & QUARTER ( [Date] )
)
```

在 Power BI Desktop 中单击“表工具”下的“新建表”选项①。然后，将上方的 DAX 代码贴入代码框内并按回车键②，系统会返回新建的日期表③，这就是通过动态 DAX 建立日期表的步骤，如图 8.23 所示。

Date	年月日索引	季度	年份	年-月	年月索引	年季度
1999/7/1 0:00:00	-19990701	3	1999	1999-7	-19990700	1999Q3
1999/7/2 0:00:00	-19990702	3	1999	1999-7	-19990700	1999Q3
1999/7/3 0:00:00	-19990703	3	1999	1999-7	-19990700	1999Q3
1999/7/4 0:00:00	-19990704	3	1999	1999-7	-19990700	1999Q3

图 8.23 建立日期表步骤示意图

8.2.2 主数据加载

在 Power BI Desktop 中，单击“Excel 工作簿”①，在弹出导航器中勾选前 3 个表格②，单击“加载”按钮③完成导入主数据，如图 8.24 所示。

成功完成后，应见到字段栏中增加的维度表，双击字段名称，可将原有名称后的数字部分去除，如图 8.25 所示。

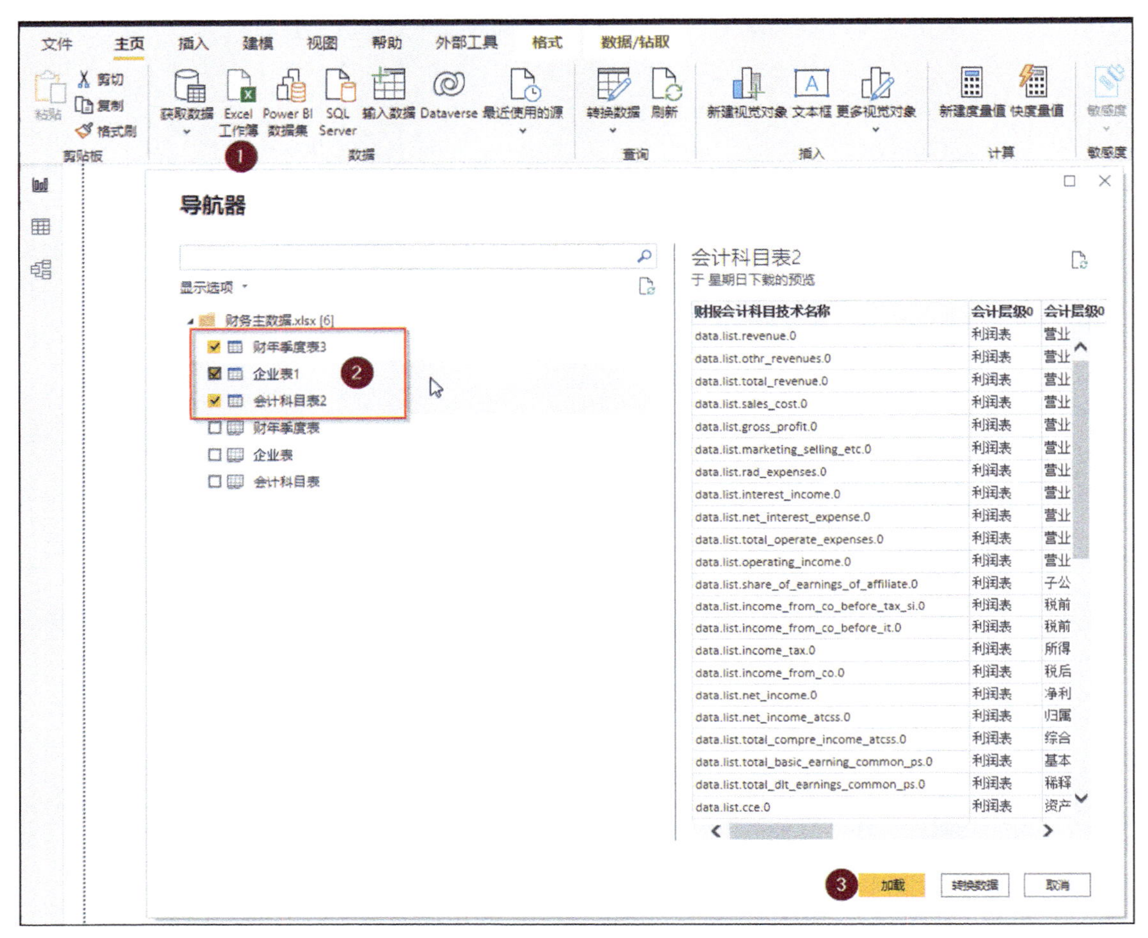

图 8.24　获取单个 Excel 格式数据

图 8.25　导入维度表结果

另外，在 Power Query 中，我们需要确保会计科目表的索引与层级字段类型为整数，否则会影响后序的判断逻辑，如图 8.26 所示。

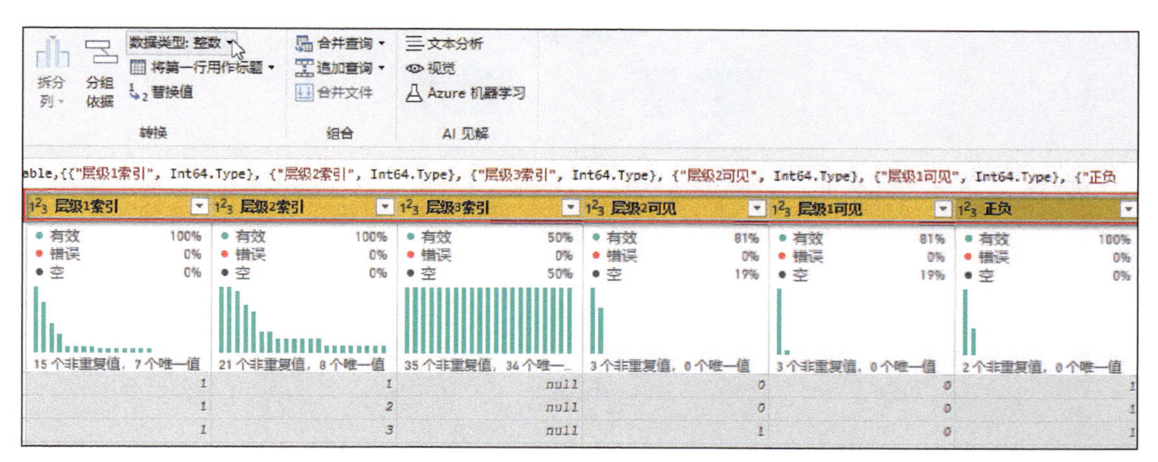

图 8.26 确保图中的索引与层级字段类型为整数

同样，我们也需要财年季度表的“财报年季序列”字段类型为整数，如图 8.27 所示。

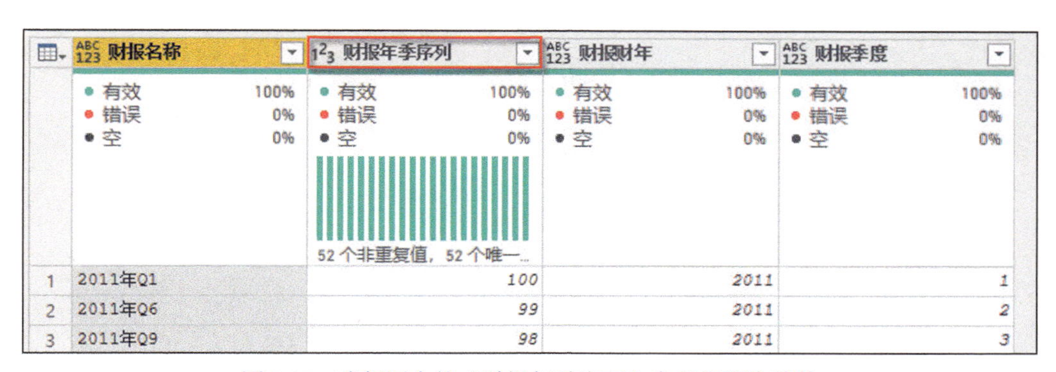

图 8.27 确保图中的“财报年季序列”字段类型为整数

8.2.3 模型关系

在上一小节中，我们获取了事实表数据，并建立了 4 张维度表。在本节中，我们将进行数据建模，也就是建立表与表之间的逻辑关系，或者称之为 lookup 关系。

1. 建立星型模型

首先我们要建立数据表的星型模型，图 8.28 为一个典型的星型模型。其中心位置为事实表，四周为维度表，外形酷似一个星状结构，故被称为星型模型。

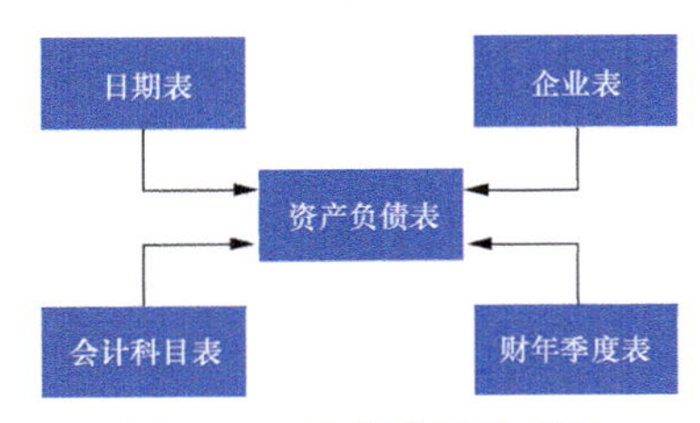

图 8.28 星型模型关系图

在 Power BI 模型视图下①，通过鼠标将资产负债表中“财报截止日期”字段拖到日期表的“Date”字段上方，放开鼠标，建立表关系②。双击表关系，在弹出的“编辑关系”对话框中，可观察到其基数为多对一（资产负债表为多方、日期表为一方）③，交叉筛选器方向为单一④，单击“确认”按钮⑤退出对话框，如图 8.29 所示。

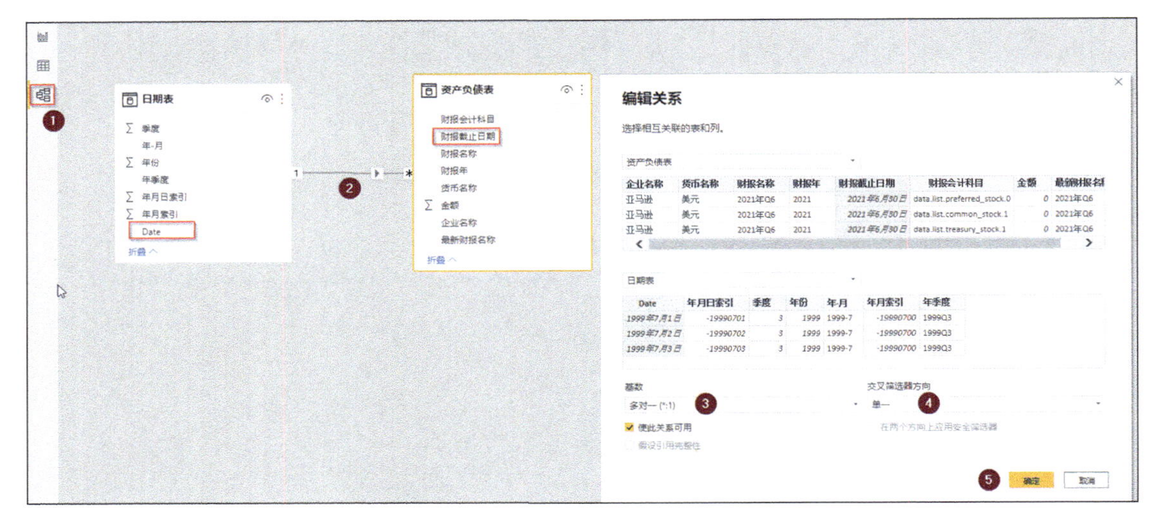

图 8.29 建立表关系并查看表关系

完成“日期表”与“资产负债表”之间的关联后，参照表 8.3，我们继续设置其他维度表与资产负债表的关联。

表 8.3 关联字段对应表

维度表	维度表字段名称（一方）	事实表字段名称（多方）
日期表	Date	财报截止日期
会计科目表	财报会计科目技术名称	财报会计科目
企业表	企业财报名称	企业名称
财年季度表	财报名称	财报名称

图 8.30 为完成的资产负债表星型模型示意图。

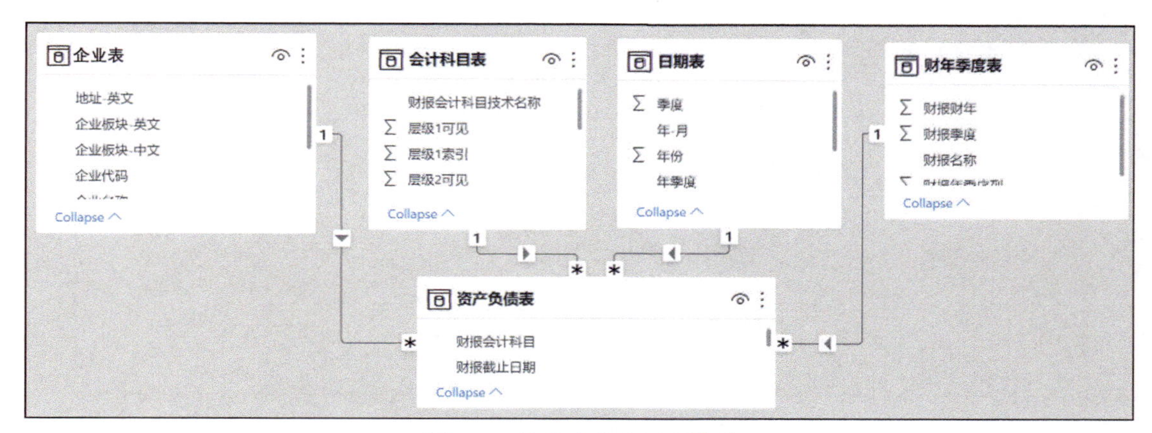

图 8.30 资产负债表星型模型

2. 建立新视图

完成资产负债表的关联设置后，接下来是分别建立维度表与利润表、现金流量表的关联，步骤与前文介绍类似，图 8.31 为完成的效果示意图。

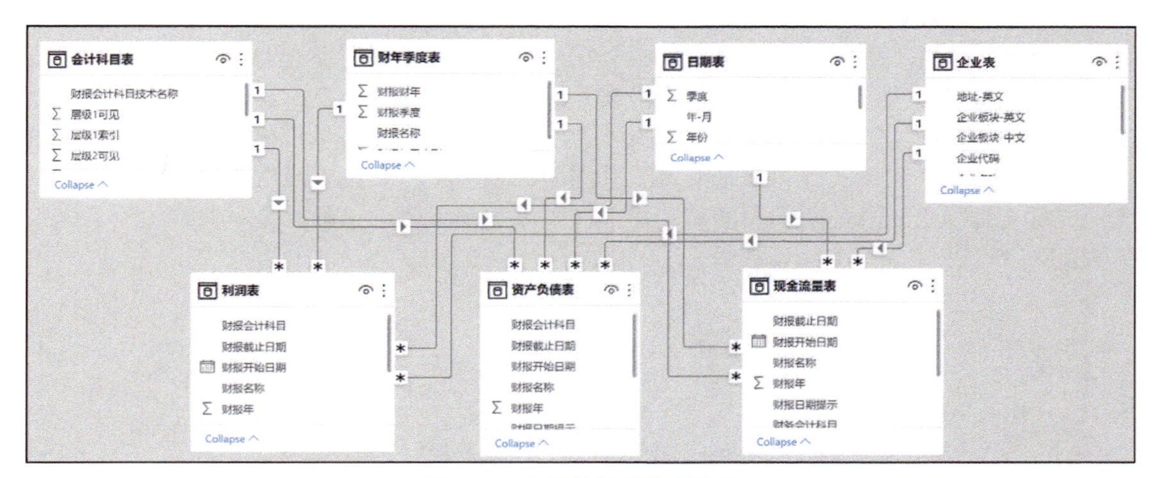

图 8.31 完整的星型模型关系

你可能会说图 8.31 中的关联线太多了，无法清晰观察表关系。建议读者单击视图下方的 + 按钮，添加局部视图，并在其中设置局部关系，这样便可清晰观察表关系，如图 8.32 所示。

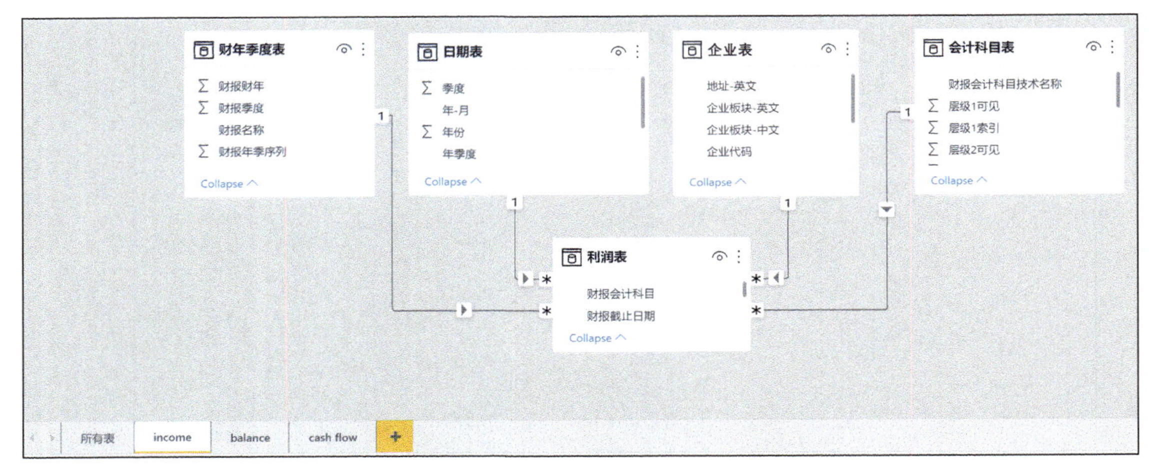

图 8.32 局部星型模型关系

本章小结

在本章中，我们通过在浏览器中输入 URL 的方式直接读取并下载 JSON 格式的财务数据，并以“文件夹”方式导入数据至 Power Query，且对数据进行整理与结构转换。我们还同时导入几份维度表：会计科目表、企业表、财年季度表和日期表。其中的日期表是通过 DAX 公式创建的动态表，只存在于模型中。此外，本章还介绍了星型模型以及建立星型模型的方法，涉及 3 张事实表与 4 张维度表之间的关联关系的设置。最后介绍了局部视图方法，这是一种易于观察关联关系的技巧。关联关系十分重要，正确的关联关系才能引导正确的运算逻辑。

第9章 创建多家企业财务报表

本章介绍如何在 Power BI 中建立多家企业财务报表，我们将使用矩阵表、切片器与创建度量。

9.1 科目排序

我们重复前文的操作，选择矩阵表为可视化对象①，放入“会计层级 3”至“行”栏中②，并且将“会计层级 0”字段放入筛选器下的“此页上的筛选器”，然后勾选“资产负债表”③，如图 9.1 所示。

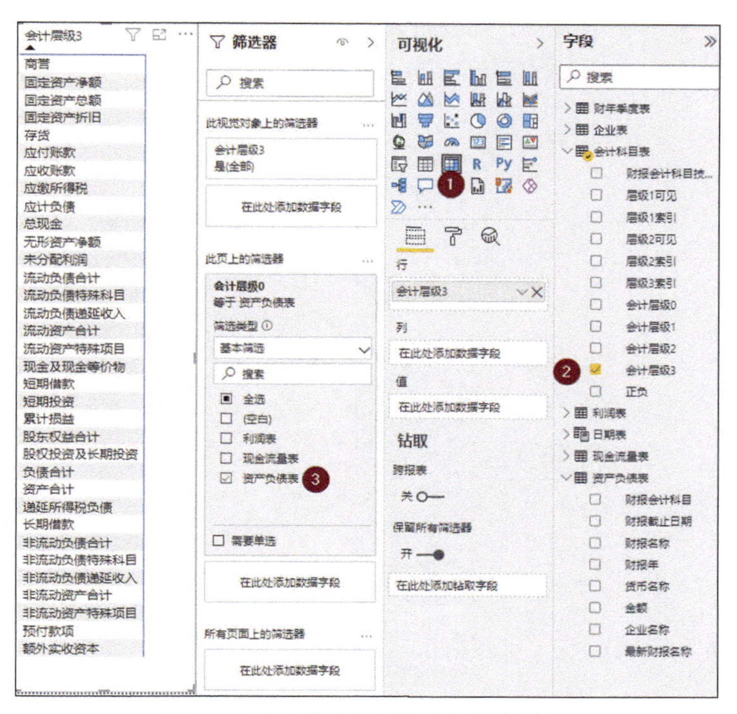

图 9.1 用矩阵表展示资产负债表科目

这次与以前不同，我们可以看到所有相关资产负债表科目名称，但是科目的排序显然存在问题。我们需要在数据视图下，选中“会计层级3”字段①，然后在菜单中单击“按列排序”②，选中“层级3索引”③，如图9.2所示。此操作的目的是设置科目的排序。

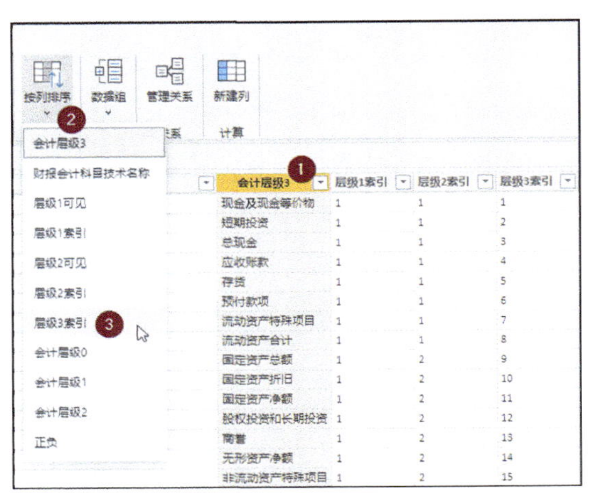

图9.2 对“会计层级3”字段进行索引排序

正确完成后，回到报表视图，可见正确的科目排序效果，如图9.3所示。注意，如果发现排序有误，检查索引是否为整数类型。

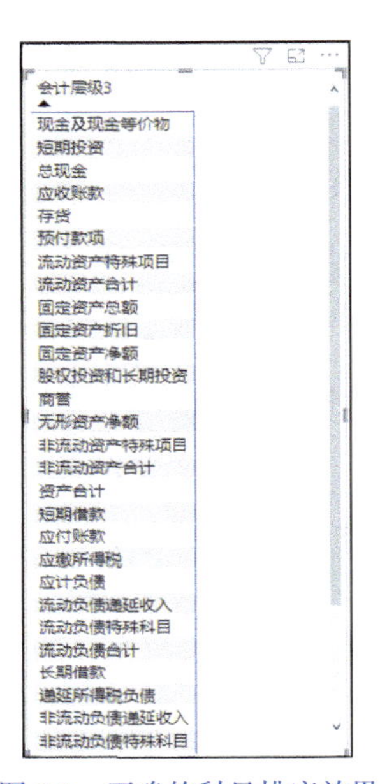

图9.3 正确的科目排序效果

同理，我们将对“会计层级 2”进行排序，对应的索引为“层级 2 索引”，如图 9.4 所示。对“会计层级 1”进行排序的方法也是类似的，此处略过。

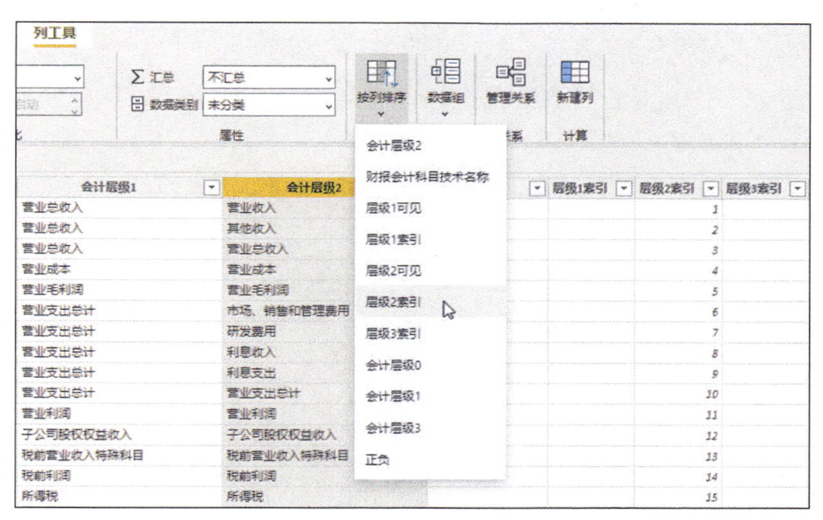

图 9.4 对“会计层级 2”字段进行索引排序

另外，此处还需对日期显示进行降序排序，选中日期表中的“Date”①，选择按“年月日索引”②排序，如图 9.5 所示。此操作的目的是以降序方式显示会计期间，后面会详细介绍。

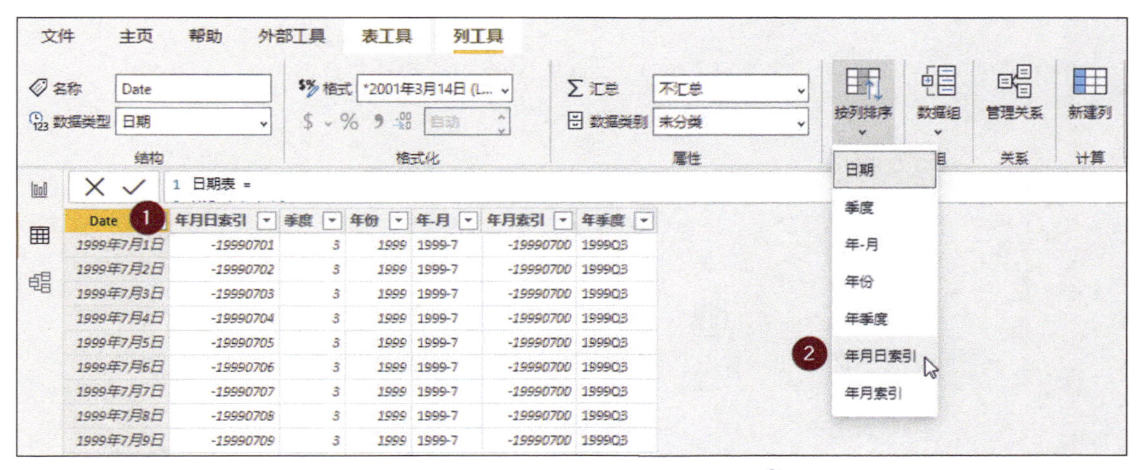

图 9.5 对“Date”字段进行索引排序[①]

① 本书中索引列出现负号，是因为要倒序排列时间，所以乘以−1。

9.2　创建度量

我们来创建第一个度量：资产负债金额。在菜单“度量工具”下单击“新建度量值”选项①，然后输入公式②，如图 9.6 所示。

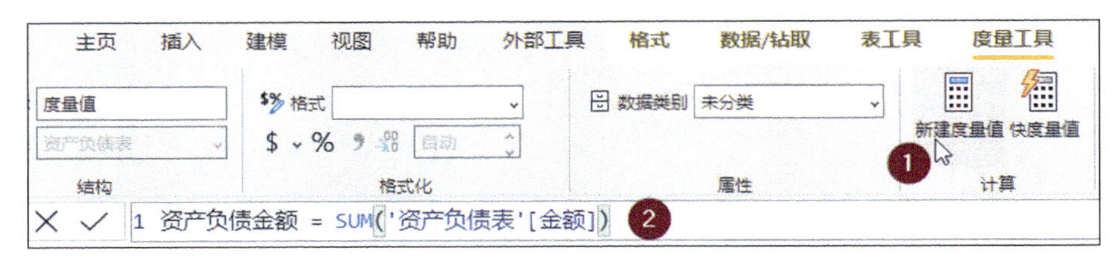

图 9.6　创建第一个度量

由于度量值基数过大，此处可优化第一个度量值，将金额单位设为亿，如图 9.7 所示。

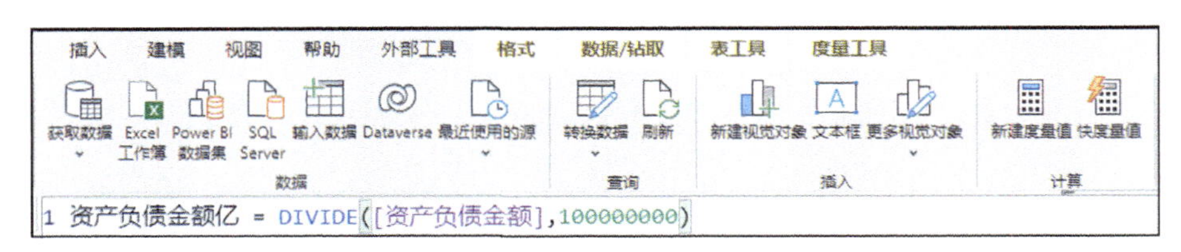

图 9.7　创建亿单位度量

让我们优化显示格式，在菜单“度量工具”下的“格式化”①区中，单击选择“美元”符号②、保留“2”位小数，如图 9.8 所示。

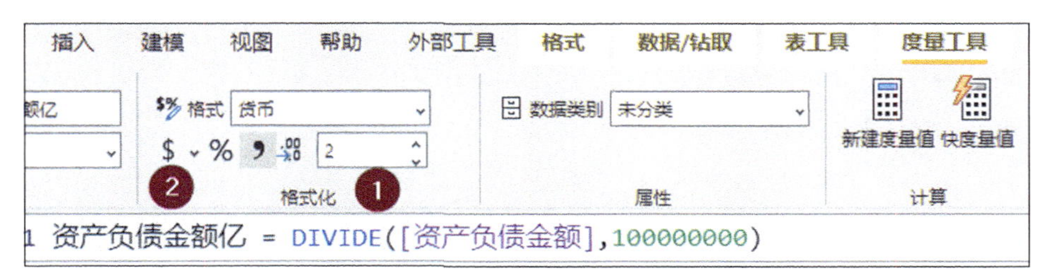

图 9.8　优化显示格式

将新建的度量放入矩阵“值”栏中，显示效果如图 9.9 所示。

接下来，让我们再创建一个新度量“资产负债表头信息”，该度量用于动态显示企业名称。注意，有别于其他数值度量，此度量为字符串度量。

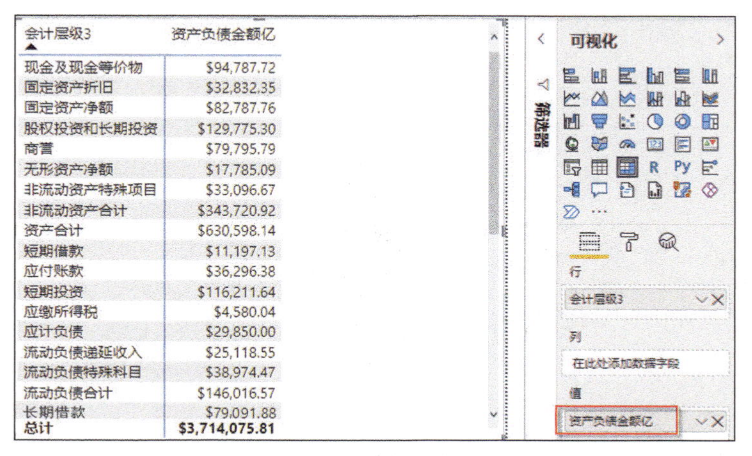

图 9.9 显示金额效果图

```
资产负债表头信息 =
VAR company =
    SELECTEDVALUE ( '企业表'[企业名称] )
RETURN
    CONCATENATE ( company, "公司资产负债表（单位：亿美元）" )
```

9.3 筛选交互

图 9.9 显示的值是多家企业在多个会计期间的聚合结果，并无参考意义。我们需要通过切片器，将聚合结果进行“拆分”。选中可视化栏中的“切片器”可视化对象①，将“企业表”下的“企业财报名称”放入“字段”栏中②，如图 9.10 所示。

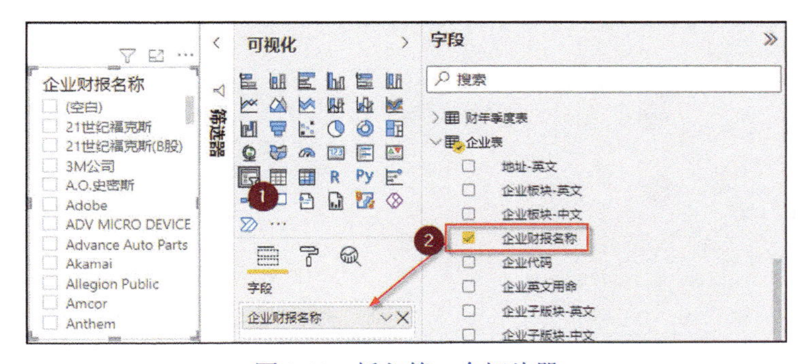

图 9.10 插入第一个切片器

双击“企业财报名称”字段，可以简化字段名称，可视化名称也随之动态改变，如图 9.11 所示。

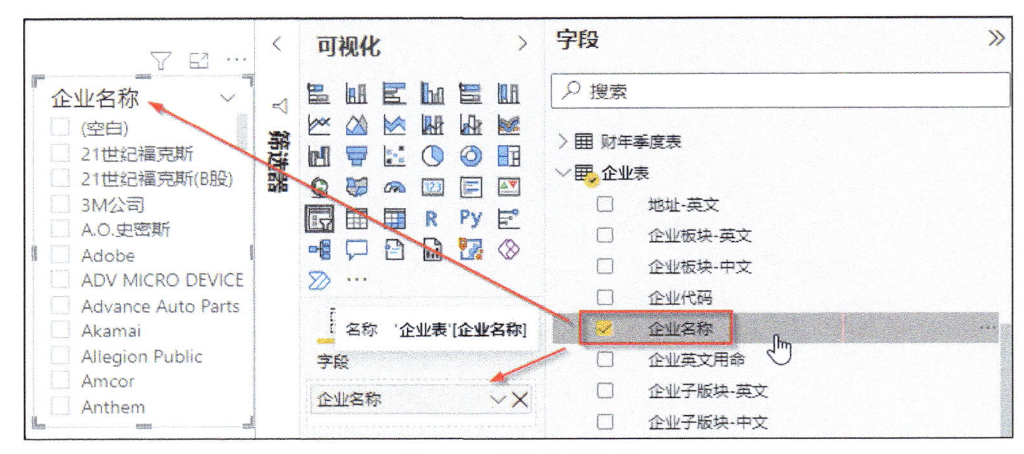

图 9.11　简化字段名称

为演示方便，我们点开筛选器，输入企业名称①，勾选对应企业②，如图 9.12 所示。（此处仅挑选 5 家指定企业，谷歌 C 与谷歌 A 是指谷歌的两种股票类型，选其中之一便可。）

类似第一个筛选操作，接下来创建一个日期表切片器，筛选字段为“年季度”，如图 9.13 所示。

单击切片器右上角的 ··· 图标，选中“排列轴”—“以降序排列”，如图 9.14 所示。此操作的目的是让日期呈降序，以显示最新会计期间。

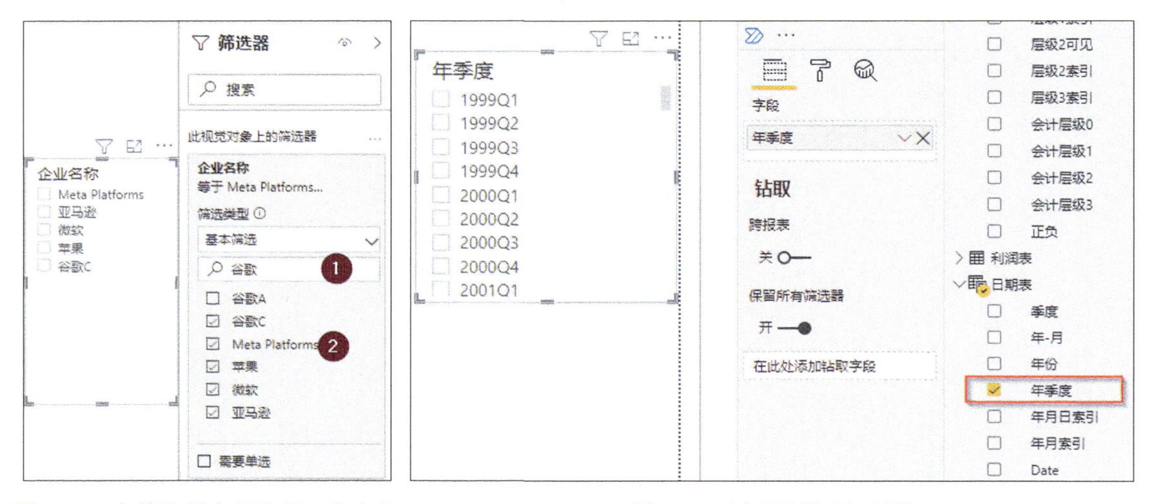

图 9.12　在筛选器中仅选择 5 家企业　　　　图 9.13　创建日期表切片器

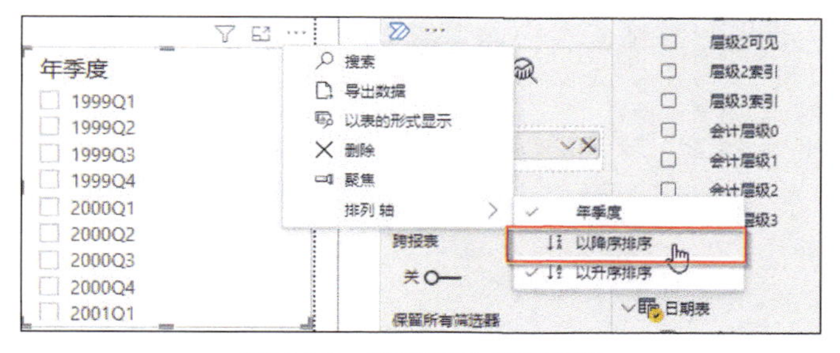

图 9.14 以降序方式排序值

当选择多个年季度值时，矩阵默认显示总计，此处汇总并无意义，单击进行格式设置，在搜索栏输入“列小计”①,“列小计”默认开启②，如图 9.15 所示，我们在操作时需关闭它。

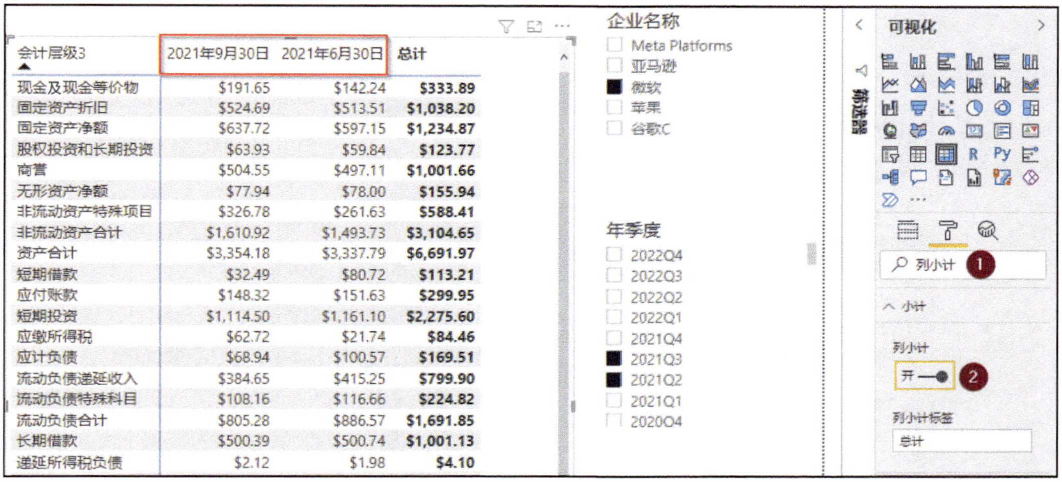

会计层级3	2021年9月30日	2021年6月30日	总计
现金及现金等价物	$191.65	$142.24	**$333.89**
固定资产折旧	$524.69	$513.51	**$1,038.20**
固定资产净额	$637.72	$597.15	**$1,234.87**
股权投资和长期投资	$63.93	$59.84	**$123.77**
商誉	$504.55	$497.11	**$1,001.66**
无形资产净额	$77.94	$78.00	**$155.94**
非流动资产特殊项目	$326.78	$261.63	**$588.41**
非流动资产合计	$1,610.92	$1,493.73	**$3,104.65**
资产合计	$3,354.18	$3,337.79	**$6,691.97**
短期借款	$32.49	$80.72	**$113.21**
应付账款	$148.32	$151.63	**$299.95**
短期投资	$1,114.50	$1,161.10	**$2,275.60**
应缴所得税	$62.72	$21.74	**$84.46**
应计负债	$68.94	$100.57	**$169.51**
流动负债递延收入	$384.65	$415.25	**$799.90**
流动负债特殊科目	$108.16	$116.66	**$224.82**
流动负债合计	$805.28	$886.57	**$1,691.85**
长期借款	$500.39	$500.74	**$1,001.13**
递延所得税负债	$2.12	$1.98	**$4.10**

企业名称
Meta Platforms
亚马逊
微软
苹果
谷歌C

年季度
2022Q4
2022Q3
2022Q2
2022Q1
2021Q4
2021Q3
2021Q2
2021Q1
2020Q4

筛选器
可视化
列小计 ①
小计
列小计
开 ②
列小计标签
总计

图 9.15 并排显示两个季度资产负债表结果

最后，为资产负债表添加表头提示。在菜单中单击形状，选择“矩形”，如图 9.16 所示。

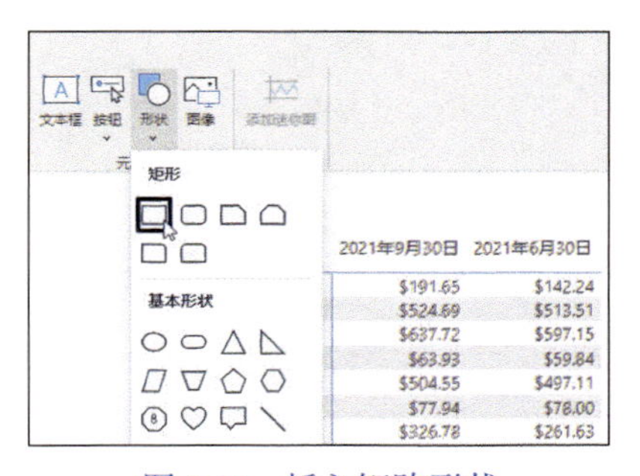

图 9.16 插入矩阵形状

选中矩阵，在“设置形状格式”中的“填充”选项中选择所需要的填充色，如图 9.17 所示。

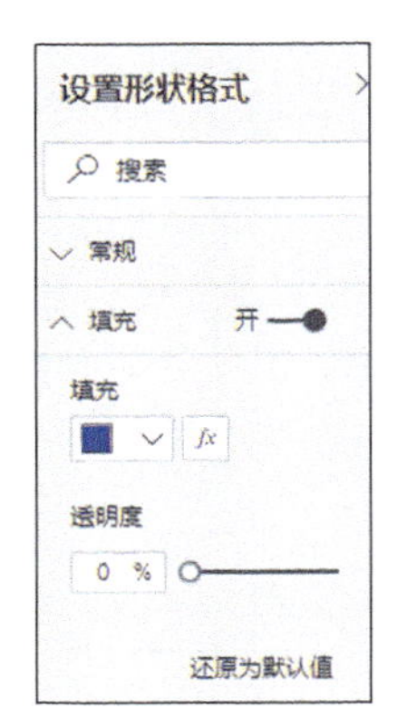

图 9.17 选择矩阵的填充颜色

继续选中矩阵①、单击“文本”旁的 fx 图标②，在弹出框中选中前文创建的“资产负债表头信息”度量③，单击“确定”按钮④，如图 9.18 所示。

图 9.18 设置矩阵中的动态文本内容

设置完成后，当选中不同的企业个体时，表头的信息也会动态发生变化，如图 9.19 所示。

苹果公司资产负债表（单位：亿美元）

会计层级3	2021年9月25日	2021年6月26日
现金及现金等价物	$349.40	$340.50
固定资产折旧	$702.83	$702.42
固定资产净额	$394.40	$386.15
股权投资和长期投资	$1,278.77	$1,319.48
非流动资产特殊项目	$488.49	$448.54
非流动资产合计	$2,161.66	$2,154.17
资产合计	$3,510.02	$3,298.40
短期借款	$156.13	$160.39
应付账款	$547.63	$404.09
短期投资	$276.99	$276.46
流动负债递延收入	$76.12	$76.81
流动负债特殊科目	$474.93	$436.25
流动负债合计	$1,254.81	$1,077.54
长期借款	$1,091.06	$1,057.52
非流动负债特殊科目	$533.25	$520.54
非流动负债合计	$1,624.31	$1,578.06
总现金	$626.39	$616.96
负债合计	$2,879.12	$2,655.60
未分配利润	$55.62	$92.33
累计损益	$1.63	$0.58
股东权益合计	$630.90	$642.80
应收账款	$262.78	$174.75
存货	$65.80	$51.78
流动资产特殊项目	$393.39	$300.74
流动资产合计	$1,348.36	$1,144.23
固定资产总额	$1,097.23	$1,088.57
总计	**$22,282.02**	**$21,005.66**

图 9.19 表头的企业名称为动态内容

以上是关于资产负债表可视化的基本操作，请参照上述示例，分别完成利润表和现金流量表的构建。结果请参照图 9.20 与图 9.21。

苹果公司利润表（单位：亿美元 每股收益为美元）

会计层级2	2021年9月25日	2021年6月26日
营业收入	$3,658.17	$2,824.57
营业总收入	$3,658.17	$2,824.57
营业成本	$2,129.81	$1,647.95
营业毛利润	$1,528.36	$1,176.62
市场、销售和管理费用	$219.73	$163.57
研发费用	$219.14	$161.42
营业支出总计	$438.87	$324.99
营业利润	$1,089.49	$851.63
税前营业收入特殊科目	$2.58	$7.96
税前利润	$1,092.07	$859.59
所得税	$145.27	$118.30
税后利润	$946.80	$741.29
净利润	$946.80	$741.29
归属于母公司股东的净利润	$946.80	$741.29
综合收益总额	$952.49	$745.93
基本每股收益	$5.67	$4.42
稀释每股收益	$5.61	$4.38

图 9.20 构建完成的利润表

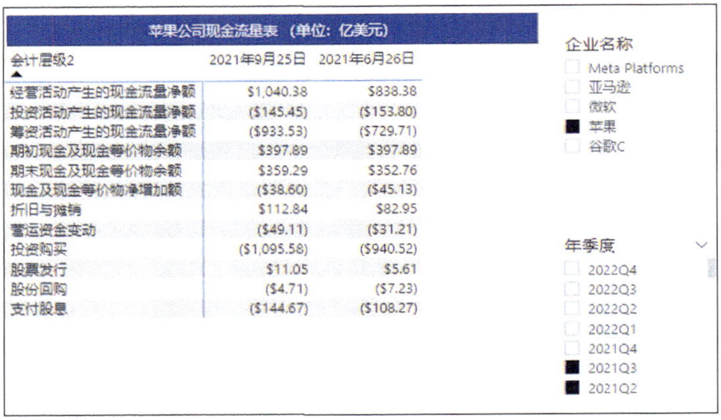

苹果公司现金流量表（单位：亿美元）		
会计层级2	2021年9月25日	2021年6月26日
经营活动产生的现金流量净额	$1,040.38	$838.38
投资活动产生的现金流量净额	($145.45)	($153.80)
筹资活动产生的现金流量净额	($933.53)	($729.71)
期初现金及现金等价物余额	$397.89	$397.89
期末现金及现金等价物余额	$359.29	$352.76
现金及现金等价物净增加额	($38.60)	($45.13)
折旧与摊销	$112.84	$82.95
营运资金变动	($49.11)	($31.21)
投资购买	($1,095.58)	($940.52)
股票发行	$11.05	$5.61
股份回购	($4.71)	($7.23)
支付股息	($144.67)	($108.27)

企业名称
Meta Platforms
亚马逊
微软
苹果
谷歌C

年季度
2022Q4
2022Q3
2022Q2
2022Q1
2021Q4
2021Q3
2021Q2

图 9.21　构建完成的现金流量表

读者可能留意到了在利润表最下方的红框处显示的“基本每股收益”和“稀释每股收益”单位为美元，因此不能简单除以亿。对此，我们用以下的公式解决单位转换的问题，以区分亿美元与美元。

```
利润表金额亿 =
SUMX (
    FILTER (
        '利润表',
        [财报会计科目] <> "data.list.total_basic_earning_common_ps.0"
            || [财报会计科目] <> "data.list.total_dlt_earnings_common_ps.0"
    ),
    DIVIDE ( [利润表金额], 100000000 )
)
    + SUMX (
        FILTER (
            '利润表',
            [财报会计科目] = "data.list.total_basic_earning_common_ps.0"
                || [财报会计科目] = "data.list.total_dlt_earnings_common_
ps.0"
        ),
        [利润表金额]
    )
//"data.list.total_basic_earning_common_ps.0" 与 "data.list.total_dlt_
earnings_common_ps.0" 为每股收益科目名称，单位为美元故此不需要除以亿。
```

本章小结

本章主要演示在 Power BI 中初步搭建财务报表的操作步骤，包括科目排序、创建度量、筛选交互。科目排序尤为重要，而在 Excel 中是没有这种设置的，这是列存储与行存储模式的差异所造成的。矩阵表的总计只显示汇总，无法进行差异计算，后面会详细介绍这个问题的解决方法。

第 10 章 建立会计科目层级

10.1 会计科目层级

让我们再次回顾会计科目表的层级，其中资产负债表包含了 3 个层级科目信息，而利润表与现金流量表则包含了 2 个层级科目信息，如图 10.1 所示。

会计层级0	会计层级1	会计层级2	会计层级3
利润表	综合收益总额	综合收益总额	
利润表	基本每股收益	基本每股收益	
利润表	稀释每股收益	稀释每股收益	
资产负债表	资产合计	流动资产合计	现金及现金等价物
资产负债表	资产合计	流动资产合计	短期投资
资产负债表	资产合计	流动资产合计	总现金
资产负债表	资产合计	流动资产合计	应收账款
资产负债表	资产合计	流动资产合计	存货
资产负债表	资产合计	流动资产合计	预付款项
资产负债表	资产合计	流动资产合计	流动资产特殊项目
资产负债表	资产合计	流动资产合计	流动资产合计
资产负债表	资产合计	非流动资产合计	固定资产总额
资产负债表	资产合计	非流动资产合计	固定资产折旧
资产负债表	资产合计	非流动资产合计	固定资产净额
资产负债表	资产合计	非流动资产合计	股权投资和长期投资
资产负债表	资产合计	非流动资产合计	商誉
资产负债表	资产合计	非流动资产合计	无形资产净额
资产负债表	资产合计	非流动资产合计	非流动资产特殊项目
资产负债表	资产合计	非流动资产合计	非流动资产合计
资产负债表	资产合计	资产合计	资产合计
资产负债表	负债合计	流动负债合计	短期借款
资产负债表	负债合计	流动负债合计	应付账款
资产负债表	负债合计	流动负债合计	应缴所得税
资产负债表	负债合计	流动负债合计	应计负债
资产负债表	负债合计	流动负债合计	流动负债递延收入
资产负债表	负债合计	流动负债合计	流动负债特殊科目
资产负债表	负债合计	流动负债合计	流动负债合计
资产负债表	负债合计	非流动负债合计	长期借款
资产负债表	负债合计	非流动负债合计	递延所得税负债
资产负债表	负债合计	非流动负债合计	非流动负债递延收入
资产负债表	负债合计	非流动负债合计	非流动负债特殊科目
资产负债表	负债合计	非流动负债合计	非流动负债合计
资产负债表	负债合计	负债合计	负债合计
资产负债表	股东权益合计	股东权益合计	额外实收资本
资产负债表	股东权益合计	股东权益合计	未分配利润
资产负债表	股东权益合计	股东权益合计	累计损益
资产负债表	股东权益合计	股东权益合计	股东权益合计
现金流量表	经营活动产生的现金流量净额	经营活动产生的现金流量净额	
现金流量表	投资活动产生的现金流量净额	投资活动产生的现金流量净额	

图 10.1 会计科目表的层级关系

前文的会计科目表仅使用了简化层级，接下来让我们创建带层级的科目信息。在“会计层级 1”字段上单击右键，选择“创建层次结构”，如图 10.2 所示。

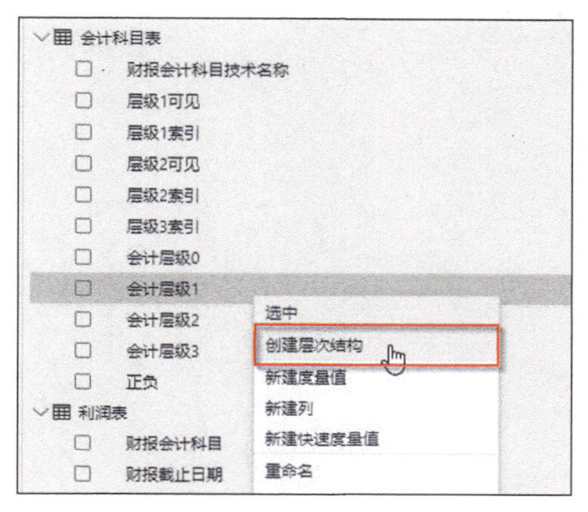

图 10.2 在 Power BI 中创建层次结构

在“会计层级 2”字段上单击右键，选中“添加到层次结构”到上一步创建的层次结构中，如图 10.3 所示。

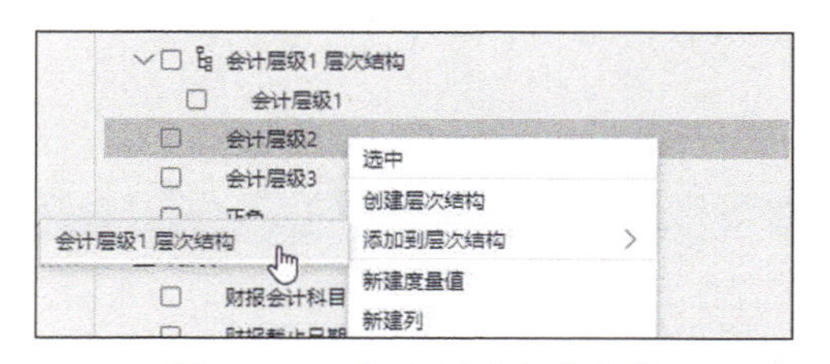

图 10.3 添加到层次结构操作

同理，将“会计层级 3”字段添加到层次结构中，步骤略过。完成后，双击层级名称可修改层次结构名称，如图 10.4 所示。

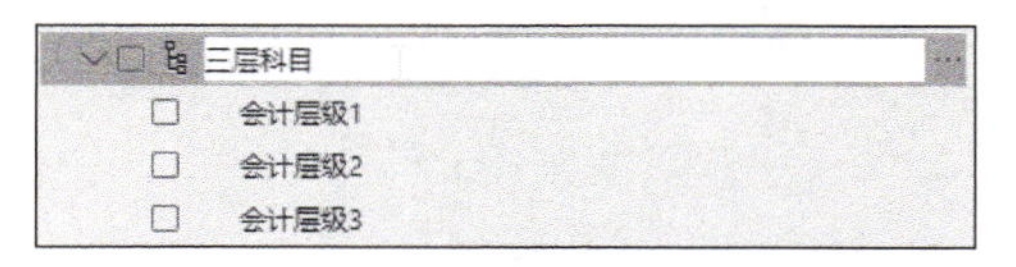

图 10.4 修改层次结构名称

将新建的层次结构放入矩阵“行”栏中，可见科目旁出现⊞图标，说明科目包含层级，如图 10.5 所示。但我们发现资产负债表的恒等式出现问题，资产合计减去负债合计并不等于股东权益合计。

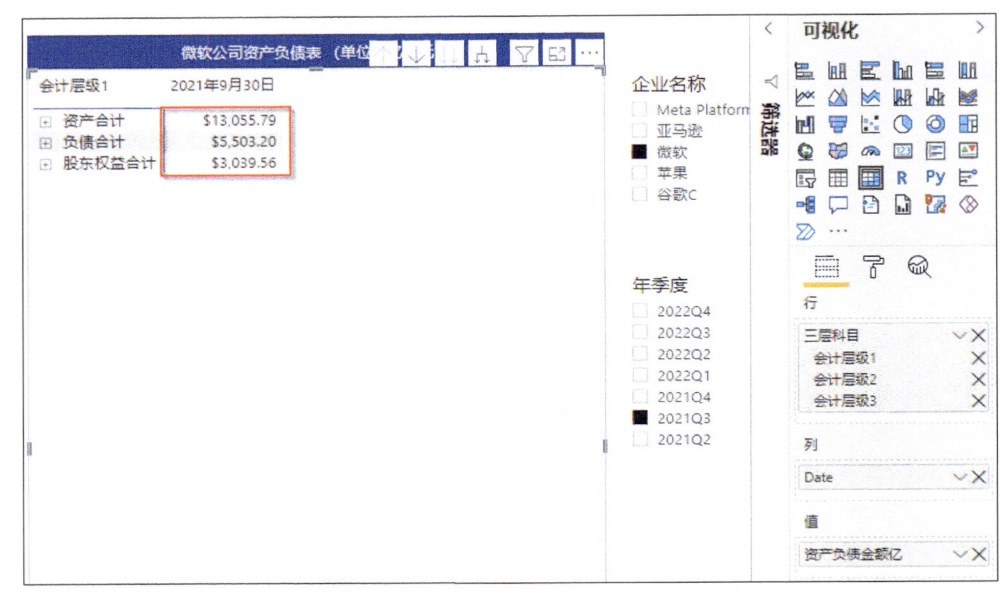

图 10.5　错误的汇总金额

单击科目旁的⊞图标，下展层级，如图 10.6 所示。我们发现出现问题的原因是矩阵表自动默认将 2 级和 3 级金额进行汇总，例如，“流动资产合计”作为 2 级科目被重复汇总，导致最终结果出现错误。

微软公司资产负债表（单位：亿美元）

会计层级1	2021年9月30日
⊟ **资产合计**	
⊟ **流动资产合计**	
现金及现金等价物	$191.65
短期投资	$1,114.50
总现金	$1,306.15
应收账款	$273.49
存货	$34.11
流动资产特殊项目	$129.51
流动资产合计	$1,743.26
⊟ **非流动资产合计**	
固定资产总额	$1,162.41
固定资产折旧	$524.69
固定资产净额	$637.72
股权投资和长期投资	$63.93
商誉	$504.55
无形资产净额	$77.94
非流动资产特殊项目	$326.78
非流动资产合计	$1,610.92
⊟ **资产合计**	
资产合计	$3,354.18
⊞ **负债合计**	**$5,503.20**
⊞ **股东权益合计**	**$3,039.56**

图 10.6　将 2 级和 3 级金额进行汇总时出现的错误

10.2 创建智能层级度量

解决层级汇总问题的关键在于要对所在的层级进行判断，根据不同层级情况采用不同的计算方式，判断条件是通过创建字段而实现的。例如，在图 10.7 中“存货”是层级 3 科目，其“层级 2 可见”和“层级 1 可见”字段值为 0，代表被排除。“流动资产合计”是层级 2 科目，其“层级 1 可见”字段值为 0，代表被排除。

E	F	G	H	I	J
会计层级3	层级1索引	层级2索引	层级3索引	层级2可见	层级1可见
现金及现金等价物	1	1	1	0	0
短期投资	1	1	2	0	0
总现金	1	1	3	0	0
应收账款	1	1	4	0	0
存货	1	1	5	0	0
预付款项	1	1	6	0	0
流动资产特殊项目	1	1	7	0	0
流动资产合计	1	1	8	1	0

图 10.7 会计科目表中层级汇总判断设置

设置判断条件之后，我们还需要通过 DAX 中的 ISINSCOPE 函数判断当前的层级信息，以下是完整 DAX 公式的内容。公式的“‘会计科目表’[层级 2 可见] = 1”为筛选判断条件。

```
资产负债金额层级 =
SWITCH (
    TRUE (),
    ISINSCOPE (
  '会计科目表'[会计层级3] ), [资产负债金额亿],
    ISINSCOPE (
  '会计科目表'[会计层级2] ), CALCULATE ( [资产负债金额亿], '会计科目表'[层级2可见] = 1 ),
    ISINSCOPE (
  '会计科目表'[会计层级1] ), CALCULATE ( [资产负债金额亿], '会计科目表'[层级1可见] = 1 )
)
```

在图 10.8 中加入新的层级度量，然后对比新与旧的度量，可观察到在第 1 层级的结果①和第 2 层级的结果②与之前是有区别的，在第 3 层级显示的结果③则是相同的。

图 10.9 中右侧方框中的结果可以说明新公式的逻辑是正确的，\$3354.18−\$1834.40=\$1519.79。

以上是关于资产负债表层级计算的演示，下面我们将会建立关于利润表和现金流量表的层级财报。注意，利润表和现金流量表采用的是 2 个层级，因此此处应创建二层科目的层次结构，如图 10.10 所示。

微软公司资产负债表（单位：亿美元）

Date 会计层级1	2021年9月30日 资产负债金额亿	资产负债金额层级
⊞ **资产合计**	**$13,055.79**	**$3,354.18**
⊟ **负债合计**		
⊞ **流动负债合计**	**$1,610.56**	**$805.28**
⊟ **非流动负债合计**		
长期借款	$500.39	$500.39
递延所得税负债	$2.12	$2.12
非流动负债递延收入	$25.50	$25.50
非流动负债特殊科目	$501.11	$501.11
非流动负债合计	$1,029.12	$1,029.12
⊟ **负债合计**		
负债合计	$1,834.40	$1,834.40
⊞ **股东权益合计**	**$3,039.56**	**$1,519.78**

图 10.8 智能层级度量

微软公司资产负债表（单位：亿美元）

Date 会计层级1	2021年9月30日 资产负债金额亿	资产负债金额层级
⊞ **资产合计**	**$13,055.79**	**$3,354.18**
⊞ **负债合计**	**$5,503.20**	**$1,834.40**
⊞ **股东权益合计**	**$3,039.56**	**$1,519.78**

图 10.9 正确的汇总结果

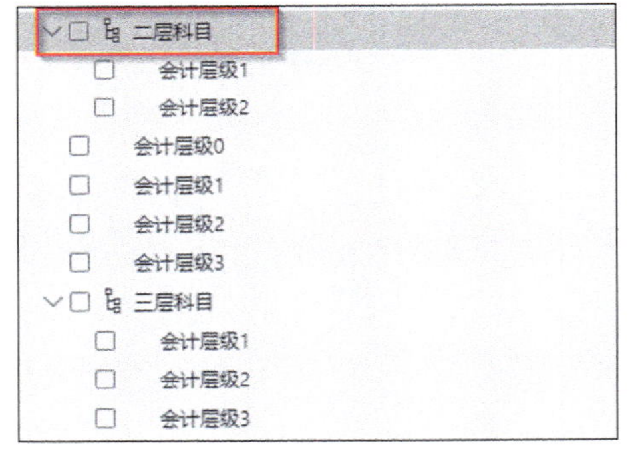

图 10.10 创建二层科目

相应地，我们还需要调整对应的公式，简化 2 个层级的判断条件。

```
利润表金额层级 =
SWITCH (
    TRUE (),
    ISINSCOPE (
 '会计科目表'[会计层级2] ), [利润表金额亿],
    ISINSCOPE (
 '会计科目表'[会计层级1] ), CALCULATE ( [利润表金额亿], '会计科目表'[层级1可
见] = 1 )
)
现金流量表金额层级 =
SWITCH (
```

```
        TRUE (),
        ISINSCOPE (
    '会计科目表'[会计层级2] ), [现金流量表金额亿],
        ISINSCOPE (
    '会计科目表'[会计层级1] ), CALCULATE ( [现金流量表金额亿], '会计科目表'[层级1
可见] = 1 )
    )
```

图 10.11 和图 10.12 为带层级的微软公司利润表与现金流量表。

微软公司利润表（单位：亿美元）每股收益为美元

会计层级1	利润表金额层级
⊟ **营业成本**	
营业成本	$136.46
⊟ **营业毛利润**	
营业毛利润	$316.71
⊟ **营业支出总计**	
市场、销售和管理费用	$58.34
研发费用	$55.99
营业支出总计	$114.33
⊟ **营业利润**	
营业利润	$202.38
⊟ **税前营业收入特殊科目**	
税前营业收入特殊科目	$2.86
⊟ **税前利润**	
税前利润	$205.24
⊟ **所得税**	
所得税	$0.19
⊟ **税后利润**	
税后利润	$205.05
⊟ **净利润**	
净利润	$205.05
⊟ **归属于母公司股东的净利润**	
归属于母公司股东的净利润	$205.05
⊟ **综合收益总额**	
综合收益总额	$199.66
⊟ **基本每股收益**	
基本每股收益	$2.73
⊟ **稀释每股收益**	
稀释每股收益	$2.71

企业名称
☐ Meta Platforms
☐ 亚马逊
■ 微软
☐ 苹果
☐ 谷歌C

年季度
☐ 2022Q4
☐ 2022Q3
☐ 2022Q2
☐ 2022Q1
☐ 2021Q4
■ 2021Q3
☐ 2021Q2

图 10.11　含有层级的利润表

微软公司现金流量表（单位：亿美元）

会计层级1	2021年9月30日
⊟ **经营活动产生的现金流量净额**	
经营活动产生的现金流量净额	$245.40
折旧与摊销	$32.12
⊞ **投资活动产生的现金流量净额**	**($32.50)**
⊞ **筹资活动产生的现金流量净额**	**($162.76)**
⊞ **汇率变动对现金及现金等价物的影响**	**($0.73)**
⊟ **期初现金及现金等价物余额**	
期初现金及现金等价物余额	$142.24
⊟ **期末现金及现金等价物余额**	
期末现金及现金等价物余额	$191.65
⊟ **现金及现金等价物净增加额**	
现金及现金等价物净增加额	$49.41

企业名称
☐ Meta Platforms
☐ 亚马逊
■ 微软
☐ 苹果
☐ 谷歌C

年季度
☐ 2022Q4
☐ 2022Q3
☐ 2022Q2
☐ 2022Q1
☐ 2021Q4
■ 2021Q3
☐ 2021Q2

图 10.12　含有层级的现金流量表

10.3　创建度量表

在上一节的内容中我们创建了若干个度量，这些度量目前分散在不同的表中。随着度量数量的增加，管理度量的难度也随之增加，如图 10.13 所示。

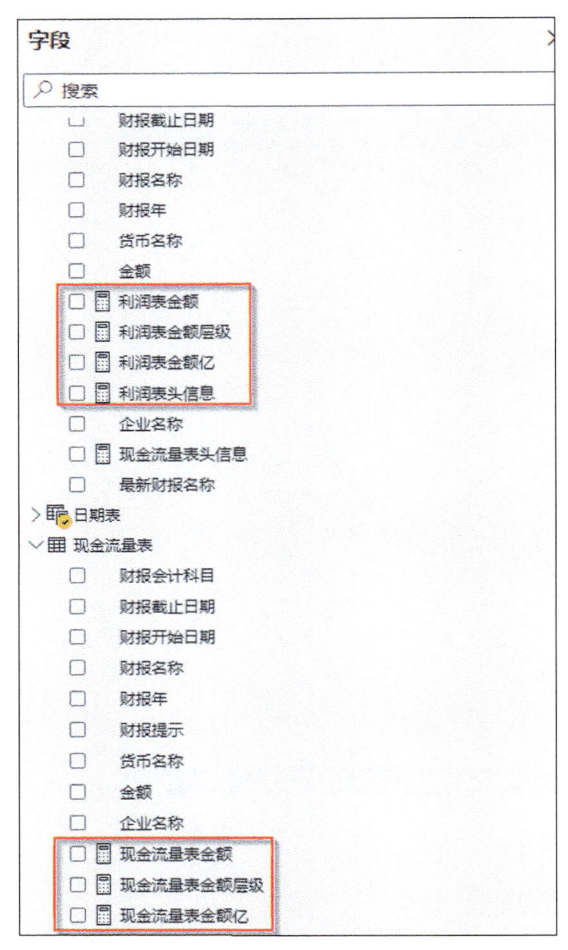

图 10.13　度量分散在不同的表中

为了更好地管理和使用度量，我们将为度量创建专属的表空间。如图 10.14 所示，在主页菜单①中单击“输入数据”②，在创建表对话框中输入新的名称③，单击“加载”按钮④，完成度量表创建。

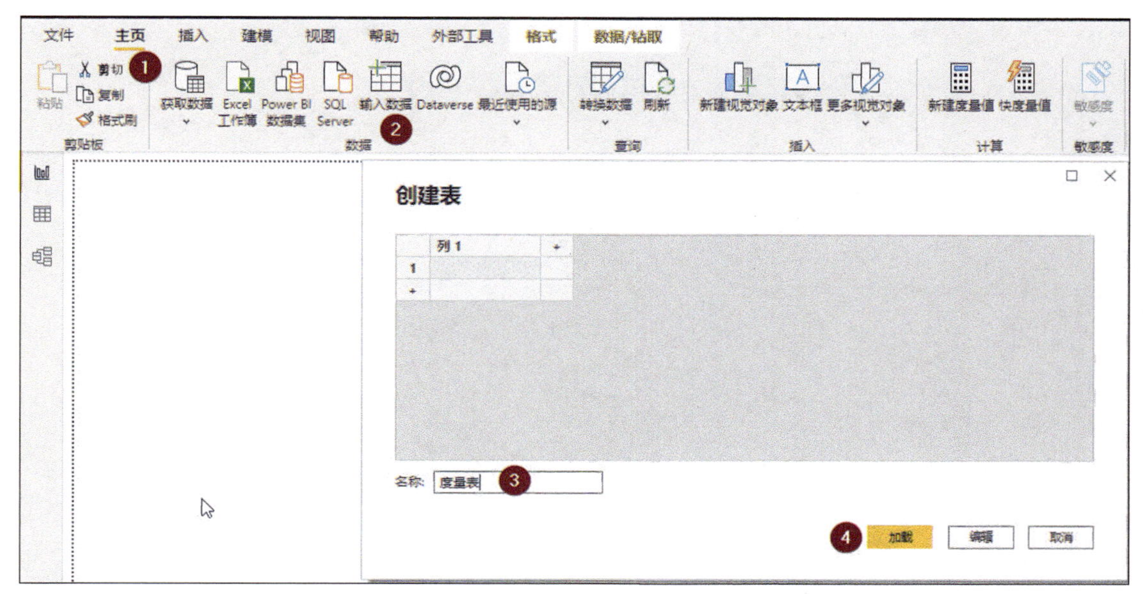

图 10.14 创建度量表

选中任意度量，然后在菜单栏上主表下拉框中将度量移动至新建的度量表中，如图 10.15 所示。

完成后，所有的度量已经被移动至一张表内，在“列 1”上单击右键，选择“从模型中删除”，如图 10.16 所示。

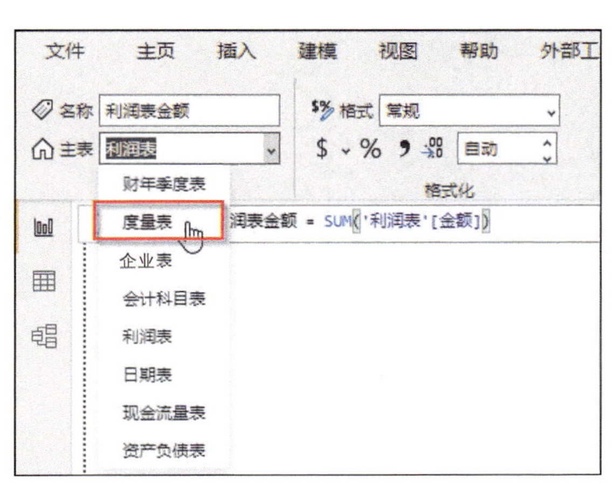

图 10.15 移动度量

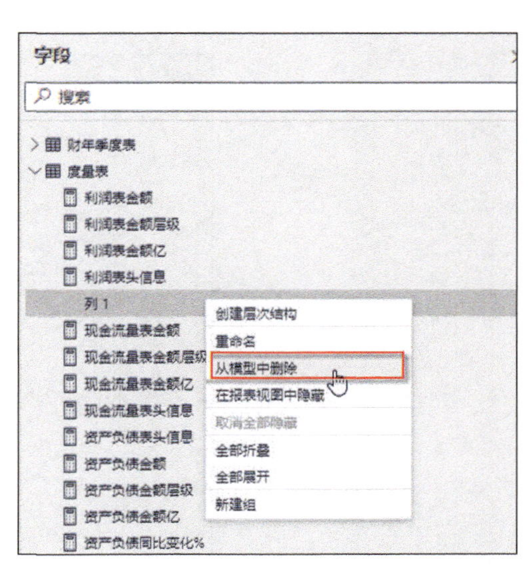

图 10.16 删除度量表中的冗余列

10.4 创建度量文件夹

我们还可以继续细化度量的管理。在关系视图下，通过鼠标和 Shift 键多选所有相关度量①，在“显示文件夹”栏中输入“利润表”②，并按回车键，如图 10.17 所示。

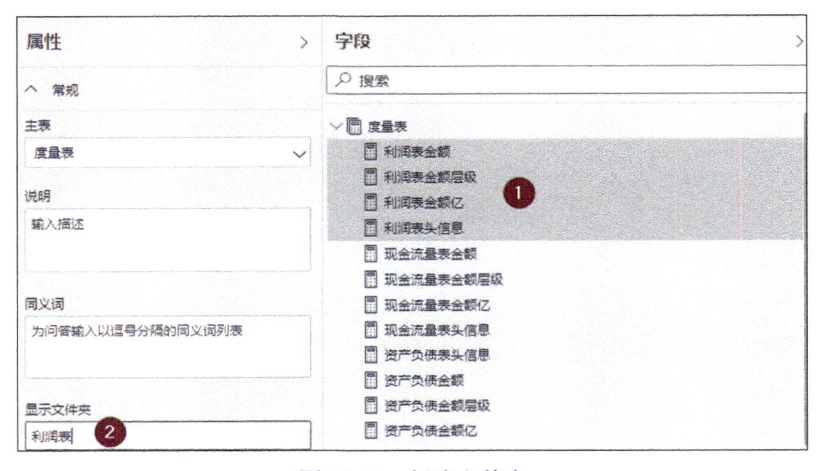

图 10.17 创建文件夹

同理，采取类似方式对现金流量表和资产负债表度量创建文件夹，如图 10.18 所示。

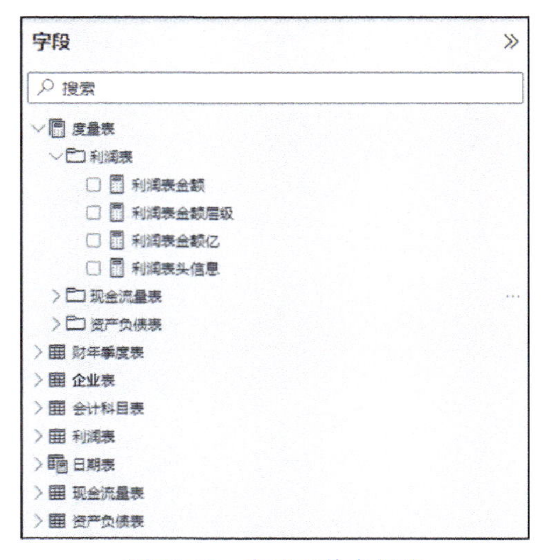

图 10.18 完成文件夹创建

10.5 隐藏无关字段

为了创建层级计算和排序，主数据表中存在若干辅助字段，这些字段本身并无实际业务意义，只是作为判断列而存在，还有多端事实表字段的关联字段，业务人员并不会直接使用它们。基于这两种情况，通常会建议用户将冗余字段进行隐藏。在关系视图中单击①处或②处的操作便可将字段进行隐藏，如图 10.19 所示。

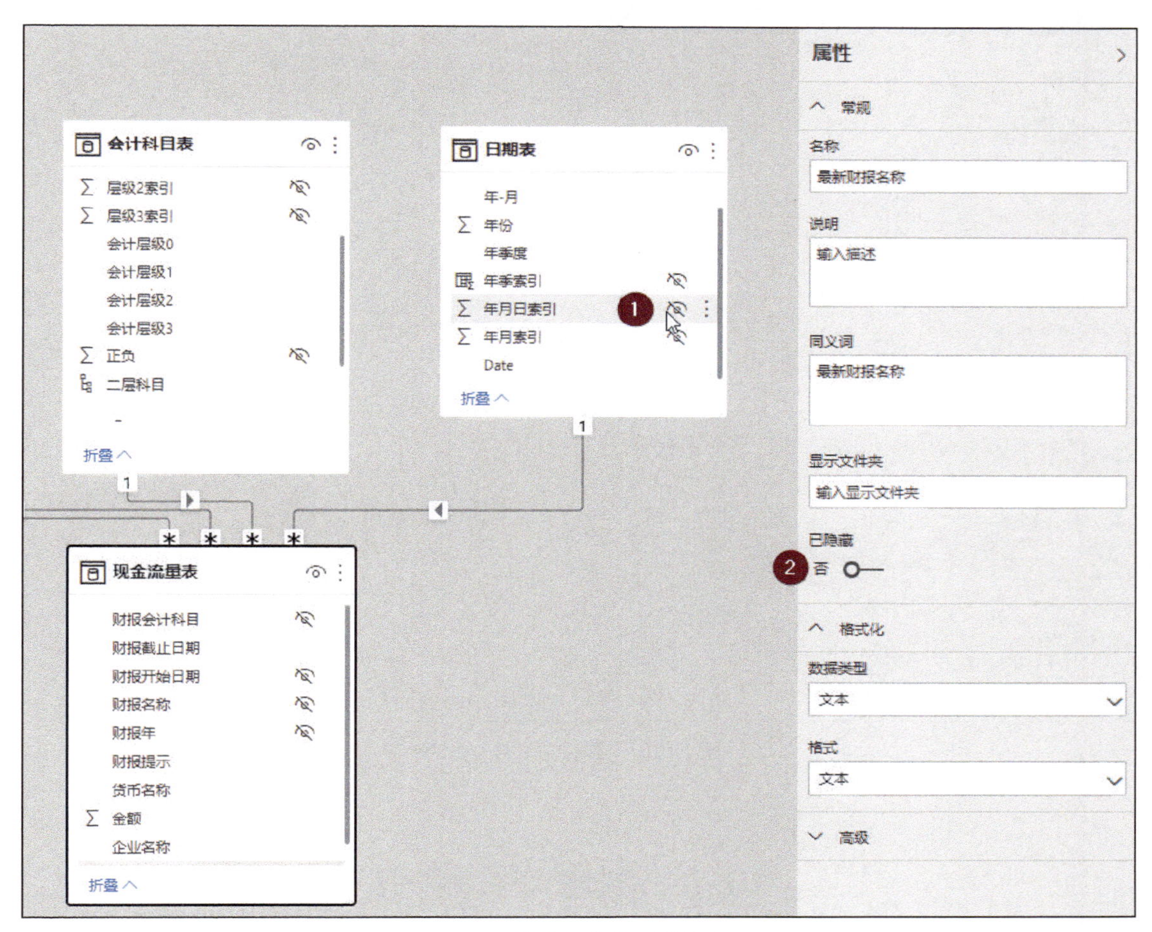

图 10.19 隐藏与业务无关的字段

10.6　修饰表头信息

目前科目表头名称为“会计层级 1”，让人多少有一些困惑。我们可以将该字段优化。双击对应的字段，将名称改为“_”（Power BI 不接受输入空名称），如图 10.20 所示。另一种方式是插入白色的矩阵形状，覆盖表头部位。

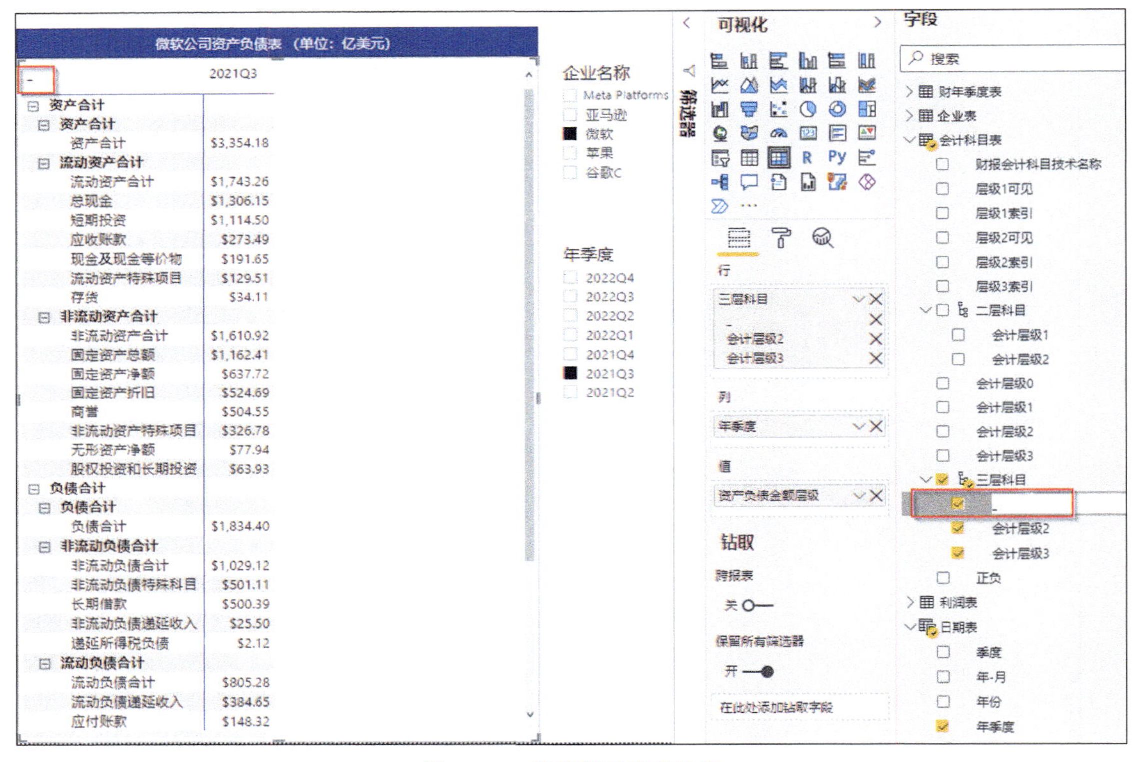

图 10.20　优化科目表头信息

10.7　创建降序索引

我们可以采用“年季度”替换“Date”字段，如图 10.21 所示。但该字段的默认排序是升序的，矩阵表本身不提供对列的排序设置。

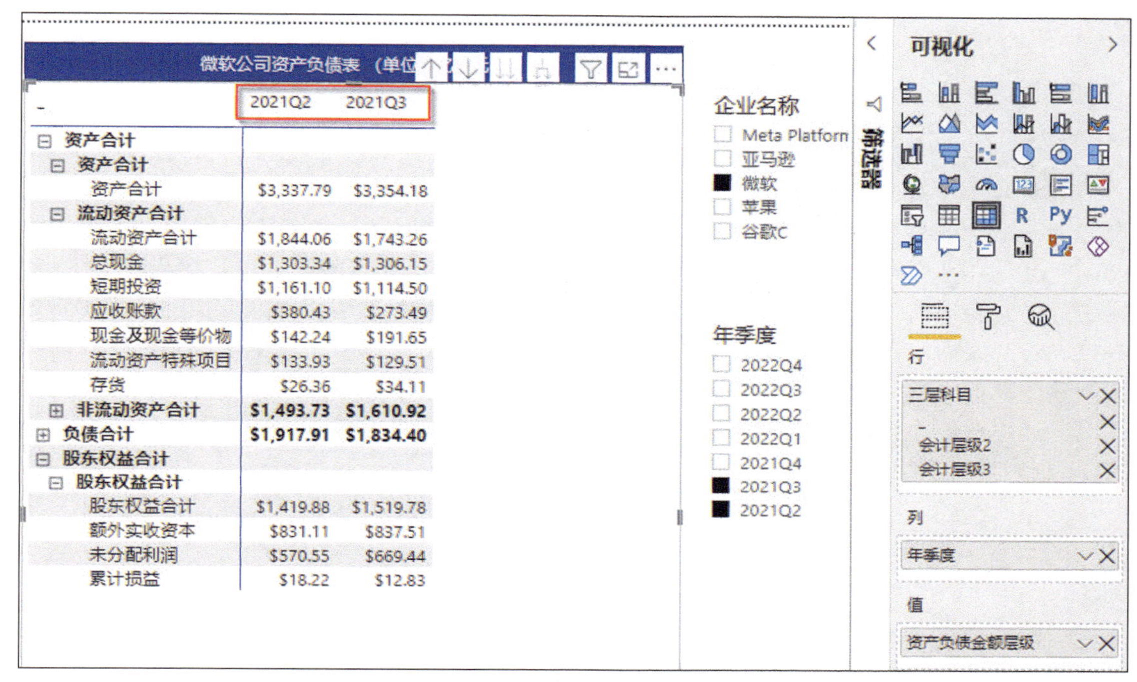

图 10.21　默认升序排序

要解决这个问题，需要回到日期表当中，在“列工具”菜单①中，单击“新建列”②，输入索引公式并按回车键③，表将产生新字段④，如图 10.22 所示。创建完毕后，便可对“年季度”进行降序排序，方法步骤与之前介绍的相似，此处不再赘述。

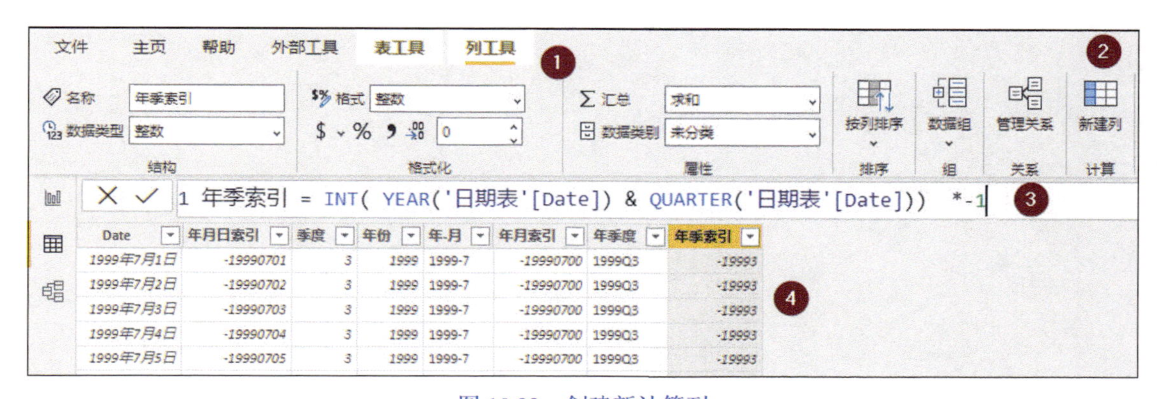

图 10.22　创建新计算列

本章小结

本章介绍了如何创建带层级的财务报表，以及为了克服层级汇总问题所需要的字段设置和 DAX 公式。案例中报表结构的完整性问题导致出现了一系列汇总问题，这是因为 Power BI 适用于处理结构化数据，且 Power BI 报表缺少了一定的灵活度，这与传统 Excel 报表有很大的不同。但瑕不掩瑜，Power BI 有丰富的 DAX 函数可以解决此类问题，尽管最终报表看起来有一些冗余信息。本章同时介绍了如何管理度量，在对年季度进行排序时特意创建了新的计算列。即使在开始设计阶段没有考虑到年季度字段的降序排列，我们仍然可以通过快速创建计算列灵活解决问题，这是敏捷自助 BI 的特性，同时也解决了许多传统 BI 无法快速响应的问题。

第 11 章　单季度分析

11.1　利润累加金额

对于短期投资者而言，有必要清楚地了解每个季度的财务状况变化，然而，默认的财经数据不足以支持季度同比变化的分析。在图 11.1 中，只有 2020Q4 为单季度金额（对应苹果公司 2021 财年第 1 季度），其他的金额都是累加金额，那么应该如何计算单季度金额同比呢？

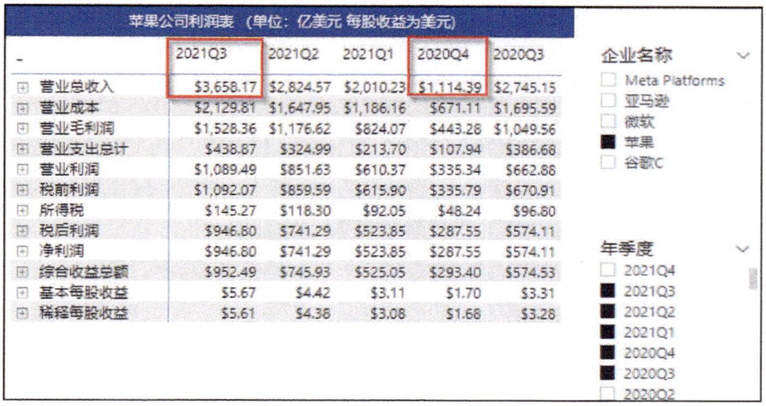

苹果公司利润表（单位：亿美元 每股收益为美元）

-	2021Q3	2021Q2	2021Q1	2020Q4	2020Q3
营业总收入	$3,658.17	$2,824.57	$2,010.23	$1,114.39	$2,745.15
营业成本	$2,129.81	$1,647.95	$1,186.16	$671.11	$1,695.59
营业毛利润	$1,528.36	$1,176.62	$824.07	$443.28	$1,049.56
营业支出总计	$438.87	$324.99	$213.70	$107.94	$386.68
营业利润	$1,089.49	$851.63	$610.37	$335.34	$662.88
税前利润	$1,092.07	$859.59	$615.90	$335.79	$670.91
所得税	$145.27	$118.30	$92.05	$48.24	$96.80
税后利润	$946.80	$741.29	$523.85	$287.55	$574.11
净利润	$946.80	$741.29	$523.85	$287.55	$574.11
综合收益总额	$952.49	$745.93	$525.05	$293.40	$574.53
基本每股收益	$5.67	$4.42	$3.11	$1.70	$3.31
稀释每股收益	$5.61	$4.38	$3.08	$1.68	$3.28

企业名称
Meta Platforms
亚马逊
微软
苹果
谷歌C

年季度
2021Q4
2021Q3
2021Q2
2021Q1
2020Q4
2020Q3
2020Q2

图 11.1　除了 2021 财年第 1 季度，其他季度金额均为累加金额

11.2　单季度金额的计算逻辑

实际上，解决此问题的方法是将一个貌似复杂的问题拆分为几个简单的问题，单季度金额的计算方式要分两种情况。

（1）本季度为财年第 1 季度，直接取默认该季度的数值。例如，苹果公司 2021 财年第 1 季度营收为 $1114.39。

（2）本季度为财年第 2、3、4 季度，需减去上一季度的累加值。例如，苹果 2021 财年第 4 季度营收为 \$3658.17－\$2824.57=\$833.60。

于是，解决问题的关键是判断财年季度，在利润表数据结构中的“财报名称”字段中透露了该记录所属的财年季度，“Q1”代表第 1 季度，如图 11.2 所示。

企业名称	货币名称	最新财报名称	财报名称	财报年	财报开始日期	财报截止日期	财报会计科目	金额
苹果	美元	2021年FY	2015年FY	2015	2014年9月28日	2015年9月26日	data.list.income_from_co_bef	\$72,515,000,000
苹果	美元	2021年FY	2015年FY	2015	2014年9月28日	2015年9月26日	data.list.total_revenue.0	\$233,715,000,000
苹果	美元	2021年FY	2014年Q1	2014	2013年9月29日	2013年12月28日	data.list.operating_income.0	\$17,463,000,000
苹果	美元	2021年FY	2014年Q1	2014	2013年9月29日	2013年12月28日	data.list.total_operate_expen:	\$4,383,000,000
苹果	美元	2021年FY	2014年Q1	2014	2013年9月29日	2013年12月28日	data.list.rad_expenses.0	\$1,330,000,000
苹果	美元	2021年FY	2014年Q1	2014	2013年9月29日	2013年12月28日	data.list.marketing_selling_etc	\$3,053,000,000
苹果	美元	2021年FY	2014年Q1	2014	2013年9月29日	2013年12月28日	data.list.gross_profit.0	\$21,846,000,000
苹果	美元	2021年FY	2014年Q1	2014	2013年9月29日	2013年12月28日	data.list.sales_cost.0	\$35,748,000,000
苹果	美元	2021年FY	2014年Q1	2014	2013年9月29日	2013年12月28日	data.list.revenue.0	\$57,594,000,000

图 11.2　利润表中的财务名称字段

通过以下公式，我们便可判断当前季度是否为财报第 1 季度。

```
是否财报第1季度 = CONTAINSSTRING(MIN('利润表'[财报名称]),"Q1")
```

将度量“是否财报第 1 季度”放入新矩阵表中，其 2020Q4 的结果为“True”，代表该季度为苹果公司财年第 1 季度（注意区分自然年季度与财年季度），如图 11.3 所示。

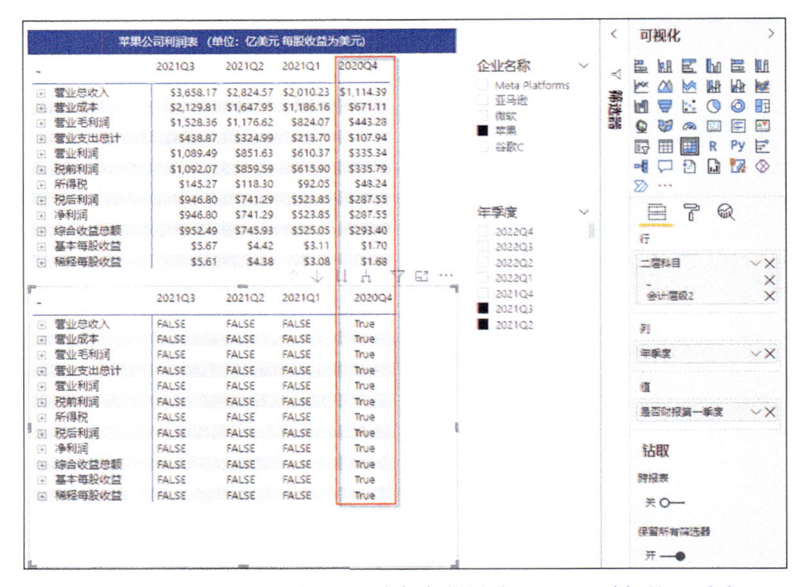

苹果公司利润表（单位：亿美元 每股收益为美元）

-	2021Q3	2021Q2	2021Q1	2020Q4
营业总收入	\$3,658.17	\$2,824.57	\$2,010.23	\$1,114.39
营业成本	\$2,129.81	\$1,647.95	\$1,186.16	\$671.11
营业毛利润	\$1,528.36	\$1,176.62	\$824.07	\$443.28
营业支出总计	\$438.87	\$324.99	\$213.70	\$107.94
营业利润	\$1,089.49	\$851.63	\$610.37	\$335.34
税前利润	\$1,092.07	\$859.59	\$615.90	\$335.79
所得税	\$145.27	\$118.30	\$92.05	\$48.24
税后利润	\$946.80	\$741.29	\$523.85	\$287.55
净利润	\$946.80	\$741.29	\$523.85	\$287.55
综合收益总额	\$952.49	\$745.93	\$525.05	\$293.40
基本每股收益	\$5.67	\$4.42	\$3.11	\$1.70
稀释每股收益	\$5.61	\$4.38	\$3.08	\$1.68

-	2021Q3	2021Q2	2021Q1	2020Q4
营业总收入	FALSE	FALSE	FALSE	True
营业成本	FALSE	FALSE	FALSE	True
营业毛利润	FALSE	FALSE	FALSE	True
营业支出总计	FALSE	FALSE	FALSE	True
营业利润	FALSE	FALSE	FALSE	True
税前利润	FALSE	FALSE	FALSE	True
所得税	FALSE	FALSE	FALSE	True
税后利润	FALSE	FALSE	FALSE	True
净利润	FALSE	FALSE	FALSE	True
综合收益总额	FALSE	FALSE	FALSE	True
基本每股收益	FALSE	FALSE	FALSE	True
稀释每股收益	FALSE	FALSE	FALSE	True

图 11.3　自然年 2020 年第 4 季度为苹果公司 2021 财年第 1 季度

对于返回“FALSE”的记录，处理方式是用本季度金额减去上季度金额，所以此处需要先创建上季度利润表金额公式。

```
上季度利润表金额 = CALCULATE([利润表金额层级],PREVIOUSQUARTER('日期表'[Date]))
```

将新公式放入矩阵表中验证，结果与预期相符，如图 11.4 所示。

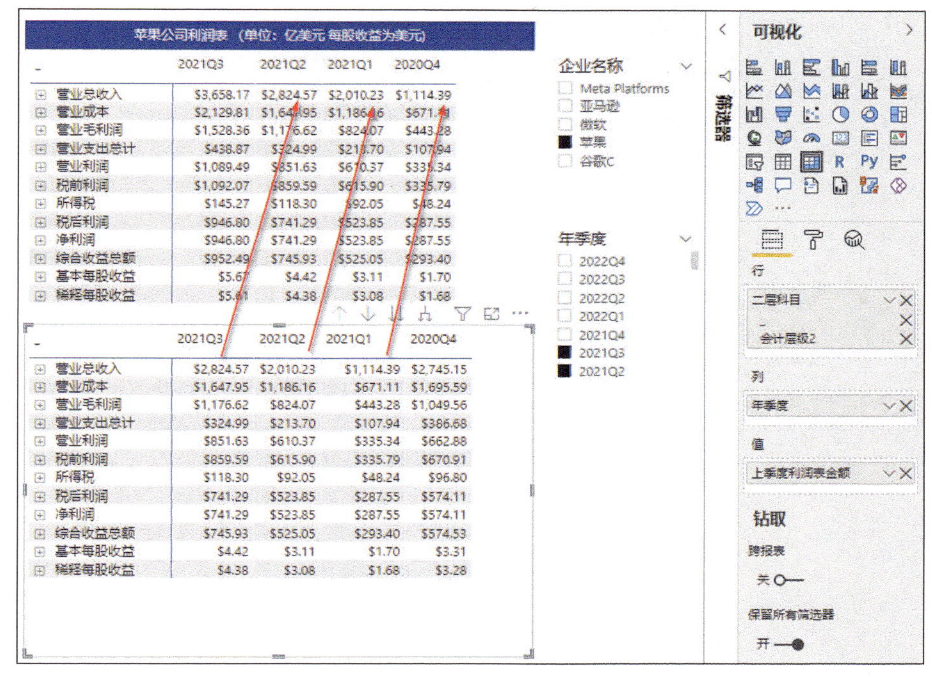

-	2021Q3	2021Q2	2021Q1	2020Q4
营业总收入	$3,658.17	$2,824.57	$2,010.23	$1,114.39
营业成本	$2,129.81	$1,647.95	$1,186.16	$671.11
营业毛利润	$1,528.36	$1,176.62	$824.07	$443.28
营业支出总计	$438.87	$324.99	$213.70	$107.94
营业利润	$1,089.49	$851.63	$610.37	$335.34
税前利润	$1,092.07	$859.59	$615.90	$335.79
所得税	$145.27	$118.30	$92.05	$48.24
税后利润	$946.80	$741.29	$523.85	$287.55
净利润	$946.80	$741.29	$523.85	$287.55
综合收益总额	$952.49	$745.93	$525.05	$293.40
基本每股收益	$5.67	$4.42	$3.11	$1.70
稀释每股收益	$5.61	$4.38	$3.08	$1.68

-	2021Q3	2021Q2	2021Q1	2020Q4
营业总收入	$2,824.57	$2,010.23	$1,114.39	$2,745.15
营业成本	$1,647.95	$1,186.16	$671.11	$1,695.59
营业毛利润	$1,176.62	$824.07	$443.28	$1,049.56
营业支出总计	$324.99	$213.70	$107.94	$386.68
营业利润	$851.63	$610.37	$335.34	$662.88
税前利润	$859.59	$615.90	$335.79	$670.91
所得税	$118.30	$92.05	$48.24	$96.80
税后利润	$741.29	$523.85	$287.55	$574.11
净利润	$741.29	$523.85	$287.55	$574.11
综合收益总额	$745.93	$525.05	$293.40	$574.53
基本每股收益	$4.42	$3.11	$1.70	$3.31
稀释每股收益	$4.38	$3.08	$1.68	$3.28

图 11.4　求得上季度对应金额

接下来的重点在于整合所有的逻辑。以下是判断季度信息，然后进行计算处理的公式。

```
单季度利润表金额= IF([是否财报第1季度],[利润表金额层级],[利润表金额层级]-[上季度利润表金额])
```

此处再介绍另一种迭代方式，即将所有步骤整合在一个度量中，这种方式的集成性更强，读者可根据个人偏好选择。

```
单季度利润表金额2 =
VAR isQ1 =CONTAINSSTRING(MIN('利润表'[财报名称]),"Q1")
var lastQuater = CALCULATE([利润表金额层级],PREVIOUSQUARTER('日期表'[Date]))
var currentQuarter = [利润表金额层级]
return if (isQ1,currentQuarter,currentQuarter-lastQuater)
```

图 11.5 中的新度量反映了正确的单季度利润表金额结果。

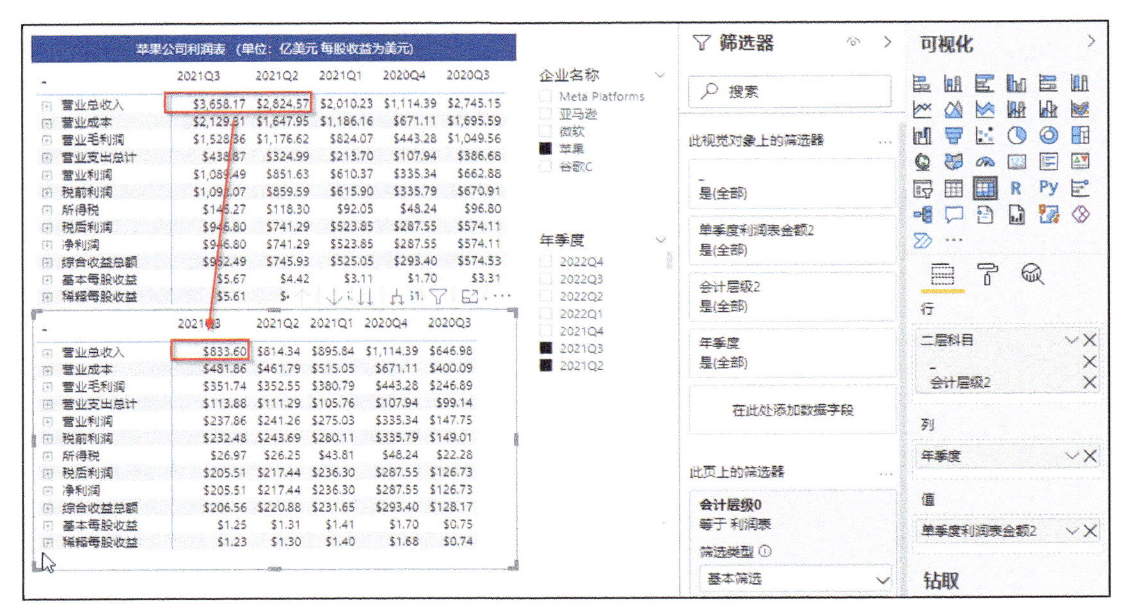

苹果公司利润表（单位：亿美元 每股收益为美元）

-	2021Q3	2021Q2	2021Q1	2020Q4	2020Q3
营业总收入	$3,658.17	$2,824.57	$2,010.23	$1,114.39	$2,745.15
营业成本	$2,129.81	$1,647.95	$1,186.16	$671.11	$1,695.59
营业毛利润	$1,528.36	$1,176.62	$824.07	$443.28	$1,049.56
营业支出总计	$438.87	$324.99	$213.70	$107.94	$386.68
营业利润	$1,089.49	$851.63	$610.37	$335.34	$662.88
税前利润	$1,09[illegible].07	$859.59	$615.90	$335.79	$670.91
所得税	$146.27	$118.30	$92.05	$48.24	$96.80
税后利润	$946.80	$741.29	$523.85	$287.55	$574.11
净利润	$946.80	$741.29	$523.85	$287.55	$574.11
综合收益总额	$952.49	$745.93	$525.05	$293.40	$574.53
基本每股收益	$5.67	$4.42	$3.11	$1.70	$3.31
稀释每股收益	$5.61	[illegible]	[illegible]	[illegible]	[illegible]

-	2021Q3	2021Q2	2021Q1	2020Q4	2020Q3
营业总收入	$833.60	$814.34	$895.84	$1,114.39	$646.98
营业成本	$481.86	$461.79	$515.05	$671.11	$400.09
营业毛利润	$351.74	$352.55	$380.79	$443.28	$246.89
营业支出总计	$113.88	$111.29	$105.76	$107.94	$99.14
营业利润	$237.86	$241.26	$275.03	$335.34	$147.75
税前利润	$232.48	$243.69	$280.11	$335.79	$149.01
所得税	$26.97	$26.25	$43.81	$48.24	$22.28
税后利润	$205.51	$217.44	$236.30	$287.55	$126.73
净利润	$205.51	$217.44	$236.30	$287.55	$126.73
综合收益总额	$206.56	$220.88	$231.65	$293.40	$128.17
基本每股收益	$1.25	$1.31	$1.41	$1.70	$0.75
稀释每股收益	$1.23	$1.30	$1.40	$1.68	$0.74

图 11.5　正确的单季度利润表金额

11.3　单季度金额同比

季度同比公式为：

季度同比 =（本季度金额 – 去年同期金额）/ 去年同期金额

此处使用时间智能函数 SAMEPERIODLASTYEAR 的作用在于返回日期表中的去年同期范围。注意，除了一般 CALCULATE 公式（方法 1），笔者特意列举了另外一种写法（方法 2），方法 2 是方法 1 的缩写，隐藏了 CALCULATE 部分，读者可根据自己的偏好，任意选择其中之一。

方法1：利润表去年同比金额1 = CALCULATE([单季度利润表金额2],(SAMEPERIODLASTYEAR('日期表'[Date])))

方法2：利润表去年同比金额2 = [单季度利润表金额2](SAMEPERIODLASTYEAR('日期表'[Date]))

最后，我们通过公式组合获取了利润单季度金额同比，如图 11.6 所示。（提示：双击字段名称，可修改原有字段名称，使用新名称，该名称只作用于当前可视化对象中。）

```
利润表单季度金额同比% = var _lastYear= [利润表去年同比金额2] return DIVIDE(
[单季度利润表金额2] - _lastYear,_lastYear)
```

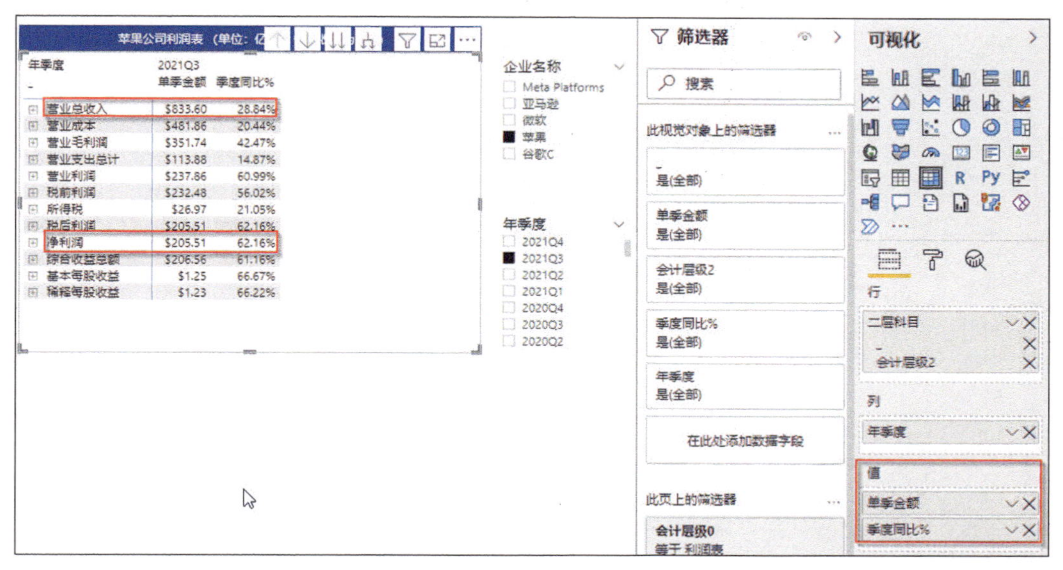

图 11.6　利润单季度金额同比

图 11.6 中的单季度金额同比与图 11.7 中的新闻报道信息吻合。

图 11.7　关于苹果公司发布 2021 年第四财季财报的消息

现金流量表的金额也采用累加金额的计算方式，其数据结构也与利润表相似，如图 11.8 所示。所以其单季度金额的计算与前文利润表的逻辑相似，以下是单季度现金流量表金额的计算公式。

```
单季度现金流量表金额 =
VAR isQ1 =
    CONTAINSSTRING ( MIN (
  '现金流量表'[财报名称] ), "Q1" )
```

```
VAR lastQuater =
    CALCULATE ( [现金流量表金额层级], PREVIOUSQUARTER ( '日期表'[Date] ) )
VAR currentQuarter = [现金流量表金额层级]
RETURN
    IF ( isQ1, currentQuarter, currentQuarter - lastQuater )
```

企业名称	货币名称	最新财报名称	财报名称	财报年	财报开始日期	财报截止日期
苹果	美元	2021年FY	2000年FY	2000	1999-09-26	2000年9月30日
苹果	美元	2021年FY	2001年FY	2001	2000-10-01	2001年9月29日
苹果	美元	2021年FY	2002年Q1	2002	2001-09-30	2001年12月29日
苹果	美元	2021年FY	2002年Q6	2002	2001-09-30	2002年3月30日
苹果	美元	2021年FY	2002年Q9	2002	2001-09-30	2002年6月29日
苹果	美元	2021年FY	2002年FY	2002	2001-09-30	2002年9月28日
苹果	美元	2021年FY	2003年Q1	2003	2002-09-29	2002年12月28日
苹果	美元	2021年FY	2003年Q6	2003	2002-09-29	2003年3月29日
苹果	美元	2021年FY	2003年Q9	2003	2002-09-29	2003年6月28日
苹果	美元	2021年FY	2003年FY	2003	2002-09-29	2003年9月27日
苹果	美元	2021年FY	2004年Q1	2004	2003-09-28	2003年12月27日

图 11.8 现金流量表的数据结构

图 11.9 所示为现金流量表的单季度金额结果。

苹果公司现金流量表（单位：亿美元）

-	2021Q3	2021Q2	2021Q1
⊟ 经营活动产生的现金流量净额			
经营活动产生的现金流量净额	$202.00	$210.94	$239.81
折旧与摊销	$29.89	$28.32	$27.97
⊟ 投资活动产生的现金流量净额			
投资活动产生的现金流量净额	$8.35	$35.72	($103.68)
投资购买	($155.06)	($196.28)	($346.24)
⊞ 筹资活动产生的现金流量净额	($203.82)	($293.96)	($113.26)
⊞ 期初现金及现金等价物余额	$0.00	$0.00	$0.00
⊞ 期末现金及现金等价物余额	$6.53	($47.30)	$22.87
⊞ 现金及现金等价物净增加额	$6.53	($47.30)	$22.87

企业名称
- Meta Platforms
- 亚马逊
- 微软
- 苹果
- 谷歌C

年季度
- 2022Q4
- 2022Q3
- 2022Q2
- 2022Q1
- 2021Q4
- 2021Q3
- 2021Q2

图 11.9 现金流量表的单季度金额

本章小结

本章主要介绍了什么是累加金额，并讲解了如何通过对财报季度字段的判断，利用累加差异准确算出单季度金额同比，这也为后面的同比分析奠定了基础。学完本章，相信读者也观察到模型中的许多判断是通过字段特征实现的，这也是Power BI数据分析的显著特色之一。只要多加练习、融会贯通，便可快速提高数据分析能力。注意，资产负债表中的金额不存在这样的问题，因为资产负债表的金额不属于累加值，直接引用便可。

第 12 章　分析财年报表

12.1　财年层级与自然年层级的差别

在上一章中，我们介绍了自然年季度的计算逻辑，有读者可能会问，是否可以直接在“年季度”层级上添加“年份”层级，以便在不同时间维度上进行对比。答案是否定的，原因有两个。

（1）逻辑角度上，并非所有企业的财年都与自然年相吻合。例如，2021 自然年是苹果公司 2021 财年的第 2、3、4 财季和 2022 财年的第 1 财季，跨了两个财年。虽然这并非标准意义上的完整财务周期，但自然年仍然覆盖了 4 个季度，技术上也是可实现分析的，只是此分析方法并不算主流分析方法，通常仅用于行业趋势的对比。

（2）技术角度上，我们已知利润表和现金流量表的金额为累加值，资产负债表金额并非累加值，不适用于简单的汇总，因此季度度量并不可直接汇总。

尽管如此，我们仍可以创建基于财年的年度财报（简称“年报”），但这种年报不适用于某些企业之间的对比。例如，微软的 2021 财年与苹果的 2021 财年并不在同一个时间跨度上，这样的对比缺乏一致性，其结果会让人感到迷惑。但像亚马逊、谷歌与 Meta Platforms 等的财年与自然年一致，方便进行对比。本章将演示如何创建基于财年的财报分析，其中包括准备主数据表与创建财年度量。

12.2　准备主数据表

让我们先回顾一下数据模型关系。在图 12.1 中，事实表与维度表是以“财报名称”相关联的，通过维度表“财年季度表”便可对事实表“资产负债表”进行筛选。

观察“财年季度表”，可见“财报名称”的结尾命名规律是 Q1、Q6、Q9、FY，FY 代表完整财年，如图 12.2 所示，我们需要做的便是从主数据表中筛选出与“FY”行相关的记录。

图 12.1 用“财报名称”关联事实表与维度表

财报年季序列	财报财年	财报季度	财报名称
100	2011	1	2011年Q1
99	2011	2	2011年Q6
98	2011	3	2011年Q9
97	2011	4	2011年FY
96	2012	1	2012年Q1
95	2012	2	2012年Q6
94	2012	3	2012年Q9
93	2012	4	2012年FY

图 12.2 财年季度表的数据结构

进入 Power Query 中，选中“财年季度表”，单击“财报季度”①，仅选择值“4”②，单击“确定”按钮③，完成筛选，如图 12.3 所示。

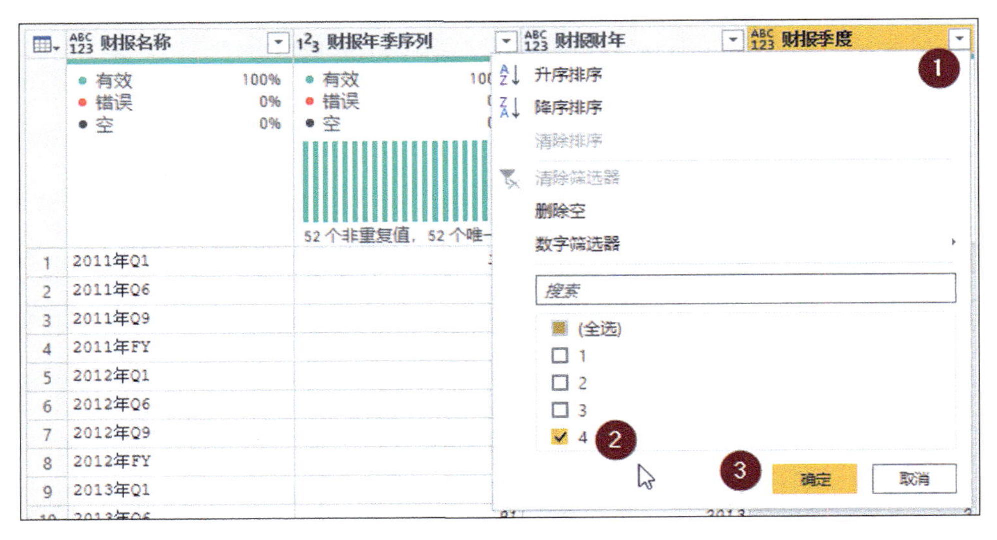

图 12.3　在 Power Query 中筛选与 FY 相关的记录

在 Power BI 的数据视图界面，选中“财报名称”字段，并依据“财报年季序列”字段排序，如图 12.4 所示。记住“财报年季序列”是以降序的方式排列的，每个序列号的差值是 4。

财报年季序列	财报财年	财报季度	财报名称
97	2011	4	2011年FY
93	2012	4	2012年FY
89	2013	4	2013年FY
85	2014	4	2014年FY
81	2015	4	2015年FY
77	2016	4	2016年FY
73	2017	4	2017年FY
69	2018	4	2018年FY
65	2019	4	2019年FY
61	2020	4	2020年FY
57	2021	4	2021年FY
53	2022	4	2022年FY
49	2023	4	2023年FY

图 12.4　对“财报年季序列”进行排序

在利润表中，用“财报名称”字段作“列”栏值，同时创建相应的切片器，如图 12.5 所示。下一步，我们将创建财年度量。

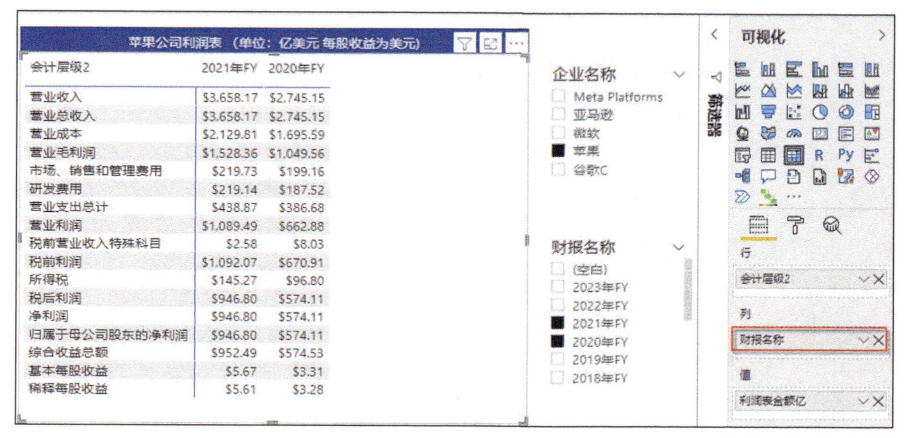

苹果公司利润表（单位：亿美元 每股收益为美元）

会计层级2	2021年FY	2020年FY
营业收入	$3,658.17	$2,745.15
营业总收入	$3,658.17	$2,745.15
营业成本	$2,129.81	$1,695.59
营业毛利润	$1,528.36	$1,049.56
市场、销售和管理费用	$219.73	$199.16
研发费用	$219.14	$187.52
营业支出总计	$438.87	$386.68
营业利润	$1,089.49	$662.88
税前营业收入特殊科目	$2.58	$8.03
税前利润	$1,092.07	$670.91
所得税	$145.27	$96.80
税后利润	$946.80	$574.11
净利润	$946.80	$574.11
归属于母公司股东的净利润	$946.80	$574.11
综合收益总额	$952.49	$574.53
基本每股收益	$5.67	$3.31
稀释每股收益	$5.61	$3.28

图 12.5 用“财报名称”字段构建财年报表

12.3 创建财年度量

因为财年季度并非自然年季度，因此无法直接使用时间智能函数，需要创建定制化的同比计算公式。首先是创建利润表金额的同比值，这里的关键条件是索引值的筛选，同比所对应的索引逻辑为“_LYIndex = _currentIndex + 4”，因此通过下面的公式便可获取去年财年利润表金额的同比值，结果如图 12.6 所示。

苹果公司利润表（单位：亿美元 每股收益为美元）

财报年季 会计层级2	2021年FY 利润表金额亿	去年财年利润表金额	2020年FY 利润表金额亿
营业收入	$3,658.17	$2,745.15	$2,745.15
营业总收入	$3,658.17	$2,745.15	$2,745.15
营业成本	$2,129.81	$1,695.59	$1,695.59
营业毛利润	$1,528.36	$1,049.56	$1,049.56
市场、销售和管理费用	$219.73	$199.16	$199.16
研发费用	$219.14	$187.52	$187.52
营业支出总计	$438.87	$386.68	$386.68
营业利润	$1,089.49	$662.88	$662.88
税前营业收入特殊科目	$2.58	$8.03	$8.03
税前利润	$1,092.07	$670.91	$670.91
所得税	$145.27	$96.80	$96.80
税后利润	$946.80	$574.11	$574.11
净利润	$946.80	$574.11	$574.11
归属于母公司股东的净利润	$946.80	$574.11	$574.11
综合收益总额	$952.49	$574.53	$574.53

企业名称：Meta Platforms、亚马逊、微软、苹果、谷歌C

财报年季：2023年FY、2022年FY、2021年FY、2020年FY、2019年FY、2018年FY、2017年FY

图 12.6 同比计算效果

```
去年财年利润表金额 =
VAR _currentIndex = MIN ('财年季度表'[财报年季序列])
```

```
VAR _LYIndex = _currentIndex + 4
RETURN
    CALCULATE ( [利润表金额亿], REMOVEFILTERS ('财年季度表'),'财年季度表'[财报年季序列] = _LYIndex )
```

根据先前的经验，我们可以通过嵌套或者一体化的 VAR RETURN 方式创建同比计算公式，显示效果如图 12.7 所示。

```
财年利润表同比 = var _currentIndex = MIN('财年季度表'[财报年季序列])
var _LYIndex = _currentIndex + 4
var LYSum =  [利润表金额亿] (REMOVEFILTERS('财年季度表'), '财年季度表'[财报年季序列] = _LYIndex)
var TYSum = [利润表金额亿]
return DIVIDE( TYSum - LYSum, LYSum)
```

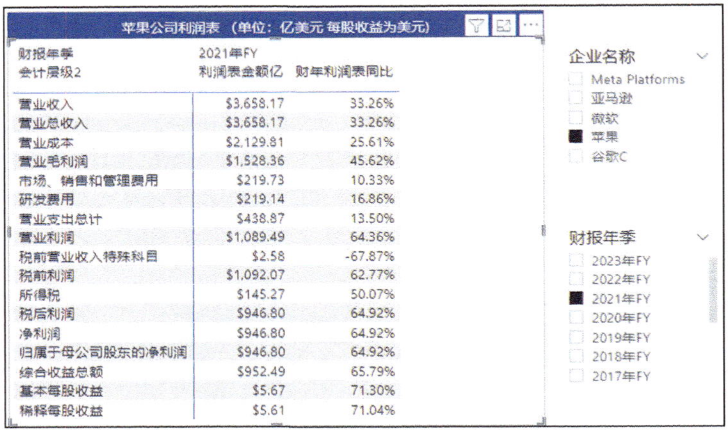

苹果公司利润表（单位：亿美元 每股收益为美元）

财报年季 会计层级2	2021年FY 利润表金额亿	财年利润表同比
营业收入	$3,658.17	33.26%
营业总收入	$3,658.17	33.26%
营业成本	$2,129.81	25.61%
营业毛利润	$1,528.36	45.62%
市场、销售和管理费用	$219.73	10.33%
研发费用	$219.14	16.86%
营业支出总计	$438.87	13.50%
营业利润	$1,089.49	64.36%
税前营业收入特殊科目	$2.58	-67.87%
税前利润	$1,092.07	62.77%
所得税	$145.27	50.07%
税后利润	$946.80	64.92%
净利润	$946.80	64.92%
归属于母公司股东的净利润	$946.80	64.92%
综合收益总额	$952.49	65.79%
基本每股收益	$5.67	71.30%
稀释每股收益	$5.61	71.04%

企业名称
Meta Platforms
亚马逊
微软
苹果
谷歌C

财报年季
2023年FY
2022年FY
2021年FY
2020年FY
2019年FY
2018年FY
2017年FY

图 12.7　财年同比分析

本章小结

本章主要介绍了财年与自然年季度的计算逻辑的不同之处，这也是美国股市的独特之处。由于某些企业并非采用自然年作为财年，而企业之间的趋势对比更适合使用自然年季度字段，因此财年报表分析仅对企业自身分析更有价值。

第 13 章　对比企业之间指标

13.1　会计科目层级上下文

在本章之前所创建的度量都依赖于会计科目层级上下文才有意义。举例而言，在图 13.1 中，将会计科目层级移除后，度量值结果为空白，因此这种度量必须配合会计科目层级才能使用。

苹果公司利润表（单位：亿美元 每股收益为美元）

年季度	2021Q3		2021Q2		2021Q1	
	单季金额	季度同比%	单季金额	季度同比%	单季金额	季度同
营业总收入	$833.60	28.84%	$814.34	36.44%	$895.84	53
营业成本	$481.86	20.44%	$461.79	24.79%	$515.05	43
营业毛利润	$351.74	42.47%	$352.55	55.45%	$380.79	70
营业支出总计	$113.88	14.87%	$111.29	16.06%	$105.76	11
营业利润	$237.86	60.99%	$241.26	84.29%	$275.03	113
税前利润	$232.48	56.02%	$243.69	85.50%	$280.11	113
所得税	$26.97	21.05%	$26.25	39.33%	$43.81	132
税后利润	$205.51	62.16%	$217.44	93.23%	$236.30	110
净利润	$205.51	62.16%	$217.44	93.23%	$236.30	110
综合收益总额	$206.56	61.16%	$220.88	63.71%	$231.65	160
基本每股收益	$1.25	66.67%	$1.31	101.54%	$1.41	116
稀释每股收益	$1.23	66.22%	$1.30	100.00%	[illegible]	[illegible]

年季度	单季金额	季度同比%

企业名称：Meta Platforms、亚马逊、微软、苹果、谷歌C

年季度：2022Q4、2022Q3、2022Q2、2022Q1、2021Q4、2021Q3、2021Q2

可视化　行：在此处添加数据字段　列：年季度　值：单季金额、季度同比%

图 13.1　度量依赖于会计科目层级上下文

在许多分析场景中，我们希望看到的是更为灵活的分析。例如，在图 13.2 中，即使会计科目层级上下文不存在，营收同比仍然能正确显示。

因此，我们会将度量分为两大类：与会计科目层级相关的度量，这部分度量的主要作用在于分析单个企业的财务数据；与会计科目层级无关的度量，这部分度量的主要作用在于比较分析企业之间的差别。图 13.3 将两种度量类型进行了区分。

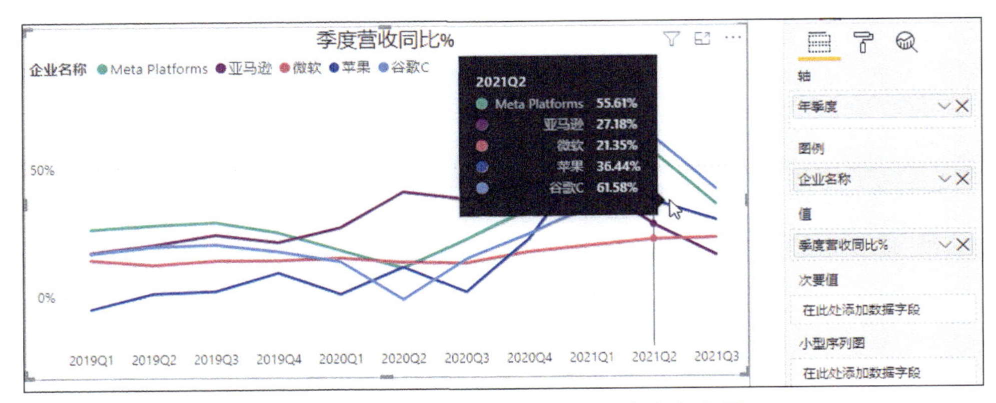

图 13.2 无需会计科目层级上下文存在的度量

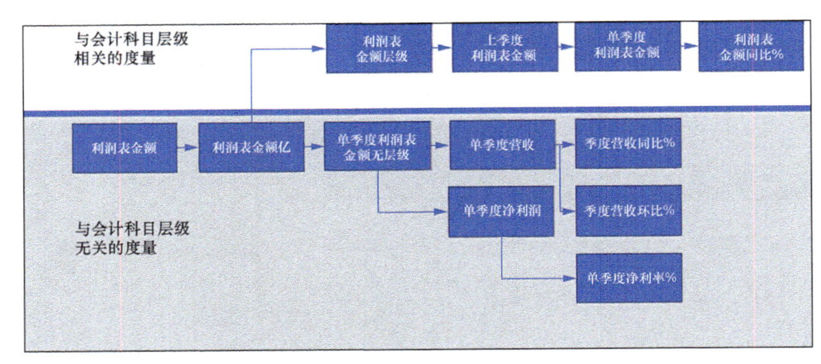

图 13.3 两种度量类型

13.2 创建财务指标度量

13.2.1 成长能力

实际上，无会计科目层级度量的逻辑更为简单，让我们先创建第一个无会计科目层级度量，该度量只是单纯计算本季度的金额值。

```
单季度利润表金额无层级 =
VAR _thisQuarter = [利润表金额亿]
VAR _previousQuarter = CALCULATE ( [利润表金额亿], PREVIOUSQUARTER ( '日期表'[Date] ) )
VAR _isQ1 = [是否财报第1季度]
VAR _isBlank = ISBLANK ( _thisQuarter )
```

```
RETURN
        IF ( _isBlank, BLANK (), IF ( _isQ1, _thisQuarter, _thisQuarter - _
previousQuarter )  )//即使在无会计科目层级上下文的环境 依然可以正确返回单季度利润表金额
```

接下来，我们在上述新度量的基础上继续完成同比计算，此处的核心筛选条件是 :' 会计科目表 '[会计层级 2] = " 营业总收入 "。此条件要求仅返回当前季度的营业总收入值，当添加 SAMEPERIODLASTYEAR 时间智能函数判断后，则返回去年同比值。

```
SAMEPERIODLASTYEAR ( '日期表'[Date] ),'会计科目表'[会计层级2] = "营业总收入"
```

通过以上条件组合，我们便有了季度营收同比公式，公式最后的 IF 判断是仅对有值的季度进行同比计算。

```
季度营收同比 =
VAR _thisQuater =
    CALCULATE ( [单季度利润表金额无层级], '会计科目表'[会计层级2] = "营业总收入" )
VAR _currentQuaterMinus4 =
    CALCULATE (  [单季度利润表金额无层级], SAMEPERIODLASTYEAR ( '日期表'[Date] ),
        '会计科目表'[会计层级2] = "营业总收入"
    )
RETURN IF ( ISBLANK ( _thisQuater ),  BLANK (),
        DIVIDE ( _thisQuater - _currentQuaterMinus4, _currentQuaterMinus4 ) )
//迭代计算得到本季度营业总收入 上年营业总收入
```

将新建的度量放入矩阵表中，即使在没有“行”值的情况下，度量依然能正确使用，如图 13.4 所示。

让我们继续创建其余度量，图 13.5 中的会计科目表下的“会计层级 2”字段定义了相关的判断条件，如果所求的比率为净利润同比，则需要修改判断条件如下。

```
'会计科目表'[会计层级2] = "净利润"
季度净利润同比 =
VAR _thisQuater = CALCULATE ([利润表金额亿], '会计科目表'[会计层级2] = "净利润" )
VAR _currentQuaterMinus4 = CALCULATE ( [利润表金额亿], SAMEPERIODLASTYEAR (
'日期表'[Date] ), '会计科目表'[会计层级2] = "净利润")
RETURN IF ( ISBLANK ( _thisQuater ),  BLANK (), DIVIDE ( _thisQuater - _
currentQuaterMinus4, _currentQuaterMinus4 ))
```

将上述公式中 SAMEPERIODLASTYEAR 函数替换为 PREVIOUSQUARTER 后，便成了环比计算，可为分析提供更多不同角度。

```
季度净利润环比 =
```

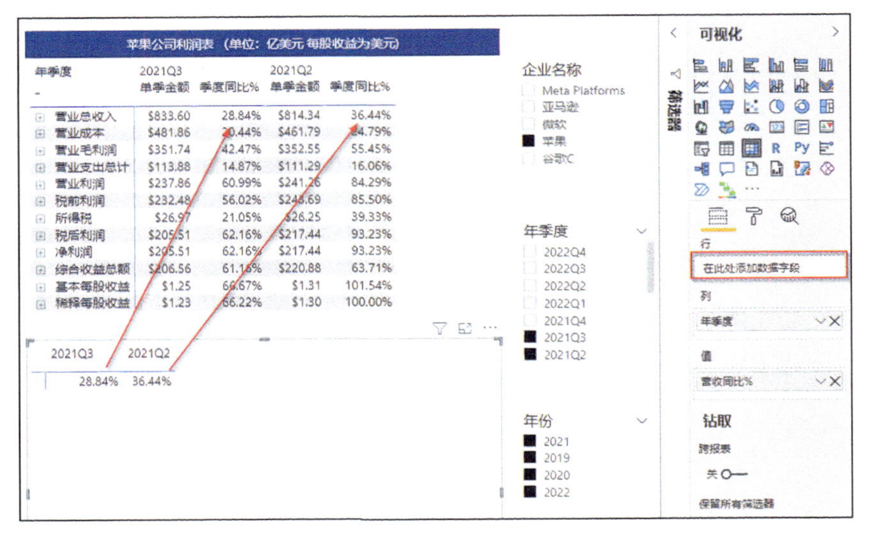

图 13.4 无会计科目层级度量效果

财报会计科目技术名称	会计层级0	会计层级1	会计层级2
data.list.revenue.0	利润表	营业总收入	营业收入
data.list.othr_revenues.0	利润表	营业总收入	其他收入
data.list.total_revenue.0	利润表	营业总收入	营业总收入
data.list.sales_cost.0	利润表	营业成本	营业成本
data.list.gross_profit.0	利润表	营业毛利润	营业毛利润
data.list.marketing_selling_etc.0	利润表	营业支出总计	市场、销售和管理费用
data.list.rad_expenses.0	利润表	营业支出总计	研发费用
data.list.interest_income.0	利润表	营业支出总计	利息收入
data.list.net_interest_expense.0	利润表	营业支出总计	利息支出
data.list.total_operate_expenses.0	利润表	营业支出总计	营业支出总计
data.list.operating_income.0	利润表	营业利润	营业利润
data.list.share_of_earnings_of_affiliate.0	利润表	子公司股权权益收入	子公司股权权益收入
data.list.income_from_co_before_tax_si.0	利润表	税前营业收入特殊科目	税前营业收入特殊科目
data.list.income_from_co_before_it.0	利润表	税前利润	税前利润
data.list.income_tax.0	利润表	所得税	所得税
data.list.income_from_co.0	利润表	税后利润	税后利润
data.list.net_income.0	利润表	净利润	净利润
data.list.net_income_atcss.0	利润表	归属于母公司股东的净利润	归属于母公司股东的净利润

图 13.5 参考“会计层级 2”的科目定义

```
VAR _thisQuater = CALCULATE ( [单季度利润表金额无层级], '会计科目表'[会计层级2] = "净利润" )
VAR _currentQuaterMinus4 = CALCULATE ( [单季度利润表金额无层级], PREVIOUSQUARTER( '日期表'[Date] ), '会计科目表'[会计层级2] = "净利润")

RETURN IF ( ISBLANK (_thisQuater), BLANK (), DIVIDE (thisQuater - _currentQuaterMinus4, _currentQuaterMinus4 ))
```

同理，读者可以尝试自己创建季度营收环比计算的度量。

13.2.2 盈利能力

季度毛利率与季度净利率的公式比较直观，只需要对比同期的科目。

```
季度毛利率 = VAR _revenue =
    CALCULATE ( [单季度利润表金额无层级], '会计科目表'[会计层级2] = "营业总收入" )
VAR _grossProfit =
    CALCULATE ( [单季度利润表金额无层级], '会计科目表'[会计层级2] = "营业毛利润" )
RETURN DIVIDE(_grossProfit,_revenue)
```

```
季度净利率 = VAR _revenue =
    CALCULATE ( [单季度利润表金额无层级], '会计科目表'[会计层级2] = "营业总收入" )
VAR _netProfit =
    CALCULATE ( [单季度利润表金额无层级], '会计科目表'[会计层级2] = "净利润" )
RETURN DIVIDE(_netProfit,_revenue)
```

```
季度总资产收益率 (ROA) = VAR _revenue = CALCULATE ( [单季度利润表金额无层级], '
会计科目表'[会计层级2] = "净利润" )
VAR _asset =     CALCULATE ( [资产负债金额亿], '会计科目表'[会计层级3] = "资
产合计" )
RETURN   DIVIDE(_revenue,_asset)
```

```
季度净资产收益率 (ROE) = VAR _revenue = CALCULATE ( [单季度利润表金额无层级], '
会计科目表'[会计层级2] = "净利润" )
VAR _equity = CALCULATE ( [资产负债金额亿], '会计科目表'[会计层级3] = "股东权
益合计" )
RETURN   DIVIDE(_revenue,_equity)
```

13.2.3 营运能力

创建营运能力的度量时需要记得年周转天数使用的是 365 天或 360 天的参考值，在季度计算时，我们可以使用 90 天作为季度平均天数以进行简化，而度量中的分子和分母分别来自不同的事实表，通过合理的模型设计，我们可以很轻松地完成分析计算。

```
季度应收账款周转天数 (DSO) =
VAR _ar =
```

```
    CALCULATE ( [资产负债金额亿], '会计科目表'[会计层级3] = "应收账款" )
VAR _revenue =
    CALCULATE ( [单季度利润表金额无层级], '会计科目表'[会计层级2] = "营业总收入" )
RETURN
DIVIDE ( _ar, _revenue ) * 90  //   应收账款%营业总收入 *90

存货周转天数 (DIO) =
VAR _inventory =
    CALCULATE ( [资产负债金额亿], '会计科目表'[会计层级3] = "存货" )
VAR _revenueCost =
    CALCULATE ( [单季度利润表金额无层级], '会计科目表'[会计层级2] = "营业成本" )
RETURN
    DIVIDE ( _inventory, _revenueCost ) * 90
//   存货 % 营业成本 * 90

应付账款周转天数(DPO) =
VAR _ap =
    CALCULATE ( [资产负债金额亿], '会计科目表'[会计层级3] = "应付账款" )
VAR _grossMargin =
    CALCULATE ( [单季度利润表金额无层级], '会计科目表'[会计层级2] = "营业成本" )
RETURN
    DIVIDE ( _ap, _grossMargin ) * 90
//   应付账款 % 营业成本 *90

现金周期循环天数(DSO+DIO-DPO) =
[季度应收账款周转天数 (DSO)]+[存货周转天数 (DIO)]-[应付账款周转天数(DPO)]
```

13.2.4 偿还能力

偿还能力的大部分计算逻辑都是基于资产负债表的，创建度量的方式与之前公式相似，因此我们只列出指标的公式供读者参考。

```
速动比率 = VAR _cash =
    CALCULATE ( [资产负债金额亿], '会计科目表'[会计层级3] = "总现金" )
var _ar =
    CALCULATE ( [资产负债金额亿], '会计科目表'[会计层级3] = "应收账款" )
VAR _currentDebt =
```

```
    CALCULATE ( [资产负债金额亿], '会计科目表'[会计层级3] = "流动负债合计" )
RETURN  DIVIDE ( _cash + _ar, _currentDebt ) //(总现金 + 应收账款)/流动负债合计

流动比率 = var _currentAsset =
    CALCULATE ( [资产负债金额亿], '会计科目表'[会计层级3] = "流动资产合计" )
VAR _currentDebt =
    CALCULATE ( [资产负债金额亿], '会计科目表'[会计层级3] = "流动负债合计" )
RETURN
DIVIDE ( _currentAsset, _currentDebt ) //流动资产合计 % 流动负债合计

资产负债率 = var _asset =
    CALCULATE ( [资产负债金额亿], '会计科目表'[会计层级3] = "资产合计" )
VAR _debt =
    CALCULATE ( [资产负债金额亿], '会计科目表'[会计层级3] = "负债合计" )
RETURN
DIVIDE ( _debt, _asset ) //负债合计 % 资产合计

利息保障倍数 = VAR _interestIncome =
    CALCULATE ( [单季度利润表金额无层级], '会计科目表'[会计层级2] = "利息收入" )
VAR _interestPayment =
    CALCULATE ( [单季度利润表金额无层级], '会计科目表'[会计层级2] = "利息支出" )
VAR _netProfit =
    CALCULATE ( [单季度利润表金额无层级], '会计科目表'[会计层级2] = "净利润" )
RETURN DIVIDE(_netProfit, _interestPayment -_interestIncome)  // 净利润/
(利息支出-利息收入)
```

偿还能力需要同时放入多个度量进行对比，如图 13.6 所示。

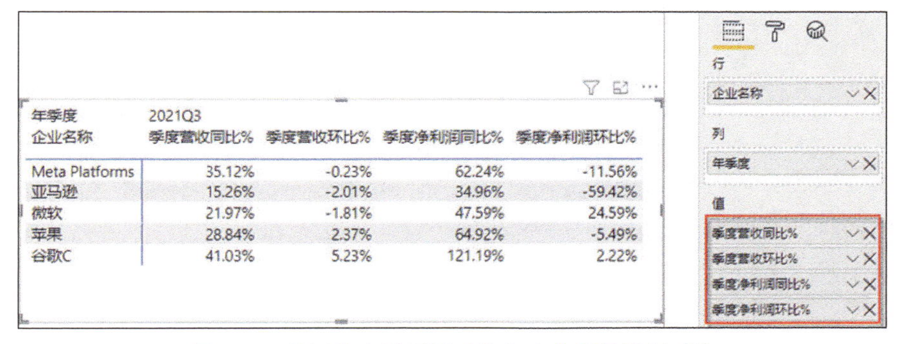

图 13.6 偿还能力需要同时放入多个度量进行对比

13.3　创建子文件夹细化度量管理

本章演示中创建了大量的度量，因此我们有必要细化管理度量。在关系视图中，用户可以选择通过“\”创建带层级的子文件夹，帮助读者更好地管理度量，如图 13.7 所示。

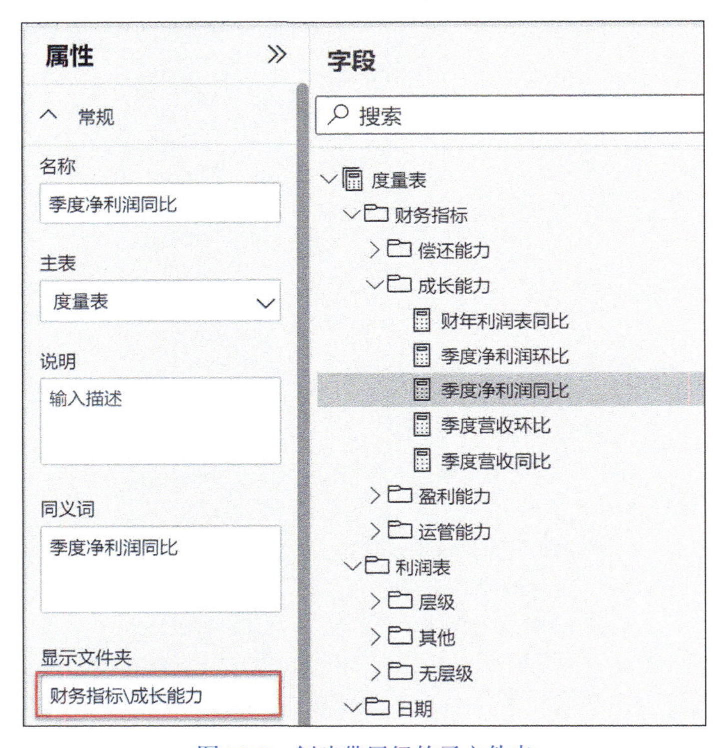

图 13.7　创建带层级的子文件夹

本章小结

本章主要围绕会计科目层级上下文进行了介绍，同时提供了主要的财务指标度量公式，帮助读者从业务的角度更好地掌握 DAX 分析。

第 14 章　用现代 Excel 分析财报

14.1　现代 Excel 的定义

现代 Excel 是相对传统 Excel 而言的，现代 Excel 是指一切基于列存储与计算的 Excel 知识体系，Power Query 和 Power Pivot 便属于现代 Excel 的范畴①，图 14.1 为 Power BI 与现代 Excel 的数据分析功能对比。

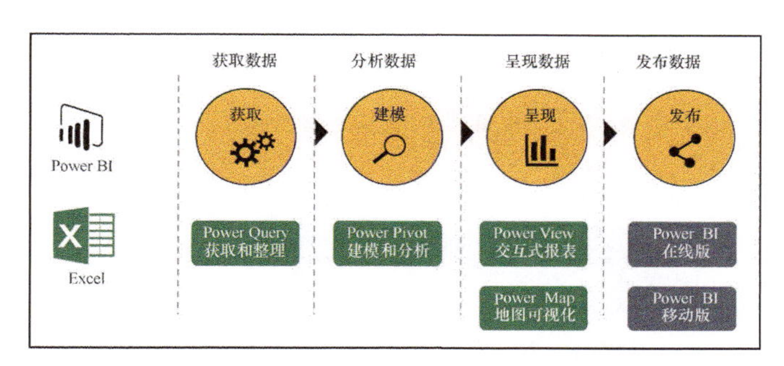

图 14.1　Power BI 与现代 Excel 的数据分析功能对比

读者可能会问，既然可在 Power BI 中实现分析，为什么还要在 Excel 中做同样的事情？作为前端工具，Excel 的优势在于创建表格的便利性以及符合用户的操作习惯，Power Pivot 中的数据完全可以和传统 Excel 的功能结合使用，以满足用户更多的特定需求，可以说现代 Excel 与 Power BI 在数据分析上为互补作用，因此最好的办法是根据不同的实际分析需求，在 Power BI 和现代 Excel 中进行选择。

14.2　批量获取数据

打开一张新 Excel 工作簿，单击菜单的“数据”①—“获取数据”—“来自文件（F）”②—

① Excel 2013 及以后版本均支持 Power Query、Power Pivot 功能，但 2013 版本需要安装 Power Query、Power Pivot 插件，Excel 2016 及以后版本中 Power Query、Power Pivot 已经与 Excel 高度集成，无需额外安装插件。微软将这部分功能定义为现代 Excel，以区别于传统 Excel。

“从文件夹（F）”③，如图 14.2 所示。

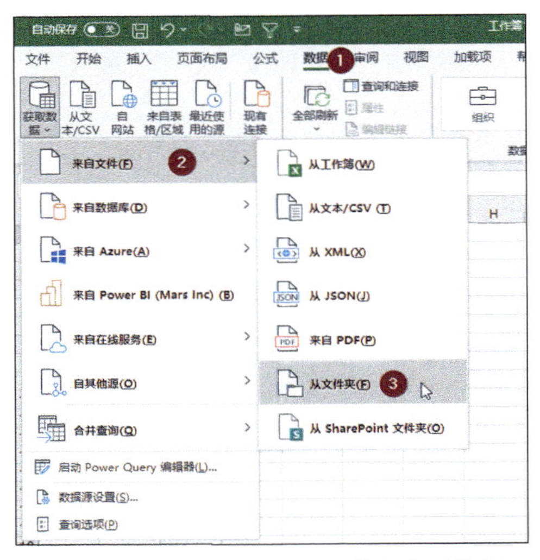

图 14.2　在 Excel 中获取文件夹类型数据

与 Power BI 相似，在弹出的对话框中单击“合并并转换数据”选项，如图 14.3 所示。

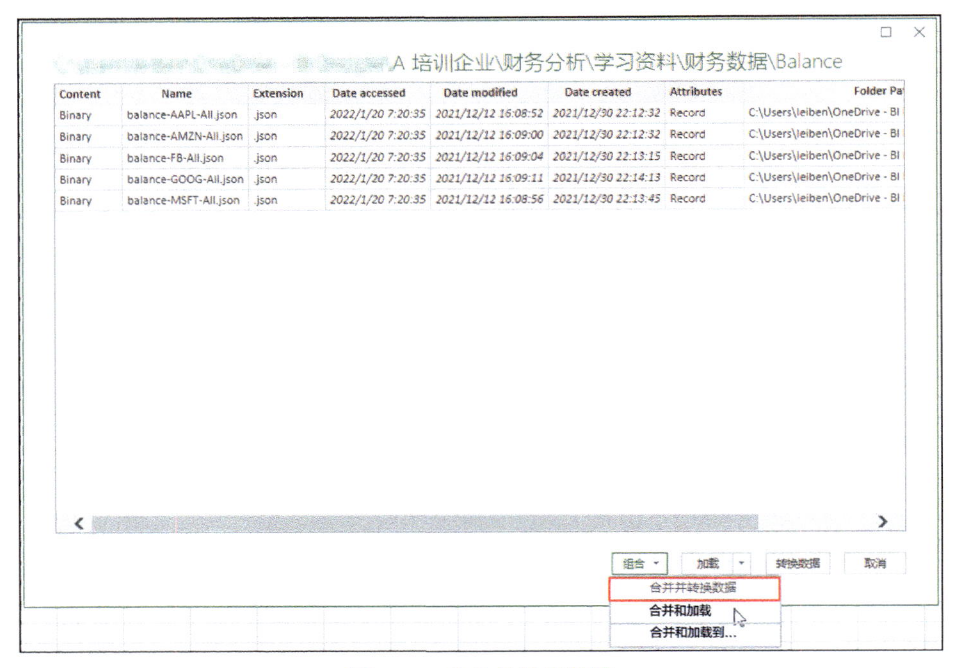

Content	Name	Extension	Date accessed	Date modified	Date created	Attributes	Folder Pa
Binary	balance-AAPL-All.json	.json	2022/1/20 7:20:35	2021/12/12 16:08:52	2021/12/30 22:12:32	Record	C:\Users\leiben\OneDrive - BI
Binary	balance-AMZN-All.json	.json	2022/1/20 7:20:35	2021/12/12 16:09:00	2021/12/30 22:12:32	Record	C:\Users\leiben\OneDrive - BI
Binary	balance-FB-All.json	.json	2022/1/20 7:20:35	2021/12/12 16:09:04	2021/12/30 22:13:15	Record	C:\Users\leiben\OneDrive - BI
Binary	balance-GOOG-All.json	.json	2022/1/20 7:20:35	2021/12/12 16:09:11	2021/12/30 22:14:13	Record	C:\Users\leiben\OneDrive - BI
Binary	balance-MSFT-All.json	.json	2022/1/20 7:20:35	2021/12/12 16:08:56	2021/12/30 22:13:45	Record	C:\Users\leiben\OneDrive - BI

图 14.3　合并并转换数据

进入 Power Query 界面后，由于版本原因，此处的转换结果会与原来 Power BI 的结果有所不同，如图 14.4 所示。

```
= Table.ExpandTableColumn(删除的其他列1, "转换文件", Table.ColumnNames(转换文件(示例文件)))
```

	Source.Name	Name	Value
1	balance-AAPL-All.json	data	Record
2	balance-AAPL-All.json	error_code	0
3	balance-AAPL-All.json	error_description	
4	balance-AMZN-All.json	data	Record
5	balance-AMZN-All.json	error_code	0
6	balance-AMZN-All.json	error_description	
7	balance-FB-All.json	data	Record
8	balance-FB-All.json	error_code	0
9	balance-FB-All.json	error_description	
10	balance-GOOG-All.json	data	Record
11	balance-GOOG-All.json	error_code	0
12	balance-GOOG-All.json	error_description	
13	balance-MSFT-All.json	data	Record
14	balance-MSFT-All.json	error_code	0
15	balance-MSFT-All.json	error_description	

图 14.4 转换结果

14.3 整理数据

在 Excel 中，我们需要额外的处理步骤来完成数据整理，选中“Name”字段，筛选保留字段为“data”的行内容，如图 14.5 所示。

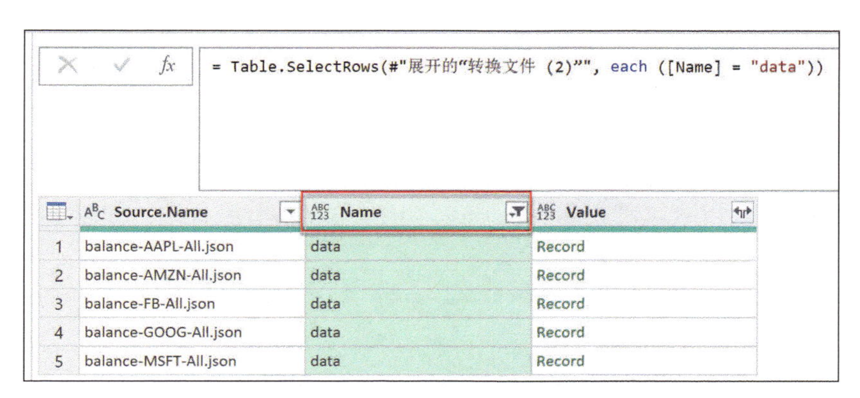

```
= Table.SelectRows(#"展开的“转换文件 (2)”", each ([Name] = "data"))
```

	Source.Name	Name	Value
1	balance-AAPL-All.json	data	Record
2	balance-AMZN-All.json	data	Record
3	balance-FB-All.json	data	Record
4	balance-GOOG-All.json	data	Record
5	balance-MSFT-All.json	data	Record

图 14.5 仅保留 Name 为 data 的记录

单击“Value”字段旁的展开图标①，注意不要勾选②处，单击“确定”按钮③完成展开，如图 14.6 所示。

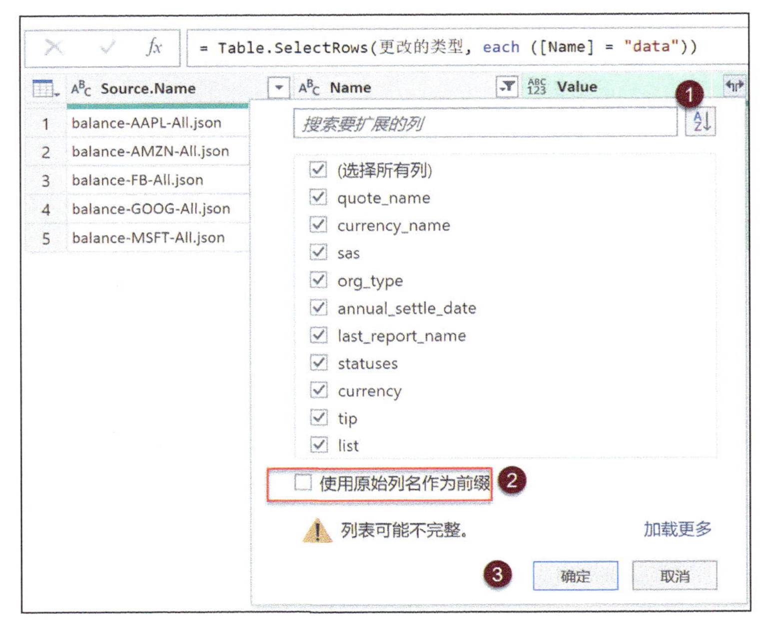

图 14.6　将 Value 列展开

原先的“Value”列被展开为许多列，而最后一列是“list”（列表），选择“扩展到新行”继续将其展开，如图 14.7 所示。

currency	tip	list
USD	苹果财年为每年的10月1日至第二年的9	扩展到新行
USD	亚马逊财年为每年的1月1日至12月31日.	提取值...
USD	Meta Platforms财年为每年的1月1日至12...	List
USD	谷歌C财年为每年的1月1日至12月31日，...	List
USD	微软财年为每年的7月1日至第二年的6月...	List

图 14.7　将新的 list 值展开

展开后的结果是“list”列中的“Record”（记录）被拆分到行中，如图 14.8 所示。

tip	list
苹果财年为每年的10月1日至第二年的9...	Record
苹果财年为每年的10月1日至第二年的9...	Record
苹果财年为每年的10月1日至第二年的9...	Record
苹果财年为每年的10月1日至第二年的9...	Record
苹果财年为每年的10月1日至第二年的9...	Record
苹果财年为每年的10月1日至第二年的9...	Record
苹果财年为每年的10月1日至第二年的9...	Record
苹果财年为每年的10月1日至第二年的9...	Record

图 14.8　将 list 值展开到新行的结果

继续对“list”列进行展开，对“Record”也进行展开①，勾选所有的项目，单击“确定”按钮②，如图 14.9 所示。

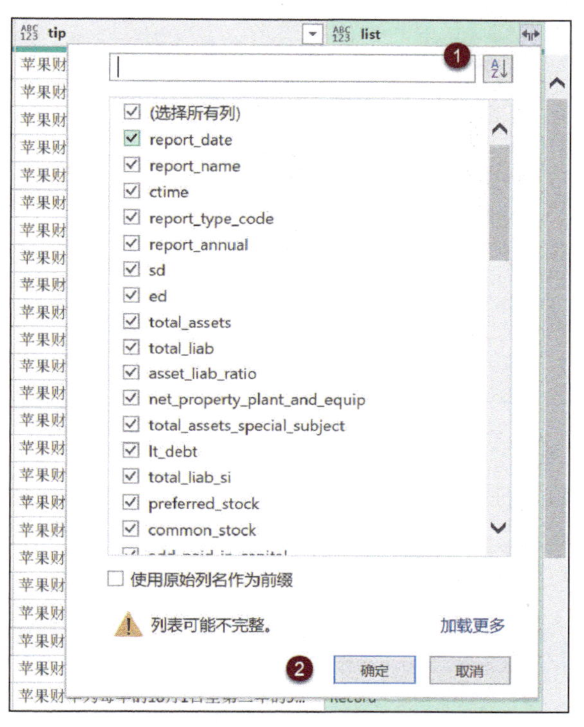

图 14.9 对“Record”进行展开

此时，“Record”变成了若干列的“list”，如图 14.10 所示。

		report_annual	sd	ed	total_assets	total_liab
1	)1	2021	null	2021-09-25	List	List
2	)7	2021	null	2021-06-26	List	List
3	)2	2021	null	2021-03-27	List	List
4	)3	2021	null	2020-12-26	List	List
5	)1	2020	null	2020-09-26	List	List
6	)7	2020	null	2020-06-27	List	List
7	)2	2020	null	2020-03-28	List	List
8	)3	2020	null	2019-12-28	List	List
9	)1	2019	null	2019-09-28	List	List

图 14.10 展开后出现多个 list 类型的列

按住 Ctrl 键，一次选择所有非 list 类型的列，然后单击鼠标右键，选择“逆透视其他列”，如图 14.11 所示。

= Table.ExpandRecordColumn(#"展开的"list"1", "list", {"report_date", "report_name", "ctime",

		ed	total_assets	total_liab	asset_liab_ratio
1	null	2021-09-25		List	List
2	null	2021-06-26		List	List
3	null	2021-03-27		List	List
4	null	2020-12-26		List	List
5	null	2020-09-26		List	List
6	null	2020-06-27		List	List
7	null	2020-03-28		List	List
8	null	2019-12-28		List	List
9	null	2019-09-28		List	List
10	null	2019-06-29		List	List
11	null	2019-03-30		List	List
12	null	2018-12-29		List	List
13	null	2018-09-29	List	List	List

复制
删除列
删除其他列
从示例中添加列...
删除错误
填充
更改类型
合并列
创建数据类型
逆透视列
逆透视其他列
仅逆透视选定列
移动

图 14.11　选中非 list 类型列后进行逆透视

逆透视完成的结果是将所有的 list 列整合为单列“值”，选中其中的一行①，可以观察到该列中包含了两行记录值，其中第一行是我们需要的财报金额，第二行为比率。接下来步骤是提取第一行内容，单击“自定义列”选项②，如图 14.12 所示。

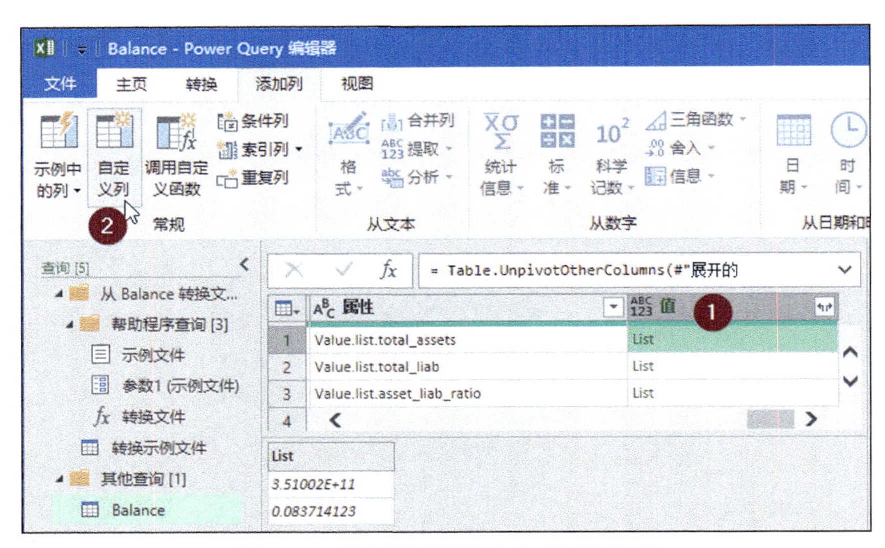

图 14.12　逆透视后的值中包含两行数值

在弹出的“自定义列”对话框中输入“List.First”这个公式①，注意区分大小写，然后选中“值”②按“插入”按钮③，再按“确定”按钮④，如图 14.13 所示。

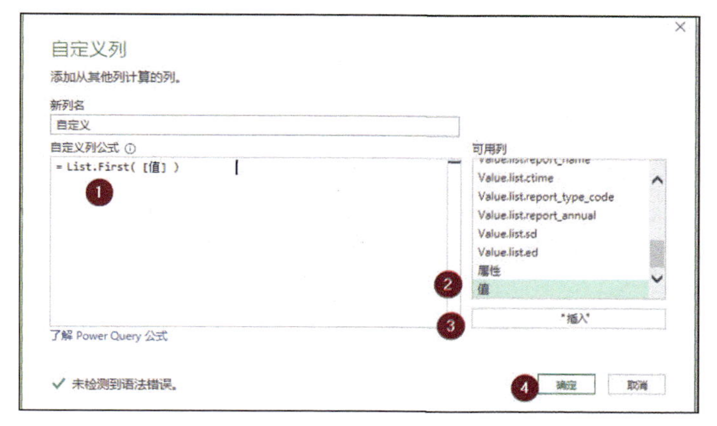

图 14.13　通过 Power Query 中 List.First 公式提取第一行的值

成功提取后，便可删除原先的列，如图 14.14 所示。

属性	值	自定义
Value.list.total_assets	List	.51002E+11
Value.list.total_liab	List	.87912E+11
Value.list.asset_liab_ratio	List	.820257434
Value.list.net_property_plant_and_equip	List	9440000000
Value.list.total_assets_special_subject	List	null
Value.list.lt_debt	List	.09106E+11
Value.list.total_liab_si	List	null
Value.list.preferred_stock	List	null
Value.list.common_stock	List	7365000000
Value.list.add_paid_in_capital	List	null
Value.list.retained_earning	List	5562000000
Value.list.treasury_stock	List	null

图 14.14　提取后删除原有的列

参照 8.1.5 小节，对列进行改名，结果如图 14.15 所示。

```
= Table.TransformColumnTypes(重命名的列5,{{"金额", Currency.Type}})
```

	财报名称	财报年	财报截止日期	财报会计科目	金额
1	1年FY	2021	2021/9/25	total_assets	351,002,000,000.00
2	1年FY	2021	2021/9/25	total_liab	287,912,000,000.00
3	1年FY	2021	2021/9/25	asset_liab_ratio	0.82
4	1年FY	2021	2021/9/25	net_property_plant_and_equip	39,440,000,000.00
5	1年FY	2021	2021/9/25	total_assets_special_subject	null
6	1年FY	2021	2021/9/25	lt_debt	109,106,000,000.00
7	1年FY	2021	2021/9/25	total_liab_si	null
8	1年FY	2021	2021/9/25	preferred_stock	null
9	1年FY	2021	2021/9/25	common_stock	57,365,000,000.00
10	1年FY	2021	2021/9/25	add_paid_in_capital	null
11	1年FY	2021	2021/9/25	retained_earning	5,562,000,000.00
12					

图 14.15　改名后的资产负债表效果

同理，完成利润表和现金流量表的操作，从而完成对事实表的整理，如图 14.16 所示。

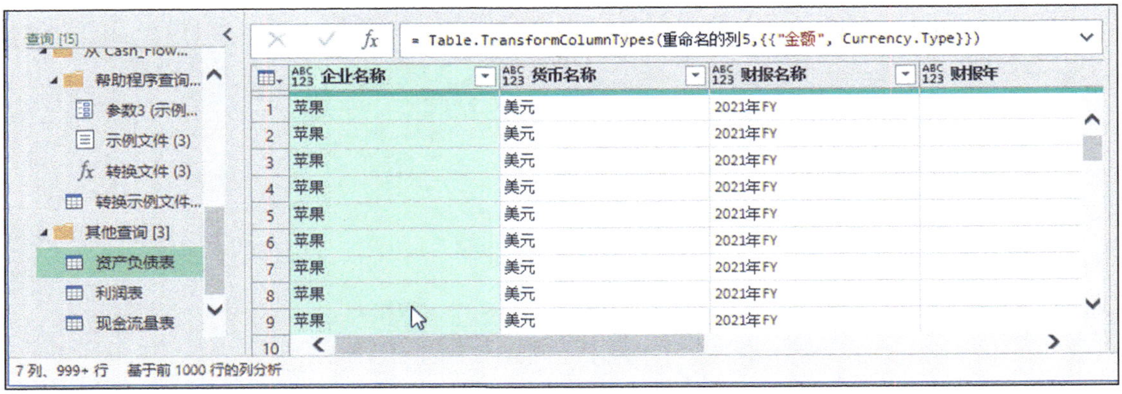

图 14.16 事实表整理完成效果

接下来，读取 Excel 类型工作表，这里要勾选“选择多项”①，然后勾选相应的表②，单击“确定”按钮③，如图 14.17 所示。

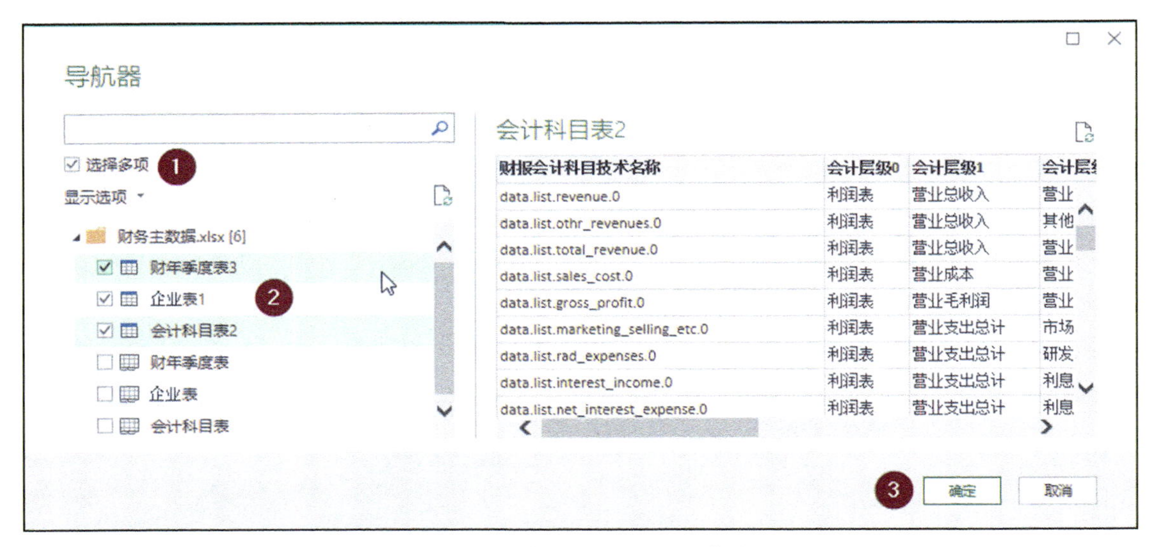

图 14.17 读取 Excel 类型工作表

读取完后调整表的名称，这样我们便一次性完成了数据的获取，此时单击“关闭并上载”—“关闭并上载至…”，如图 14.18 所示。

在弹出的导入数据框中勾选“仅创建连接”①，勾选“将此数据添加到数据模型（M）”②，单击“确定”按钮③，如图 14.19 所示。

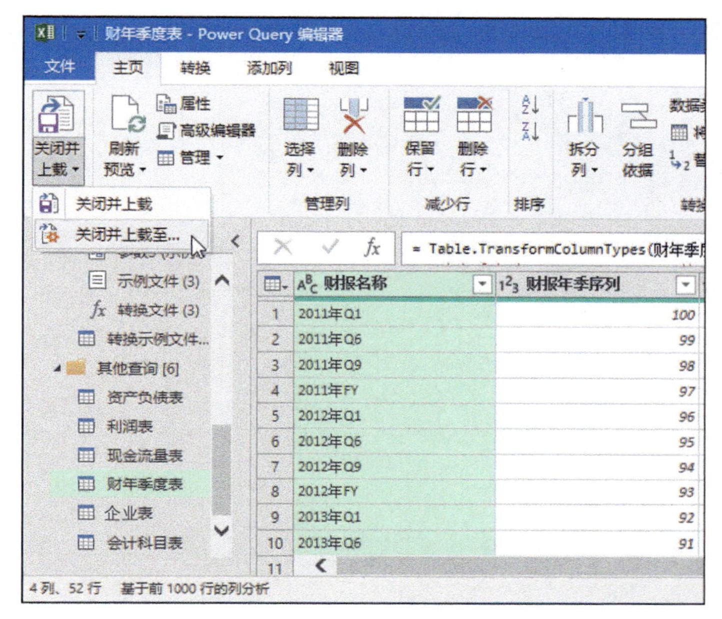

图 14.18 关闭 Power Query 界面并返回到 Excel

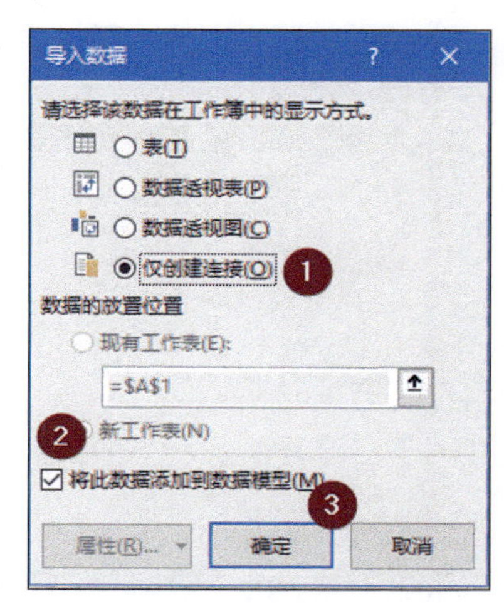

图 14.19 设置导入数据框

14.4 数据建模

回到 Excel 界面后，在菜单下单击“数据工具”的 Power Pivot 图标，如图 14.20 所示。

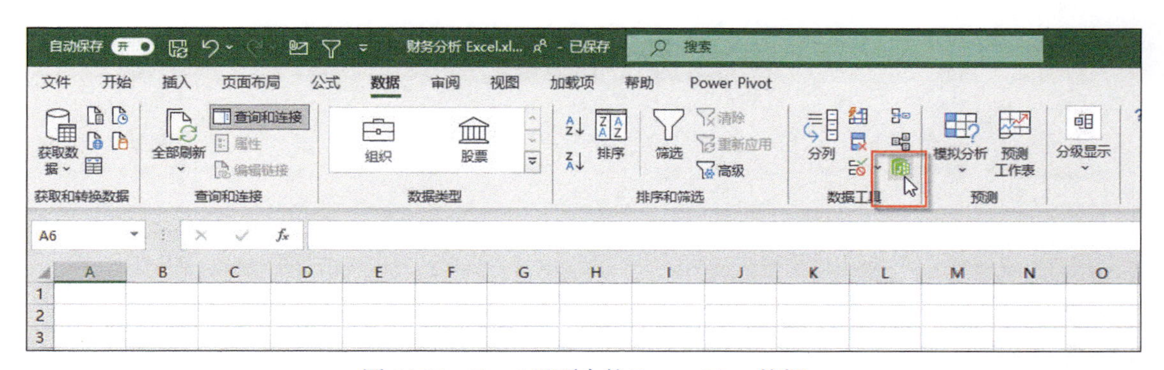

图 14.20 Excel 界面中的 Power Pivot 按钮

图 14.21 为默认 Power Pivot 界面，单击菜单“设计”—“日期表”—“新建（N）”选项，Power Pivot 会创建一张英文日期表，如图 14.22 所示。

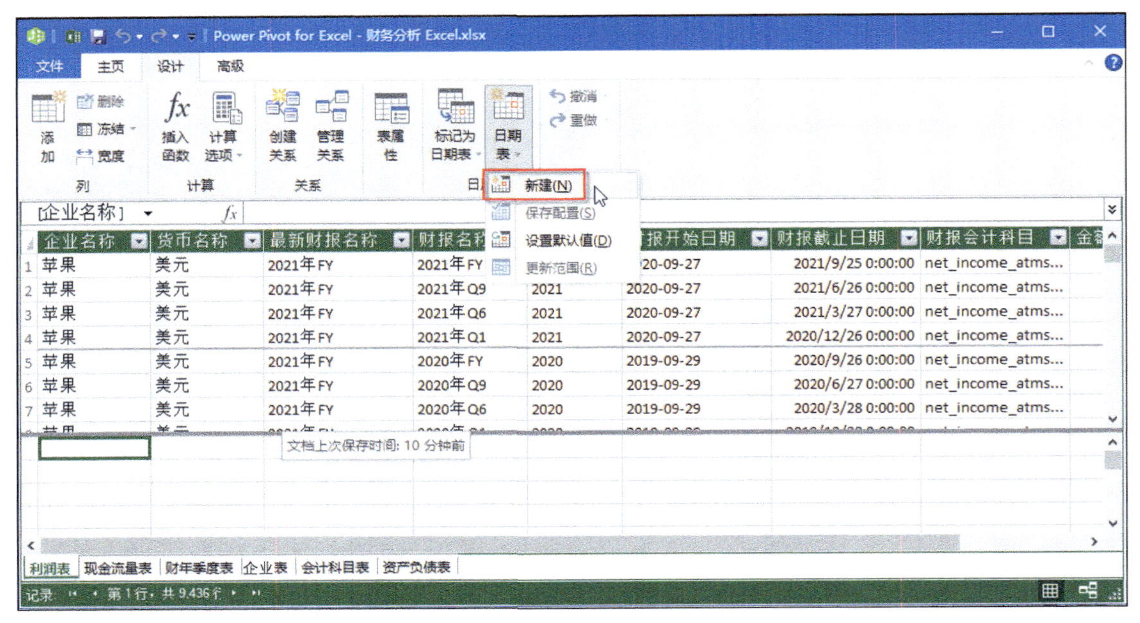

图 14.21　新建日期表

[Date]

	Date	Year	Month Number	Month	MMM-YYYY	Day Of Week Number	Day Of Week
1	1999/1...	1999	1	January	Jan-1999	6	Friday
2	1999/1...	1999	1	January	Jan-1999	7	Saturday
3	1999/1...	1999	1	January	Jan-1999	1	Sunday
4	1999/1...	1999	1	January	Jan-1999	2	Monday
5	1999/1...	1999	1	January	Jan-1999	3	Tuesday
6	1999/1...	1999	1	January	Jan-1999	4	Wednesday
7	1999/1...	1999	1	January	Jan-1999	5	Thursday

利润表　现金流量表　财年季度表　企业表　会计科目表　资产负债表　Calendar

图 14.22　Power Pivot 创建的英文日期表

我们先对英文表头进行汉化操作，然后在公式栏中直接输入公式并改名为“年月索引”[①]，

① Excel 中 Power Pivot 的 DAX 函数缺失 QUARTER 函数。

这便创建了第一个计算列，如图 14.23 所示。

[年月索引] ▾ fx =int(YEAR([Date]) * 10000 + MONTH([Date]) * 100) * -1

	Date	年	月数字	月份	月-年	日编号	星期	年月索引	添加列
1	1999/1...	1999	1	January	Jan-1999	6	Friday	-19990100	
2	1999/1...	1999	1	January	Jan-1999	7	Saturday	-19990100	
3	1999/1...	1999	1	January	Jan-1999	1	Sunday	-19990100	
4	1999/1...	1999	1	January	Jan-1999	2	Monday	-19990100	

图 14.23 汉化表头后创建计算列

单击关系图视图便可看到数据模型，此处参照 8.2.3 小节在 Power BI 中将表进行关联的操作，结果如图 14.24 所示。

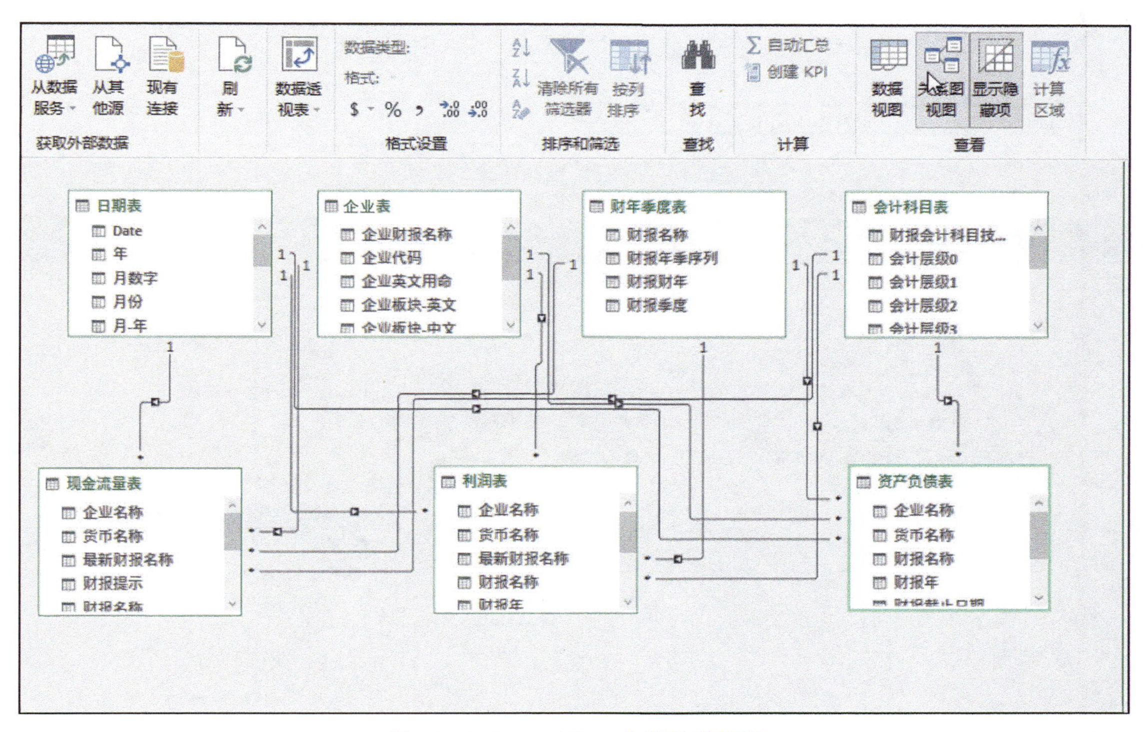

图 14.24 Power Pivot 中的关系视图

接下来创建第一个度量，选择利润表，在数据视图下的空白处输入公式。注意在 Power Pivot 中公式格式带有“:=”，这与 Power BI 不同，如图 14.25 所示。

注意，如果在 Power Pivot 中创建度量文件夹，需要特意用一张空白工作表。先选择一张额外工作表的空白单元格，然后单击菜单“数据”—“来自表格 / 区域”按钮，在弹出对话框中单击“确定”按钮，如图 14.26 所示。

文件　主页　设计　高级

粘贴　从数据库　从数据服务　从其他源　现有连接　刷新　数据透视表　数据类型:　格式: 货币　$　%　清除所有筛选器　按列排序

剪贴板　获取外部数据　格式设置　排序和筛选

[企业名称]　利润表金额:=sum('利润表'[金额])

	企业名称	货币名称	最新财报名称	财报...
1	苹果	美元	2021年FY	2021年FY
2	苹果	美元	2021年FY	2021年Q9
3	苹果	美元	2021年FY	2021年Q6

利润表金额: $98,271,589,170,223.00

图 14.25　在数据视图下输入公式

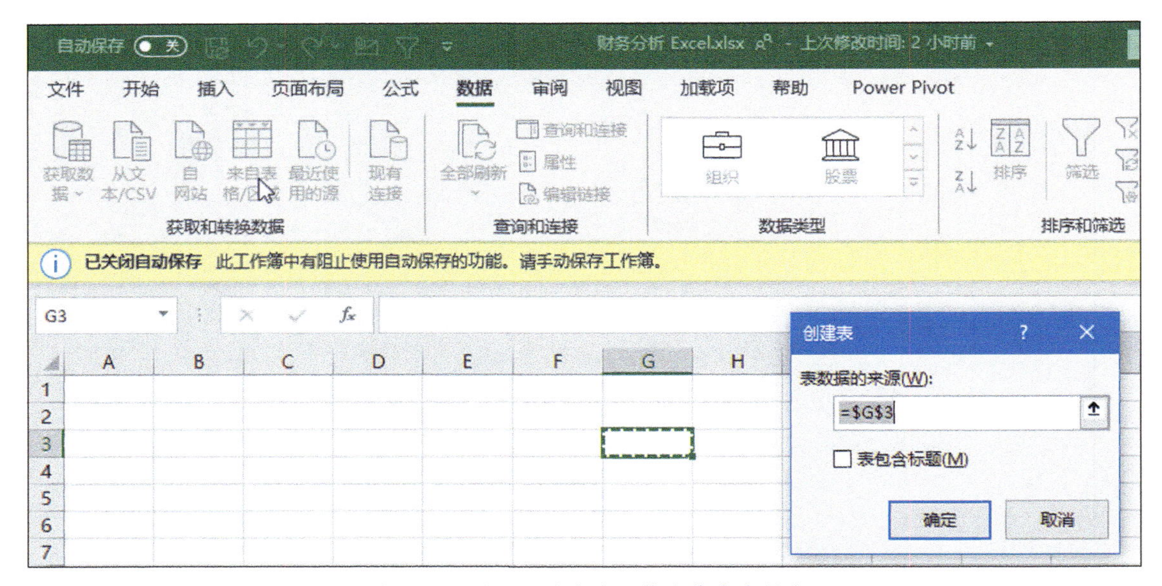

图 14.26　导入一张空白工作表作为度量表

数据将被导入 Power Query 表中，同样需要被上传至 Power Pivot 中，此步骤与图 14.18 和图 14.19 所示步骤类似，不作赘述，结果如图 14.27 所示。

进入 Power Pivot 界面后，可观察到新增加的 sheet 表，双击名称改名为“度量表”，并可在度量区添加度量，如图 14.28 所示。

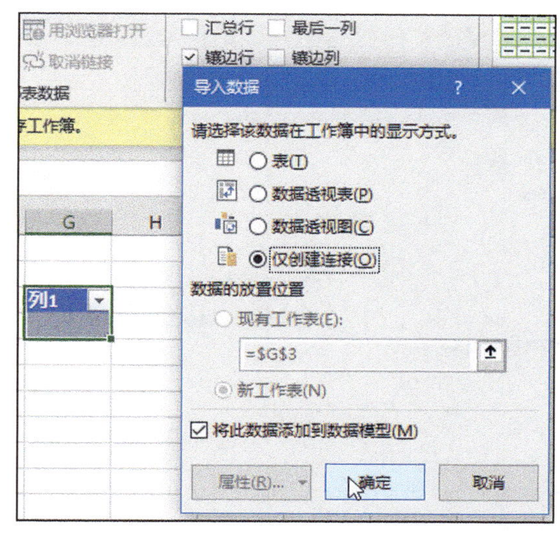

图 14.27 导入数据到数据模型中

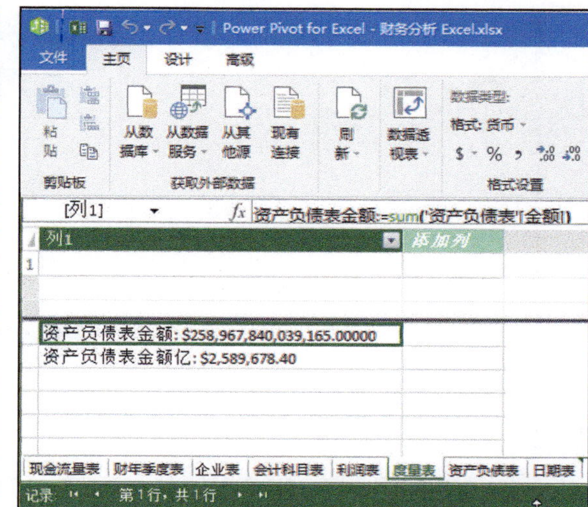

图 14.28 在新增度量表中添加度量

除了以上方法，用户也可以在 Excel 菜单界面单击“Power Pivot”—“度量值”—“管理度量值…”，如图 14.29 所示。

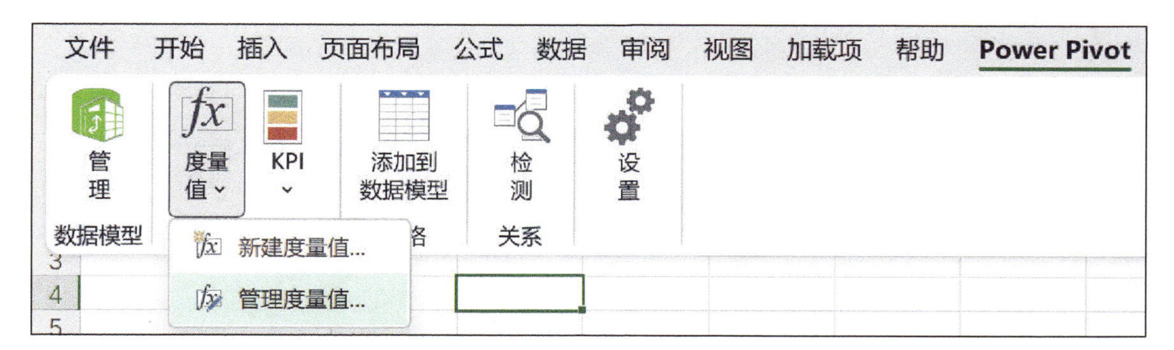

图 14.29 在 Excel 界面中管理度量值

然后在弹出“管理度量值”对话框中单击“新建”按钮①，在“度量值”中输入公式，设置格式，单击“确定”按钮②，如图 14.30 所示。

单击旁边“关键绩效指标（KPI）”选项，可为度量值设置 KPI 提示，可选择图标样式，如图 14.31 所示。此 KPI 功能在 Power BI 中也存在，但要借助外部工具（Tabular Editor）实现。

值得再次提醒的是，一部分 DAX 函数无法直接在 Power Pivot 中使用，比如 REMOVEFILTERS，错误提示如图 14.32 示。

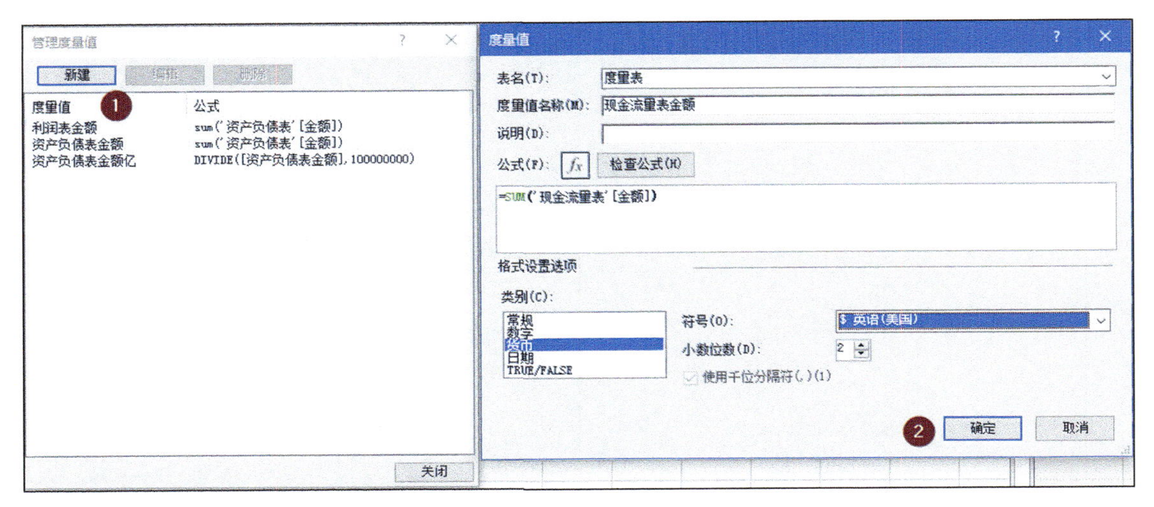

图 14.30 在管理度量值中建立新度量值

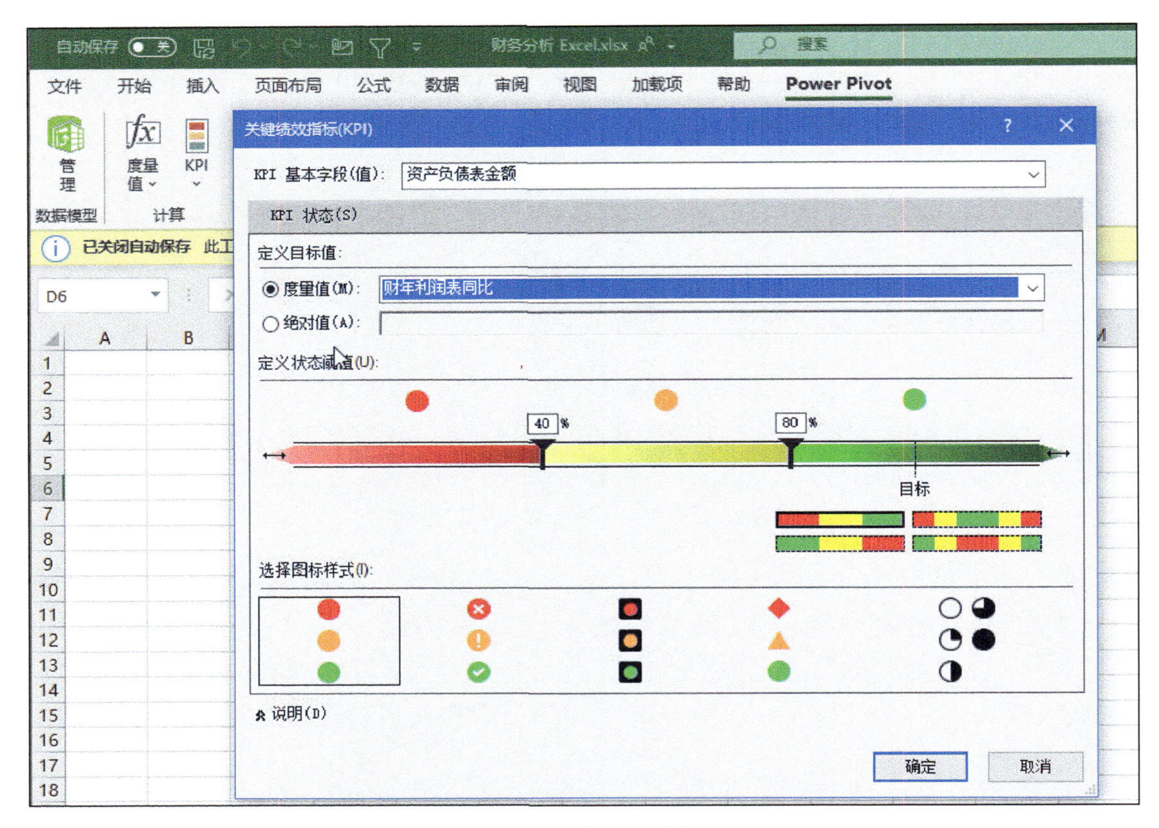

图 14.31 在 Excel 中为度量值创建 KPI

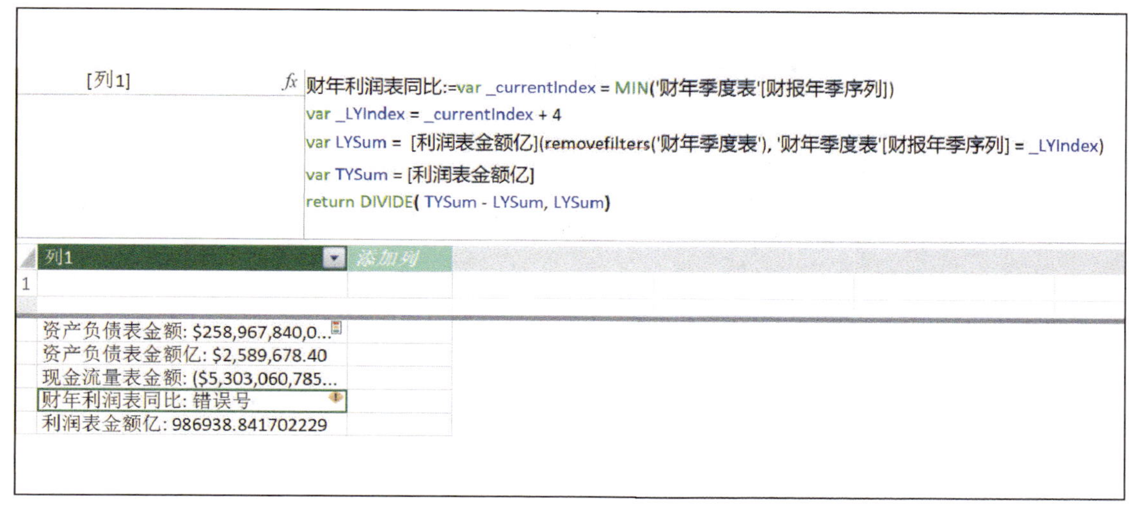

图 14.32 Excel 中 Power Pivot 不支持部分 DAX 函数

笔者使用的是 Office 365 版本，即便这已经是新版本，也同样存在兼容问题。将函数 REMOVEFILTERS 替换为 All 后，便修复了此问题，如图 14.33 所示。

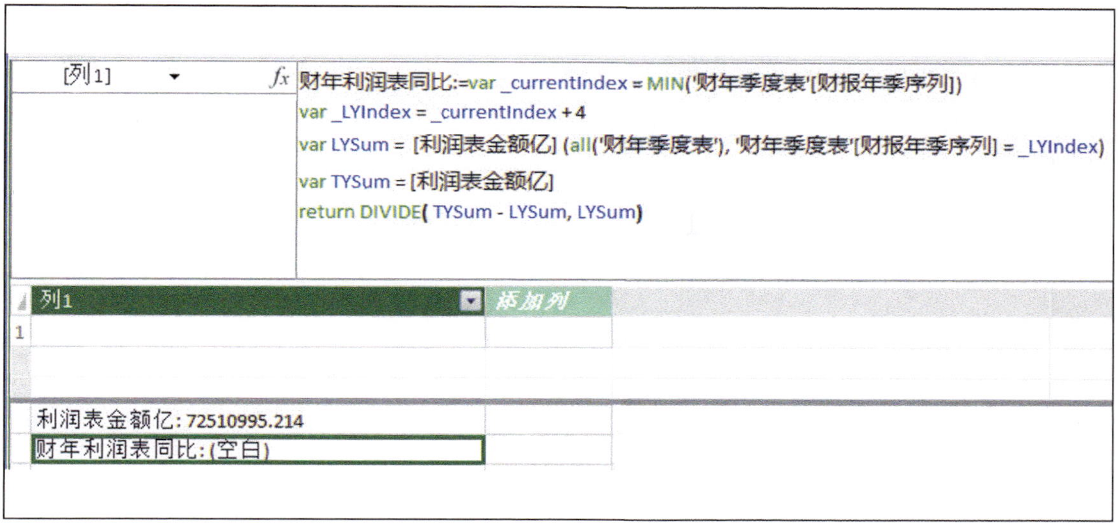

图 14.33 将函数 REMOVEFILTERS 替换为 All

在关系视图下，用户可单击图标，创建会计科目层次结构，如图 14.34 所示。以上是数据建模演示，旨在介绍 Power Pivot 的主要操作方式，与前面章节重复的内容不再一一演示。

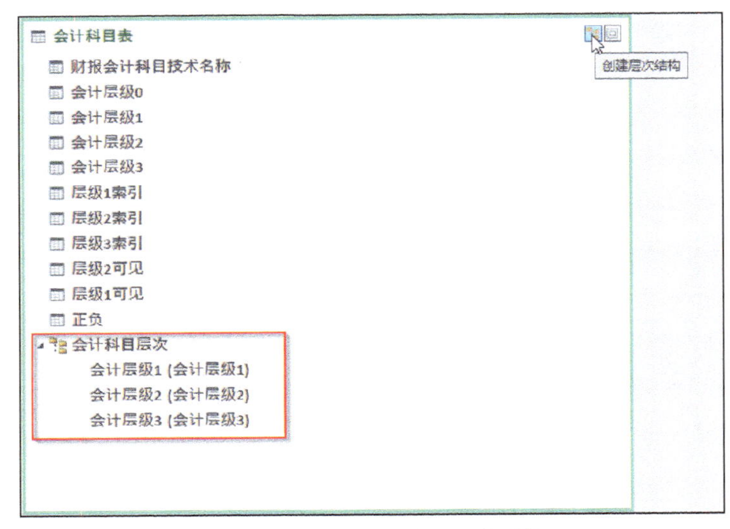

图 14.34 创建会计科目层次结构

14.5 数据呈现

Power Pivot 最常见的数据呈现方式便是透视表、透视图。当完成建模后，在 Power Pivot 界面上选择“主页”—“数据透视表”—“数据透视表（T）”，这样便可在 Excel 中插入透视表，如图 14.35 所示。

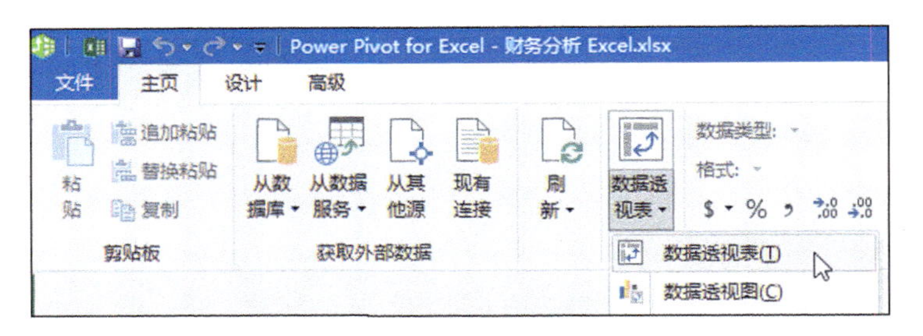

图 14.35 插入数据透视表

Excel 透视表的具体使用方法与传统 Excel 中用法相同，故此处省略细节。但有必要在此提示读者可能遇到的数据问题。例如在图 14.36 中，“会计层级 3”字段无法正常显示资产负债表金额，让我们来看看这个问题是怎么产生的。

回到模型中，读者会发现事实表与会计科目表两边的关联字段值似乎并不匹配，如图 14.37 所示。

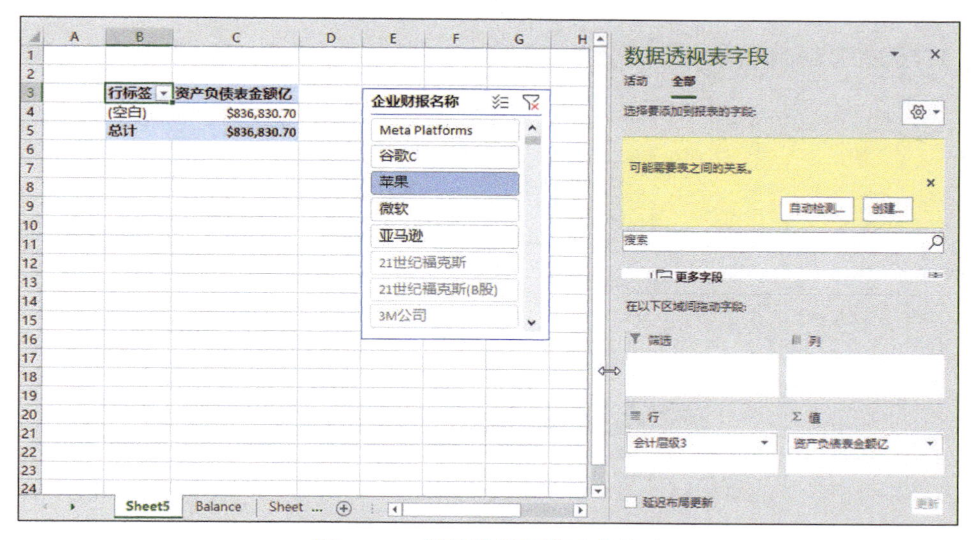

图 14.36　科目维度无法正确显示

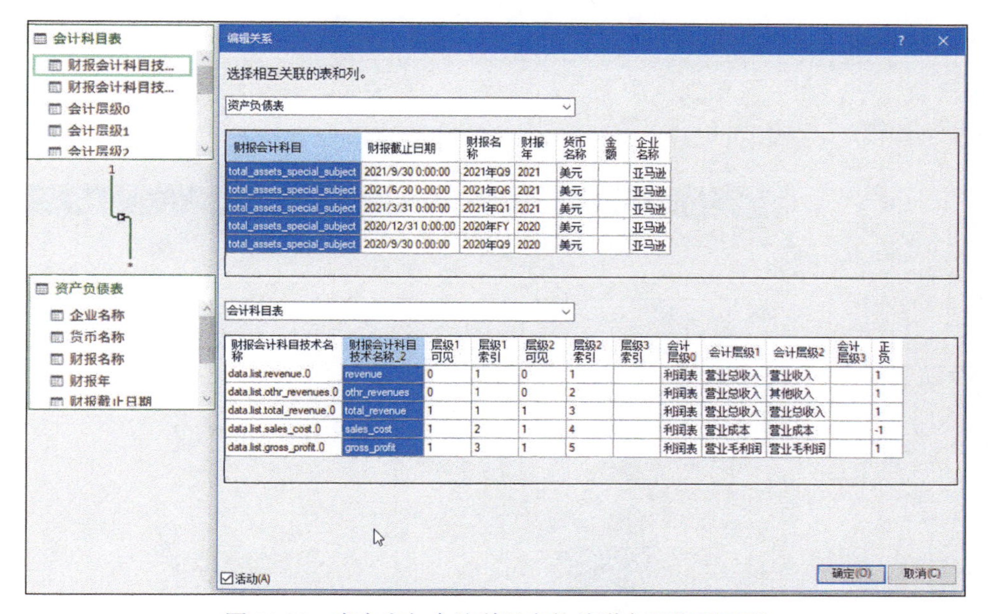

图 14.37　事实表与会计科目表的关联字段值不匹配

造成这种差异的原因是 Excel 中 Power Query 数据步骤与在 Power BI 中存在差别，简单的补救方法是在主数据表中添加相应的一列新字段。例如，在图 14.38 中，我们添加了新字段“财报会计科目技术名称 _2”，该字段值是原有字段“财报会计科目技术名称”值的一部分。

	A	B	C	D
1	财报会计科目技术名称	财报会计科目技术名称_2	会计层级0	会计层级1
2	data.list.revenue.0	revenue	利润表	营业总收入
3	data.list.othr_revenues.0	othr_revenues	润表	营业总收入
4	data.list.total_revenue.0	total_revenue	利润表	营业总收入
5	data.list.sales_cost.0	sales_cost	利润表	营业成本
6	data.list.gross_profit.0	gross_profit	利润表	营业毛利润
7	data.list.marketing_selling_etc.0	marketing_selling_etc	利润表	营业支出总计
8	data.list.rad_expenses.0	rad_expenses	利润表	营业支出总计
9	data.list.interest_income.0	interest_income	利润表	营业支出总计
10	data.list.net_interest_expense.0	net_interest_expense	利润表	营业支出总计

图 14.38　在主数据表中添加新字段

然后关闭主数据表，在 Excel 中单击“数据”—“全部刷新”按钮，如图 14.39 所示。

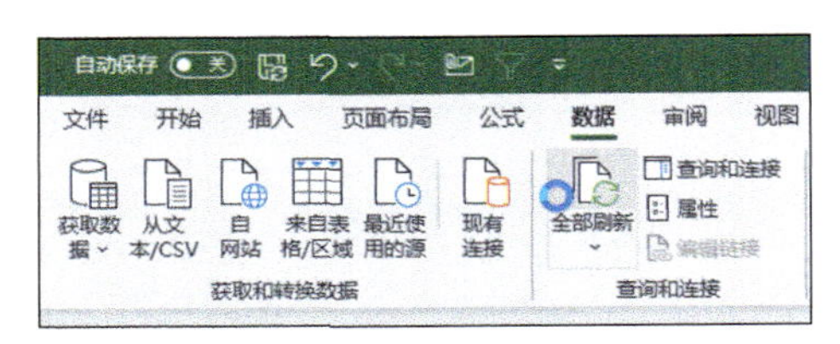

图 14.39　在 Excel 中刷新数据

待刷新完毕，在关系图视图中调整数据表之间的关系，并对利润表和现金流量表也做出了同样的调整，如图 14.40 所示。

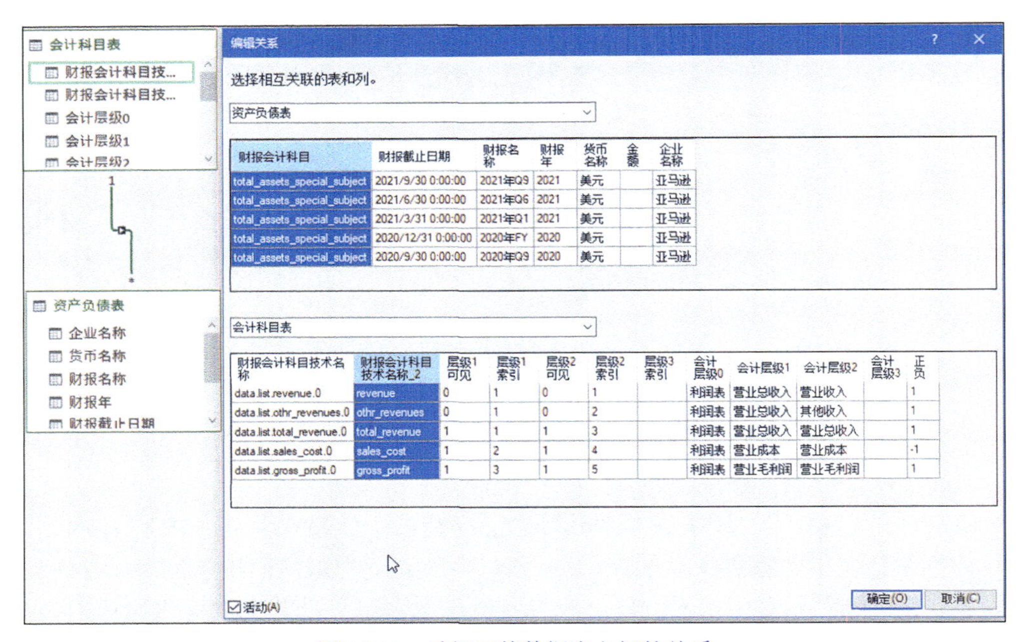

图 14.40　重新调整数据表之间的关系

当然，也需要对会计层级 3 进行排序操作，方法与在 Power BI 中类似，如图 14.41 所示。

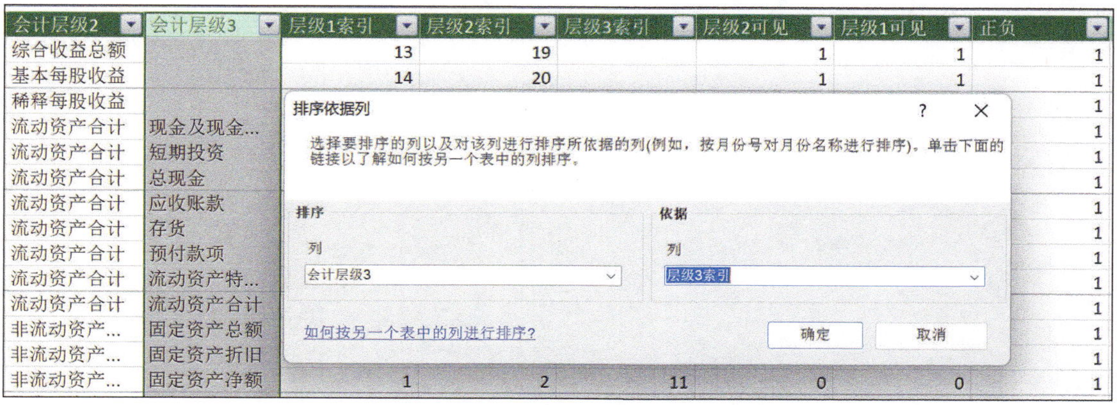

会计层级2	会计层级3	层级1索引	层级2索引	层级3索引	层级2可见	层级1可见	正负
综合收益总额		13	19		1	1	1
基本每股收益		14	20		1	1	1
稀释每股收益							1
流动资产合计	现金及现金...						1
流动资产合计	短期投资						1
流动资产合计	总现金						1
流动资产合计	应收账款						1
流动资产合计	存货						1
流动资产合计	预付款项						1
流动资产合计	流动资产特...						1
流动资产合计	流动资产合计						1
非流动资产...	固定资产总额						1
非流动资产...	固定资产折旧						1
非流动资产...	固定资产净额	1	2	11	0	0	1

排序依据列

选择要排序的列以及对该列进行排序所依据的列(例如，按月份号对月份名称进行排序)。单击下面的链接以了解如何按另一个表中的列排序。

排序 列 会计层级3

依据 列 层级3索引

如何按另一个表中的列进行排序?

确定 取消

图 14.41 对会计层级 3 进行层级 3 索引排序

完成后回到 Excel 界面，此时便可以看到原来所需要的会计科目信息，如图 14.42 所示。

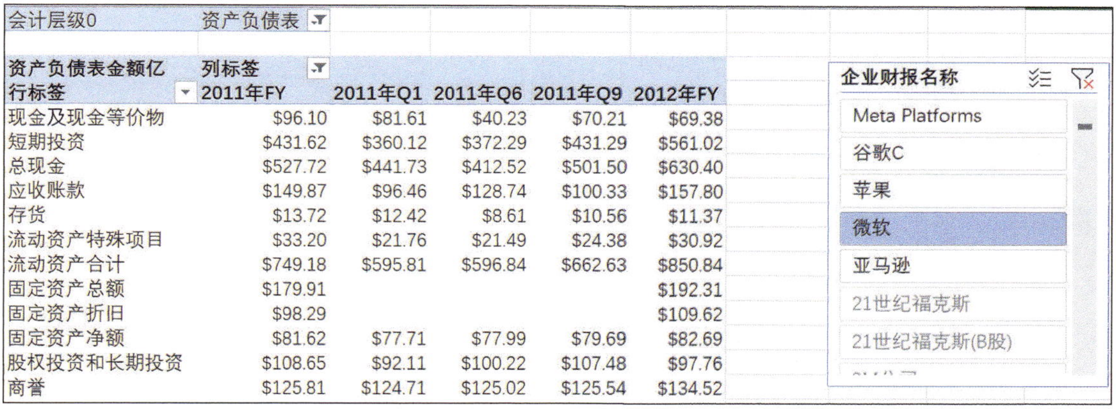

会计层级0 资产负债表

资产负债表金额亿 行标签	列标签 2011年FY	2011年Q1	2011年Q6	2011年Q9	2012年FY
现金及现金等价物	$96.10	$81.61	$40.23	$70.21	$69.38
短期投资	$431.62	$360.12	$372.29	$431.29	$561.02
总现金	$527.72	$441.73	$412.52	$501.50	$630.40
应收账款	$149.87	$96.46	$128.74	$100.33	$157.80
存货	$13.72	$12.42	$8.61	$10.56	$11.37
流动资产特殊项目	$33.20	$21.76	$21.49	$24.38	$30.92
流动资产合计	$749.18	$595.81	$596.84	$662.63	$850.84
固定资产总额	$179.91				$192.31
固定资产折旧	$98.29				$109.62
固定资产净额	$81.62	$77.71	$77.99	$79.69	$82.69
股权投资和长期投资	$108.65	$92.11	$100.22	$107.48	$97.76
商誉	$125.81	$124.71	$125.02	$125.54	$134.52

企业财报名称

Meta Platforms

谷歌C

苹果

微软

亚马逊

21世纪福克斯

21世纪福克斯(B股)

图 14.42 正确显示的资产负债表

我们还需要对行总计和列总计进行隐藏操作，方法是单击右键并选择“数据透视表选项”，然后在对话框中“汇总和筛选”栏中勾去“显示行总计（S）”和“显示列总计（G）”，单击“确定”按钮，如图 14.43 所示。

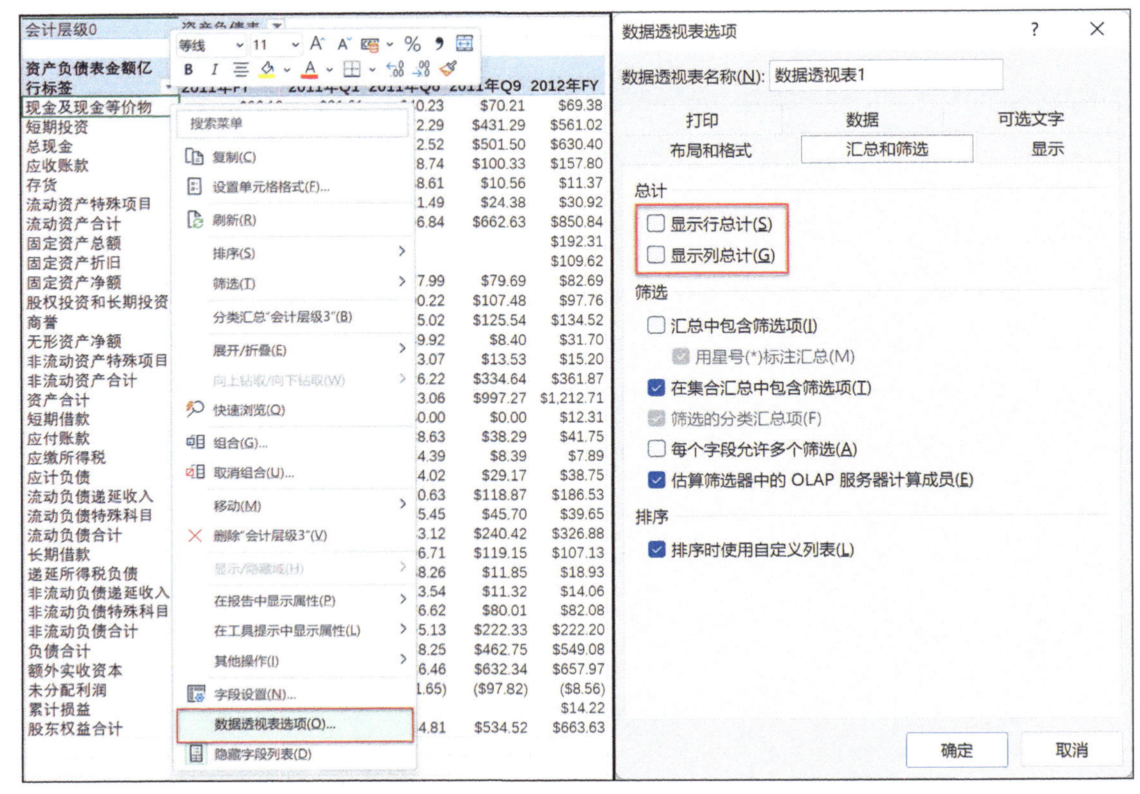

图 14.43　隐藏行总计和列总计

本章小结

本章主要演示在 Excel 中使用 Power Query 与 Power Pivot，对于与 Power BI 相似的内容，本章不再逐一重复。本章的主要目的是让读者体验现代 Excel 与 Power BI 的不同与相同之处。例如，在函数的完整度、工具的易用度方面，Power BI 似乎更胜一筹。总体而言，Power BI 的功能更加全面与高效，而现代 Excel 则更倾向于符合成熟用户的习惯。建议对强调数据透视表的体验又同时需要简单的数据模型，读者可以使用 Excel 中 Power Pivot 建模，而处理复杂的数据模型则可使用 Power BI。

第 15 章　创建可视化报表

完成数据建模后，本章将演示如何用 Power BI 制作第一份可视化报表。

15.1　设计和布局

许多读者觉得可视化很难，因为 Power BI 有太多可视化图，容易让人有“选择困难症”。另外，读者可能想通过报表表达许多内容，但又不确定从哪里开始。在正式开始创建可视化报表之前，我们首先要做的并不是直接打开工具，而是先写下关于设计的思考。在图 15.1 中，笔者列举了一些典型的设计问题和答案，读者不必 100% 遵循问答来做，但建议建立一套思考体系，因为这将有利于接下来的内容创作。

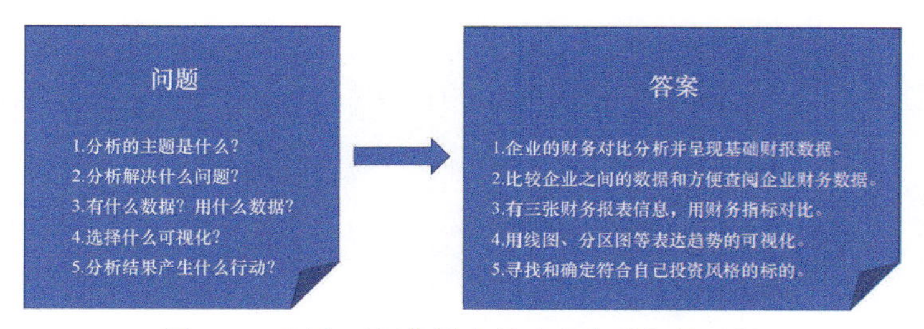

图 15.1　创建可视化报表前应考虑的问答示例

另外，一张表中往往存在多个可视化对象，合理的可视化布局是指有条理地设计可视化的位置布局与顺序，大多数人的阅读习惯是由左至右、由上至下的，整体呈“Z”字形前进。理解层次则是由上至下、由总体概括到个体详细延展，如图 15.2 所示。

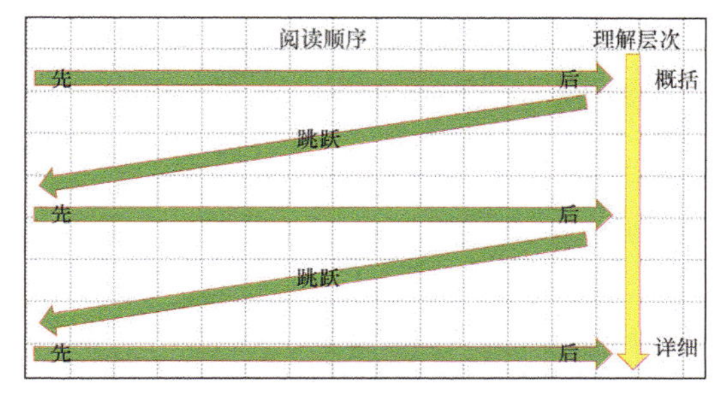

图 15.2　人们的阅读顺序和理解层次

有了设计思路，了解了用户习惯，我们便可细化具体的设计与内容，如图 15.3 所示。

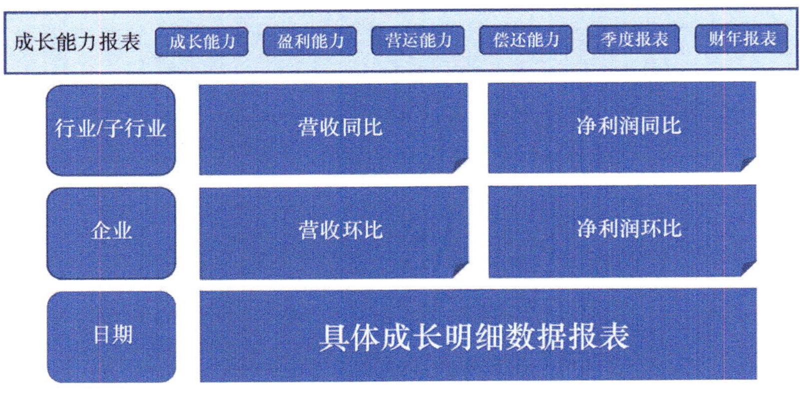

图 15.3　细化具体的设计与内容

15.2　创建可视化对象

有了清晰的思路后，我们先来创建第一个可视化对象：切片器。其实切片器也是一种可视化对象，只是它的使用方式比较特殊，选择原生切片器后，可以在切片器中放入两个字段，这样就自然形成了层级切片器，如图 15.4 所示。

对于企业切片器，我们单击可视化旁边的 ··· 图标，添加“搜索”功能，切片器便可以支持文字搜索，如图 15.5 所示。

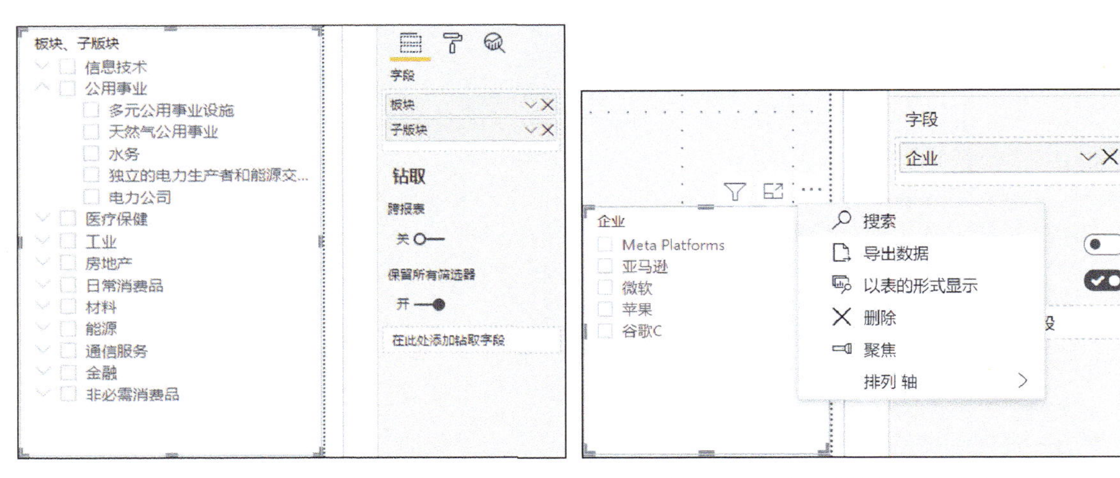

图 15.4　带有层级的切片器　　　　图 15.5　为切片器添加“搜索”功能

添加第一个趋势分析可视化对象，我们使用分区图①（读者也可考虑折线图），在图例中放入“企业名称”字段②，如图 15.6 所示。

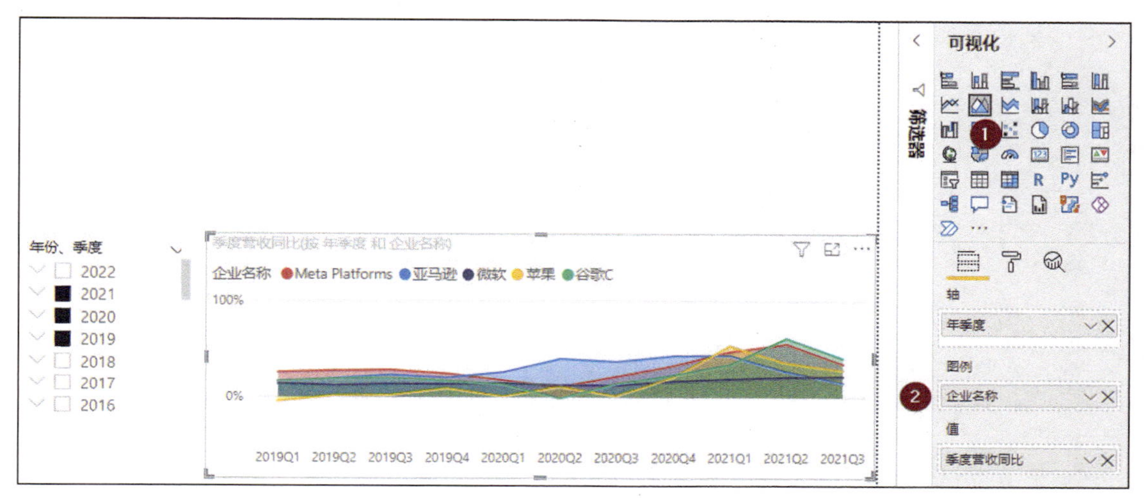

图 15.6 用分区图显示趋势变化

在格式刷下，调整该图的“宽度”和“高度”，并确保其他图的宽度和高度与其一致，如图 15.7 所示。

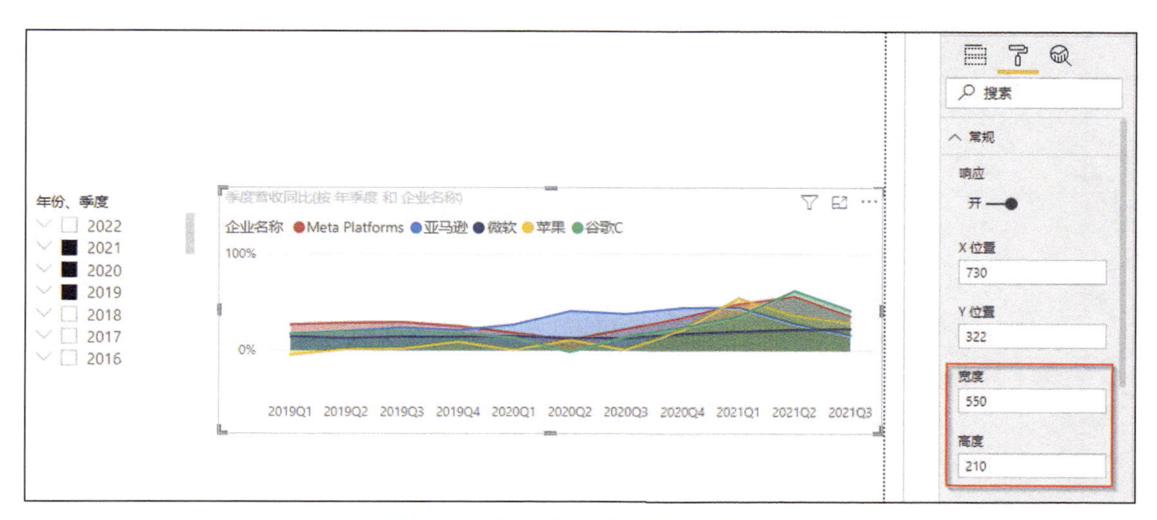

图 15.7 使每幅图的宽度和高度统一

添加矩阵表①，设置字段和度量值②，如图 15.8 所示。

重复以上操作，添加剩余财务指标，创建了成长能力分析页面后，复制该页面，并创建其他能力分析页面。图 15.9 为初步完成的成长能力报表效果。

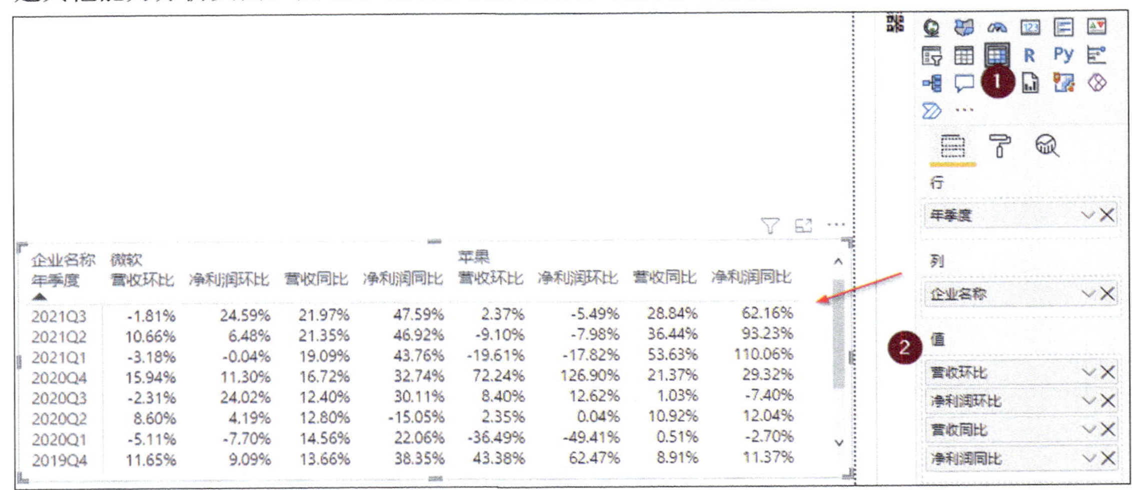

企业名称	微软				苹果			
年季度	营收环比	净利润环比	营收同比	净利润同比	营收环比	净利润环比	营收同比	净利润同比
2021Q3	-1.81%	24.59%	21.97%	47.59%	2.37%	-5.49%	28.84%	62.16%
2021Q2	10.66%	6.48%	21.35%	46.92%	-9.10%	-7.98%	36.44%	93.23%
2021Q1	-3.18%	-0.04%	19.09%	43.76%	-19.61%	-17.82%	53.63%	110.06%
2020Q4	15.94%	11.30%	16.72%	32.74%	72.24%	126.90%	21.37%	29.32%
2020Q3	-2.31%	24.02%	12.40%	30.11%	8.40%	12.62%	1.03%	-7.40%
2020Q2	8.60%	4.19%	12.80%	-15.05%	2.35%	0.04%	10.92%	12.04%
2020Q1	-5.11%	-7.70%	14.56%	22.06%	-36.49%	-49.41%	0.51%	-2.70%
2019Q4	11.65%	9.09%	13.66%	38.35%	43.38%	62.47%	8.91%	11.37%

图 15.8 添加矩阵表呈现详细数据

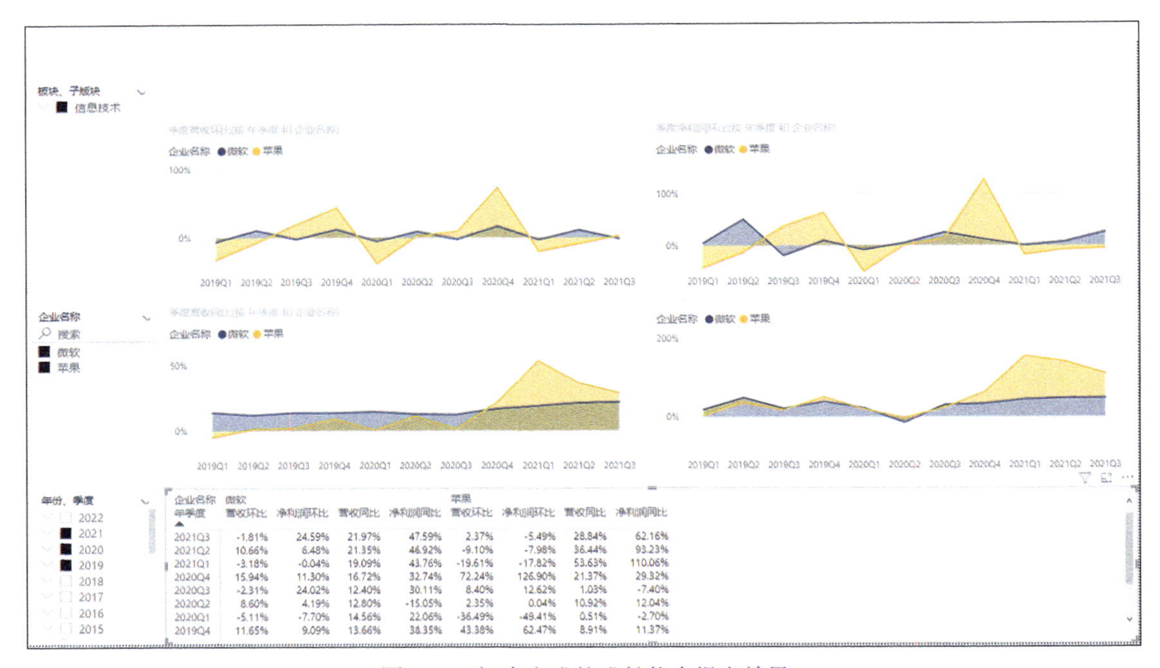

企业名称	微软				苹果			
年季度	营收环比	净利润环比	营收同比	净利润同比	营收环比	净利润环比	营收同比	净利润同比
2021Q3	-1.81%	24.59%	21.97%	47.59%	2.37%	-5.49%	28.84%	62.16%
2021Q2	10.66%	6.48%	21.35%	46.92%	-9.10%	-7.98%	36.44%	93.23%
2021Q1	-3.18%	-0.04%	19.09%	43.76%	-19.61%	-17.82%	53.63%	110.06%
2020Q4	15.94%	11.30%	16.72%	32.74%	72.24%	126.90%	21.37%	29.32%
2020Q3	-2.31%	24.02%	12.40%	30.11%	8.40%	12.62%	1.03%	-7.40%
2020Q2	8.60%	4.19%	12.80%	-15.05%	2.35%	0.04%	10.92%	12.04%
2020Q1	-5.11%	-7.70%	14.56%	22.06%	-36.49%	-49.41%	0.51%	-2.70%
2019Q4	11.65%	9.09%	13.66%	38.35%	43.38%	62.47%	8.91%	11.37%

图 15.9 初步完成的成长能力报表效果

接着创建季度财报的可视化对象，对应页面中的切片器选项应该为“单项选择”，如图 15.10 所示。

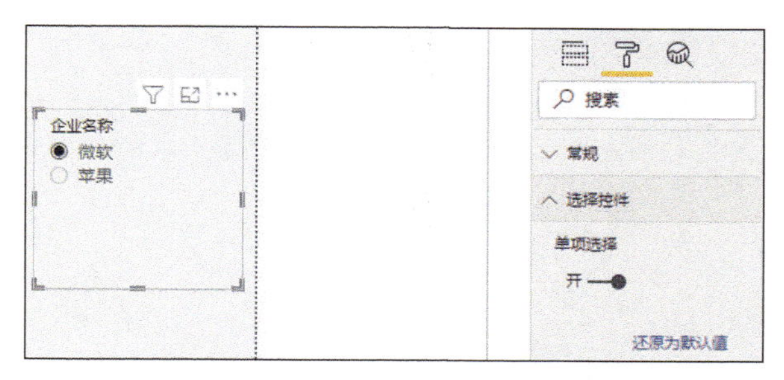

图 15.10 令切片器选项为单项选择

图 15.11 为季度财报的效果，可在一张报表内同时呈现三大报表的信息以进行同比分析。

板块、子板块
信息技术
系统软件

企业名称
微软
苹果

年季度
2022Q4
2022Q3
2022Q2
2022Q1
2021Q4
2021Q3
2021Q2
2021Q1

微软公司利润表（单位：亿美元 每股收益为美元）

年季度	2021Q3 金额	同比%
营业总收入		
营业收入	$453.17	21.97%
营业总收入	$453.17	21.97%
营业成本		
营业成本	$136.46	24.03%
营业毛利润		
营业毛利润	$316.71	21.10%
营业支出总计		
市场、销售和管理费用	$58.34	9.05%
研发费用	$55.99	13.66%
营业支出总计	$114.33	11.26%
营业利润		
营业利润	$202.38	27.48%
税前营业收入特殊科目		
税前营业收入特殊科目	$2.86	15.32%
税前利润		
税前利润	$205.24	27.29%
所得税		
所得税	$0.19	-99.15%
税后利润		
税后利润	$205.05	47.59%
净利润		
净利润	$205.05	47.59%
归属于母公司股东的净利润		
归属于母公司股东的净利润	$205.05	47.59%
综合收益总额		
综合收益总额	$199.66	44.61%
基本每股收益		
基本每股收益	$2.73	48.37%
稀释每股收益		
稀释每股收益	$2.71	48.90%

微软公司资产负债表（单位：亿美元）

年季度	2021Q3 金额	同比%
资产合计		
资产合计		
资产合计	$3,354.18	11.43%
流动资产合计		
流动资产合计	$1,743.26	-1.55%
总现金	$1,306.15	-5.34%
短期投资	$1,114.50	-7.72%
应收账款	$273.49	19.68%
现金及现金等价物	$191.65	11.39%
流动资产特殊项目	$129.51	-4.38%
存货	$34.11	26.10%
非流动资产合计		
非流动资产合计	$1,610.92	29.99%
固定资产总额	$1,162.41	24.53%
固定资产净额	$637.72	33.06%
固定资产折旧	$524.69	15.53%
商誉	$504.55	14.96%
非流动资产特殊项目	$326.78	47.99%
无形资产净额	$77.94	12.58%
股权投资和长期投资	$63.93	106.03%
负债合计		
负债合计		
负债合计	$1,834.40	3.28%
非流动负债合计		
非流动负债合计	$1,029.12	-4.32%
非流动负债特殊科目	$501.11	5.54%
长期借款	$500.39	-12.30%
非流动负债递延收入	$25.50	-9.86%
递延所得税负债	$2.12	13.37%
流动负债合计		
流动负债合计	$805.28	14.95%
流动负债递延收入	$384.65	14.90%

微软公司现金流量表（单位：亿美元）

年季度	2021Q3 金额	同比%
经营活动产生的现金流量净额		
经营活动产生的现金流量净额	$245.40	26.92%
折旧与摊销	$32.12	21.44%
投资活动产生的现金流量净额		
投资活动产生的现金流量净额	($32.50)	-39.49%
投资购买	($103.09)	-29.29%
筹资活动产生的现金流量净额		
筹资活动产生的现金流量净额	($162.76)	58.19%
股票发行	$6.12	12.29%
股份回购	($76.84)	13.96%
支付股息	($42.06)	9.08%
汇率变动对现金及现金等价物的影响		
汇率变动对现金及现金等价物的影响	($0.73)	58.70%
期初现金及现金等价物余额		
期初现金及现金等价物余额	$142.24	4.77%
期末现金及现金等价物余额		
期末现金及现金等价物余额	$191.65	11.39%
现金及现金等价物净增加额		
现金及现金等价物净增加额	$49.41	36.15%
营运资金变动		
营运资金变动	$54.55	268.58%

图 15.11 季度财报的效果

15.3 设置导航功能

当完成每页报表的可视化设计后，我们可以为整个报表设置导航功能，从而可以单击导航器按钮访问不同的报表内容。首先为报表添加一个矩形形状①，可调整其填充颜色②，如图 15.12 所示。

也可进一步设置形状中的文字内容以及具体的文字样式，如图 15.13 所示。

选择添加“插入”—“按钮”—“导航器”—“页面导航器”，Power BI 会根据现有的报表添加动态导航器，如图 15.14 所示。

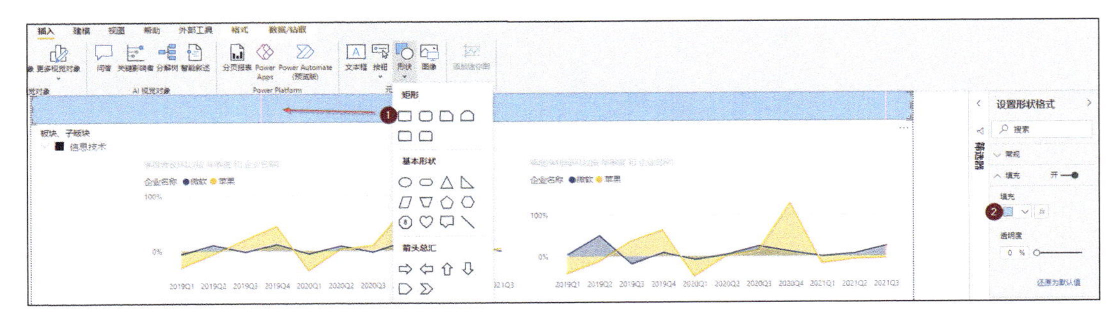

图 15.12 添加表头导航栏背景区域

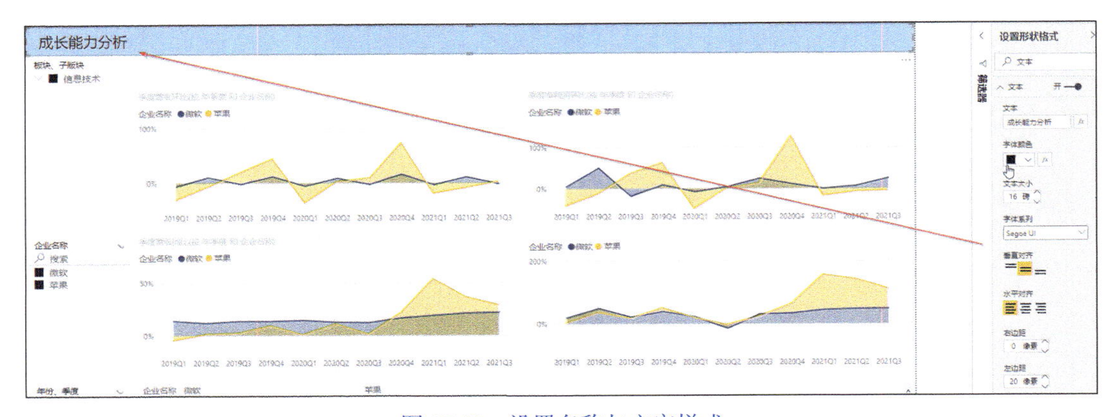

图 15.13 设置名称与文字样式

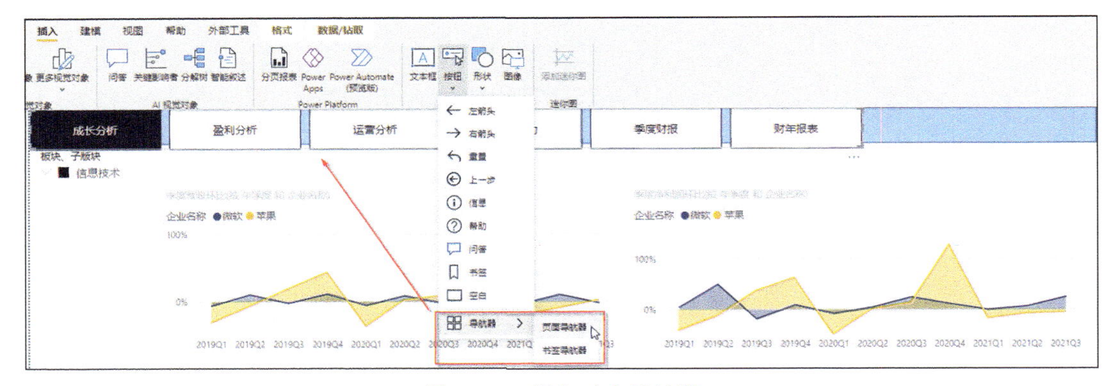

图 15.14 添加动态导航器

调整导航器按钮的高度与宽度直到适中，并完成在其他页面的导航功能设置，效果如图 15.15 所示[①]。

① 在 Power BI Desktop 中按住 Ctrl+ 光标单击导航器按钮可测试导航效果。

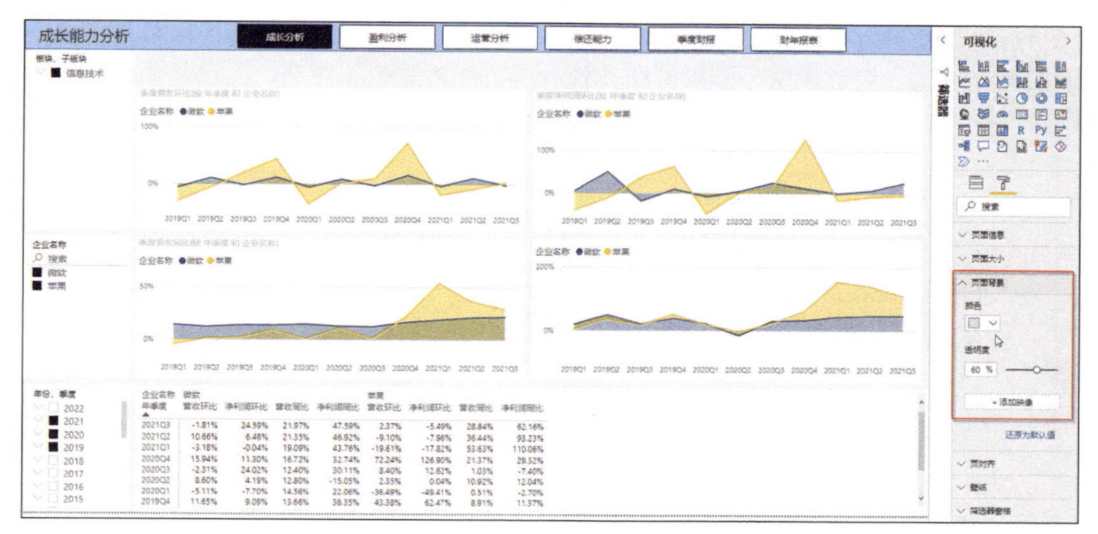

图 15.15 附带导航功能的报表

15.4 美化可视化效果

虽然报表功能设置已经完成，但我们还可以美化报表，提升用户视觉体验。选择页面，然后在页面背景选项上调整背景色和透明度，目的是产生一种清晰分明的磁贴效果，如图 15.16 所示。

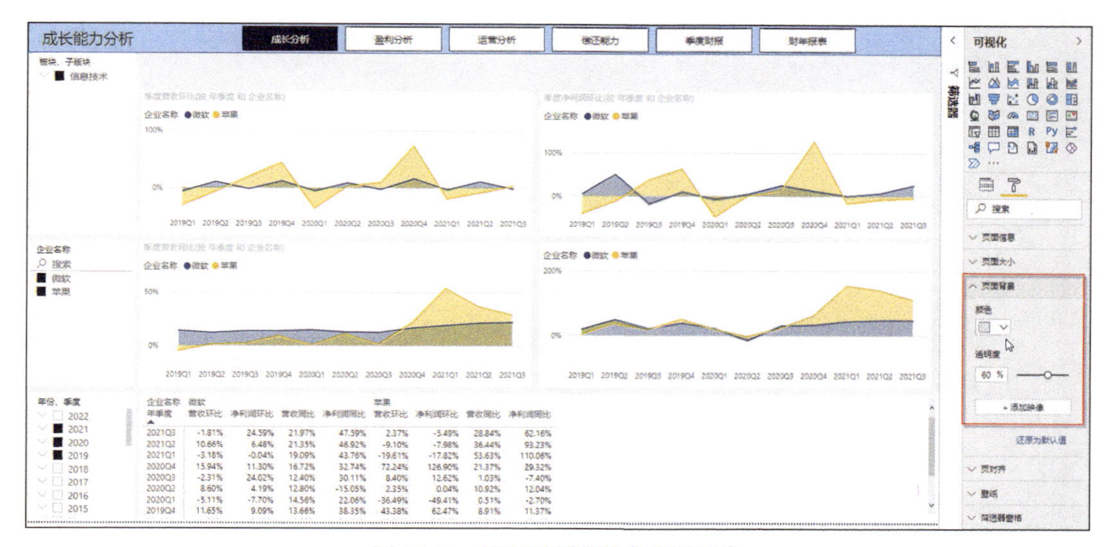

图 15.16 设置页面背景色和透明度

目前所有趋势可视化中都会有图例信息，其实没必要在每一幅趋势图中都重复出现相同的图例。因此我们选择用一个图例统一代表所有趋势图中的图例。方法是先创建一个分区图（不含值），如图 15.17 所示。

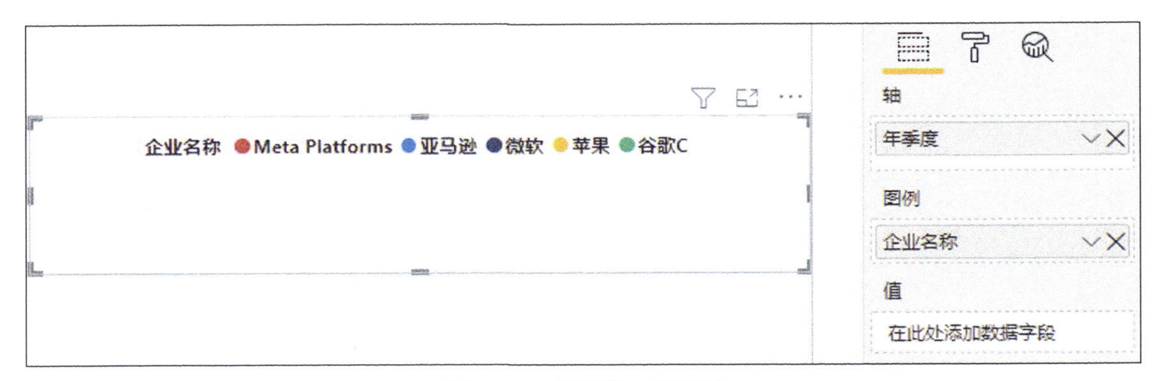

图 15.17　设置统一的图例

在默认情况下，“图例”和“标题”是开启状态，如图 15.18 所示。此处，我们统一将其关闭，以节省空间。

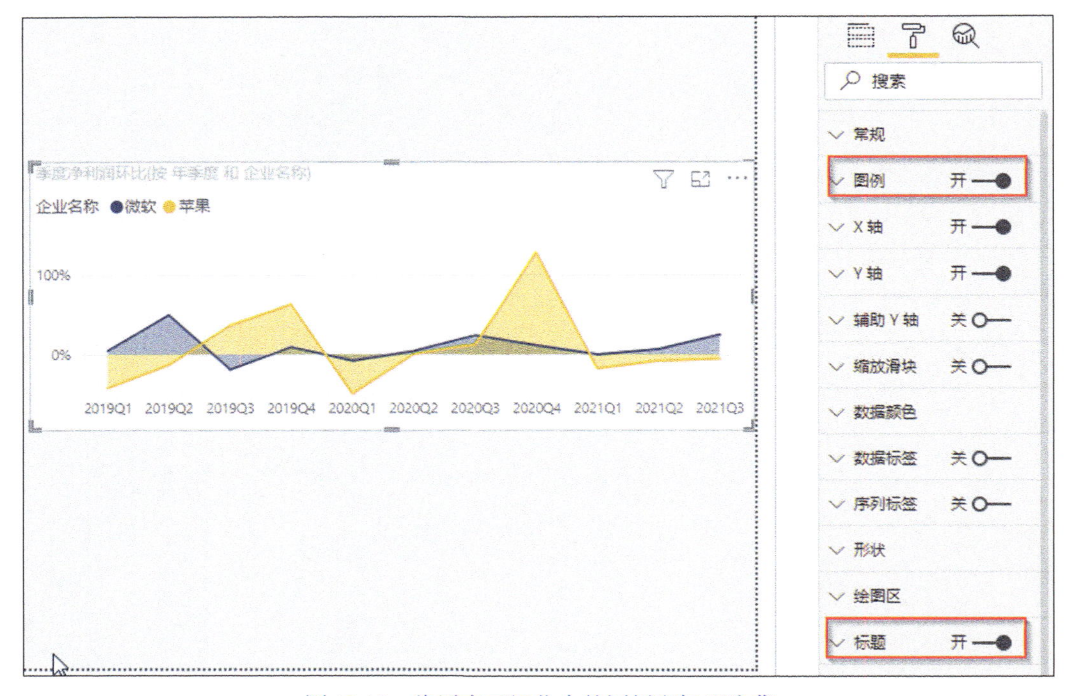

图 15.18　将原有可视化中的图例和标题隐藏

将图例放置于报表页面的上方，如图 15.19 所示。

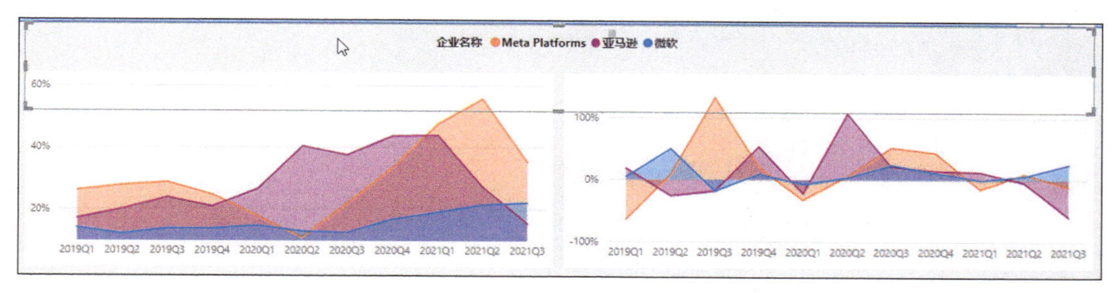

图 15.19　设置图例位置

对于矩阵表，我们可以设置列标题和行标题的背景色，使其与非标题的内容数字有所区别，如图 15.20 所示。

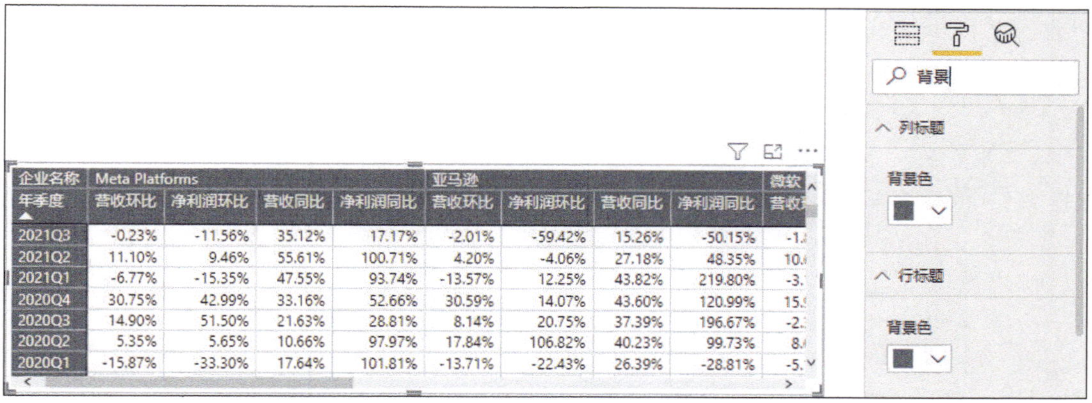

企业名称	Meta Platforms				亚马逊				微软
年季度	营收环比	净利润环比	营收同比	净利润同比	营收环比	净利润环比	营收同比	净利润同比	营收
2021Q3	-0.23%	-11.56%	35.12%	17.17%	-2.01%	-59.42%	15.26%	-50.15%	-1.
2021Q2	11.10%	9.46%	55.61%	100.71%	4.20%	-4.06%	27.18%	48.35%	10.
2021Q1	-6.77%	-15.35%	47.55%	93.74%	-13.57%	12.25%	43.82%	219.80%	-3.
2020Q4	30.75%	42.99%	33.16%	52.66%	30.59%	14.07%	43.60%	120.99%	15.
2020Q3	14.90%	51.50%	21.63%	28.81%	8.14%	20.75%	37.39%	196.67%	-2.
2020Q2	5.35%	5.65%	10.66%	97.97%	17.84%	106.82%	40.23%	99.73%	8.
2020Q1	-15.87%	-33.30%	17.64%	101.81%	-13.71%	-22.43%	26.39%	-28.81%	-5.

背景
列标题
背景色
行标题
背景色

图 15.20　强化矩阵表的样式效果

如果单击可视化对象，会发现其他可视化对象也产生交互变化，如图 15.21 所示，但这不是设计的预期，我们仅需用切片器对可视化对象进行筛选即可。

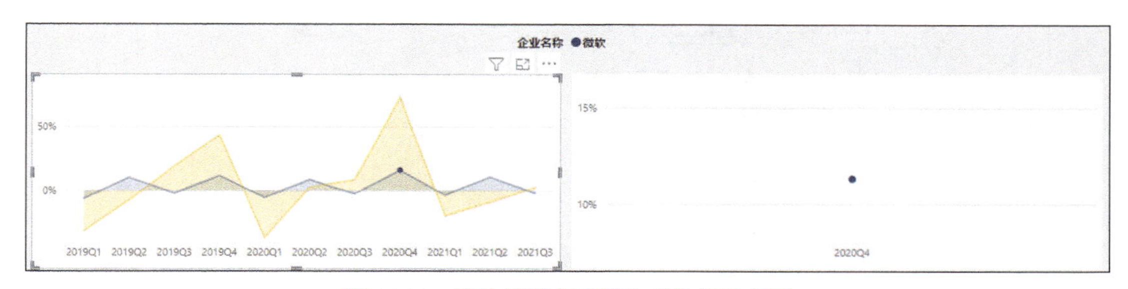

图 15.21　默认设置中可视化对象相互交互

具体方法是在格式菜单下单击“编辑交互”按钮①，然后选中要编辑的对象②后在其他对象的选项中单击“无”③，如图 15.22 所示。此处需要对多个独立可视化对象重复以上操作，过程稍微烦琐。

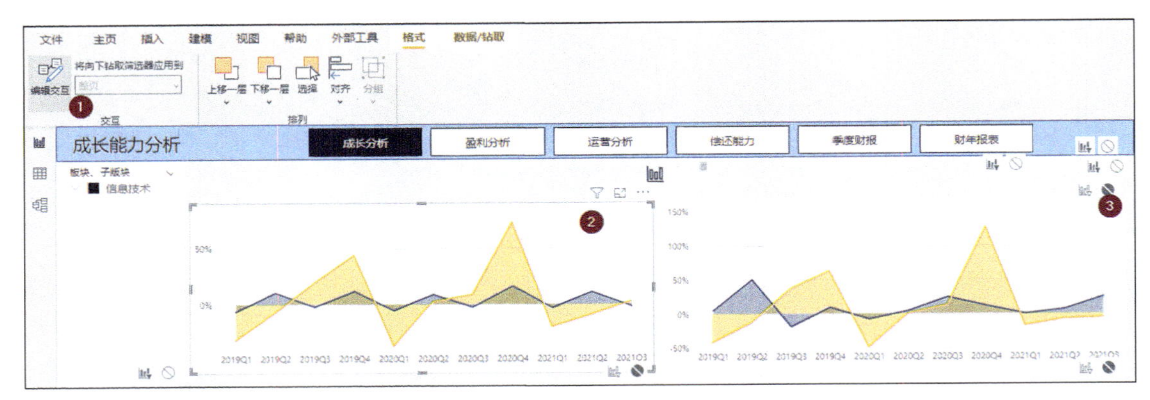

图 15.22　取消可视化对象交互效果

读者可在“视图”中选择不同风格的主题色，如图 15.23 所示。

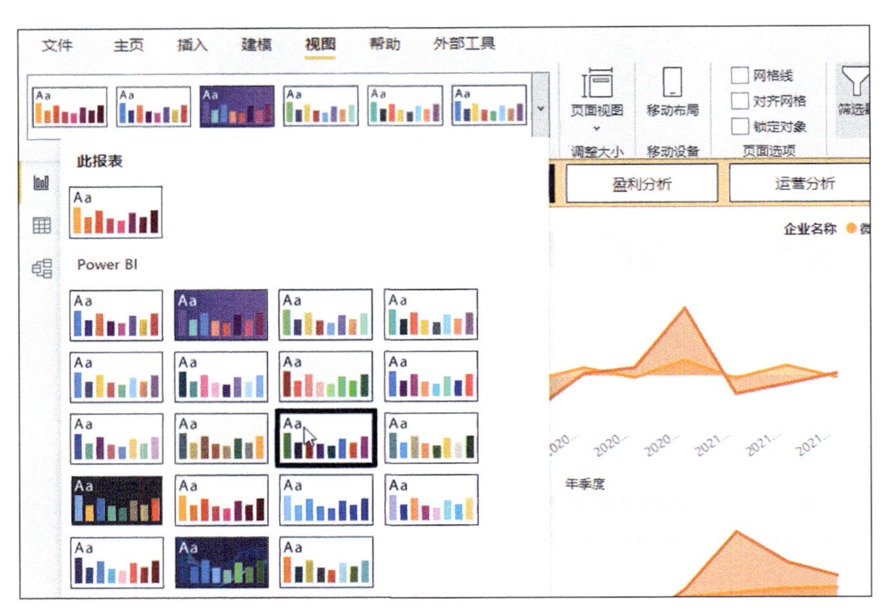

图 15.23　选择不同风格的主题色

最后，因为之前关闭了默认标题，我们还需要插入矩形形状，并输入文字作为独立的可视化标题，如图 15.24 所示。

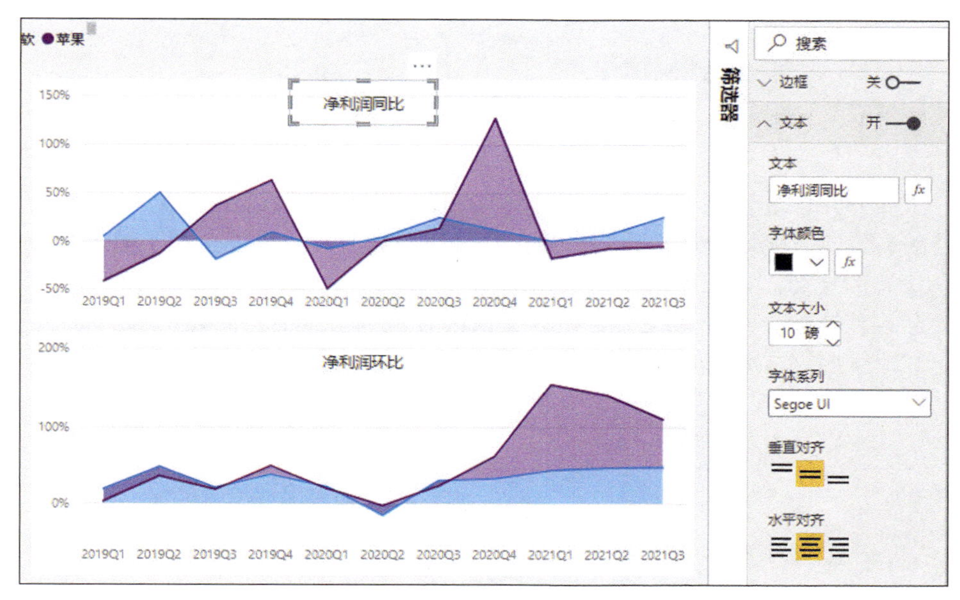

图 15.24　为每个可视化图对象添加标题

图 15.25 为最终完成的可视化效果。

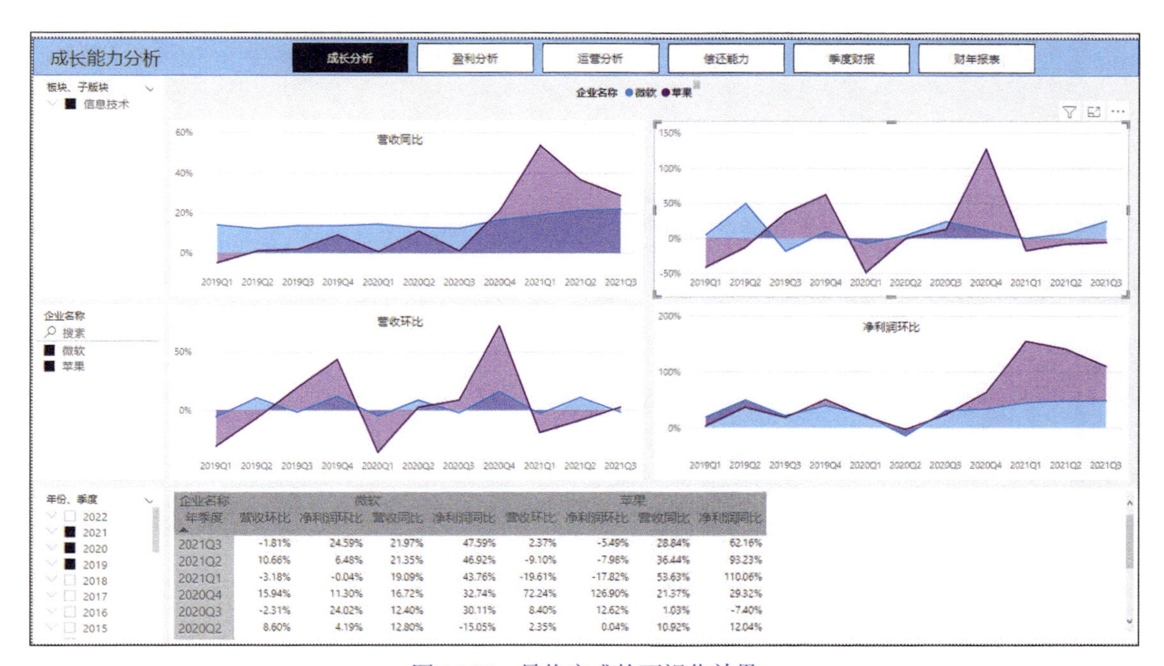

图 15.25　最终完成的可视化效果

本章小结

本章主要介绍创建可视化报表的设计思路和具体技巧。因为报表页面较多，示例涉及导航功能的设置，方便用户切换不同页面，提升用户体验。本章还介绍了美化可视化效果、去除冗余信息的技巧，以使报表显得更加简洁和流畅。Power BI 包含许多可视化设置功能并且会不断迭代更新，此处不逐一介绍，建议读者自行尝试不同的设置功能和效果，通过实践来更好地掌握这方面的知识技能。

第 16 章　发布与分享内容

完成可视化报表制作后，我们可选择将其发布至 Power BI service 云端服务器上并通过多种形式分享内容。

16.1　发布内容

16.1.1　发布 Power BI 内容

首先单击“发布”按钮，如果用户还没有登录 Power BI 账户，Power BI Desktop 会弹出对话框提醒验证账户邮件，如图 16.1 所示[①]。

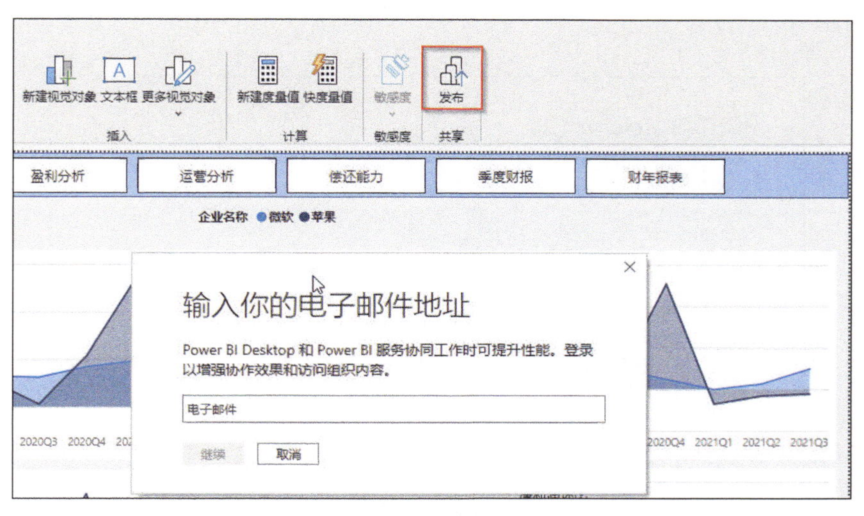

图 16.1　发布内容前提醒验证账户邮件

① 用户需提前注册 Power BI 在线账户，目前 Power BI 只支持企业或学校邮箱，不支持如 QQ、163 等个人邮箱。如与他人分享或查阅他人的内容，还需要购买 Pro 许可。

成功验证后，继续选择要发布的工作区，单击“选择”按钮，如图 16.2 所示。

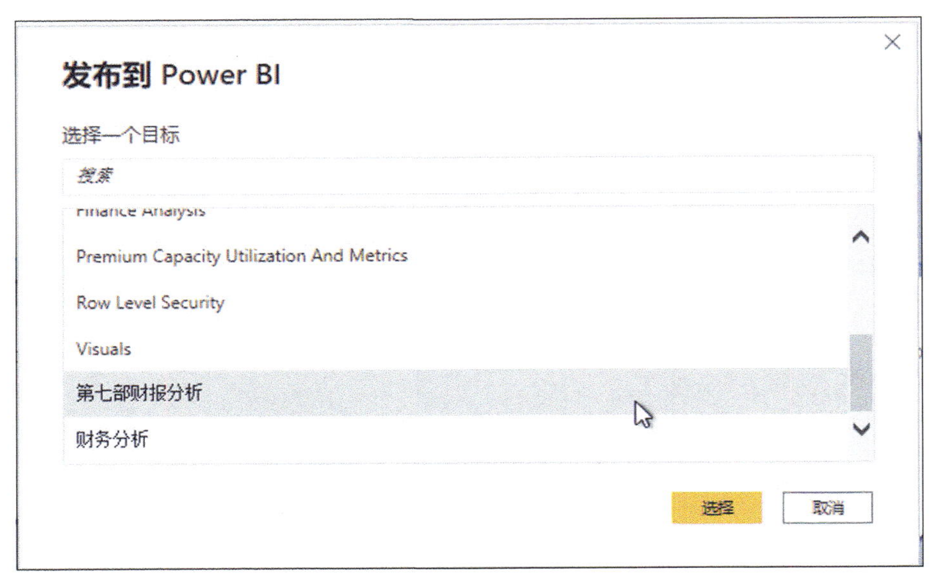

图 16.2 选择要发布的工作区

稍等片刻，Power BI Desktop 便会提示发布成功消息，单击其中的链接。直接跳转到报表页面，如图 16.3 所示。

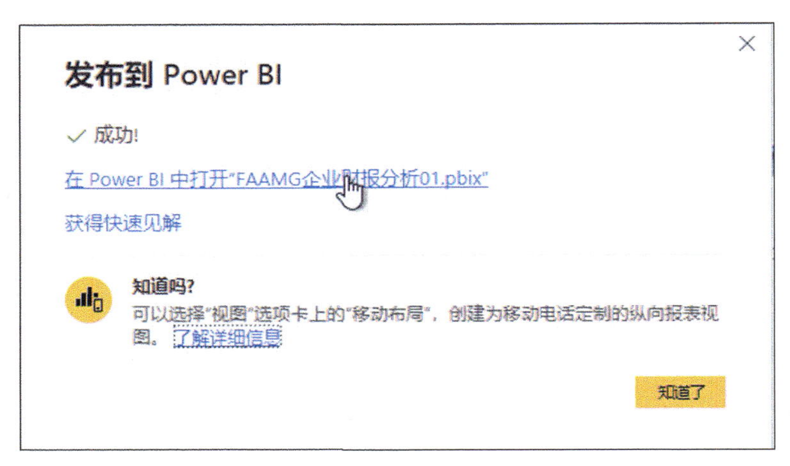

图 16.3 发布完成后的通知界面

图 16.4 为跳转后的默认发布界面，多用户可在线访问报表内容，Power BI 在线提供多种分享报表的方式。

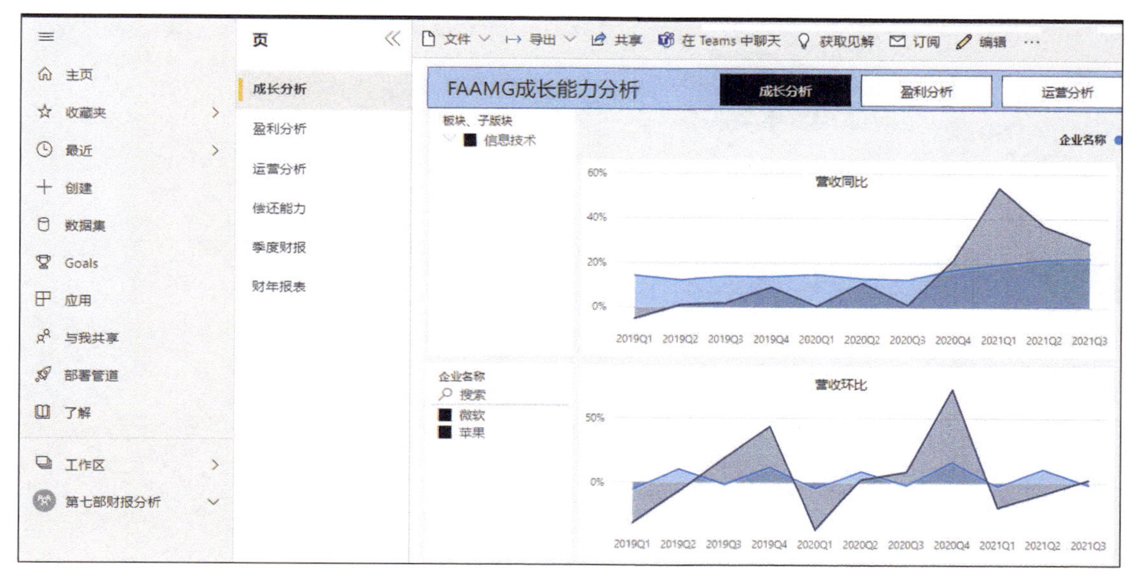

图 16.4 发布后的在线报表界面

单击工作区下面的具体工作区名称，页面会跳转至工作区中，发布的内容包括数据报表和数据集，数据报表是指可视化页面，数据集是指数据模型，如图 16.5 所示。

第七部财报分析
第七部财报分析
创建应用

+ 新建　创建管道　视图　筛选器　设置　访问　搜索

所有　内容　数据集 + 数据流

名称	类型	所有者	已刷新	下次刷新时间
FAAMG企业财报分析01	报表	第七部财报分析	1/22/22, 1:38:40 PM	—
FAAMG企业财报分析01	数据集	第七部财报分析	1/22/22, 1:38:40 PM	不适用

图 16.5 发布的内容包括数据报表与数据集

16.1.2 发布 Excel 内容

虽然多数人会使用发布 Power BI 报表功能，但实际上 Power BI 云端还支持发布 Excel 工作簿。单击“新建”按钮，选择“上传文件”选项，如图 16.6 所示。我们可选择之前创建的 Excel 中的 Power Pivot 文件作为上传示例。

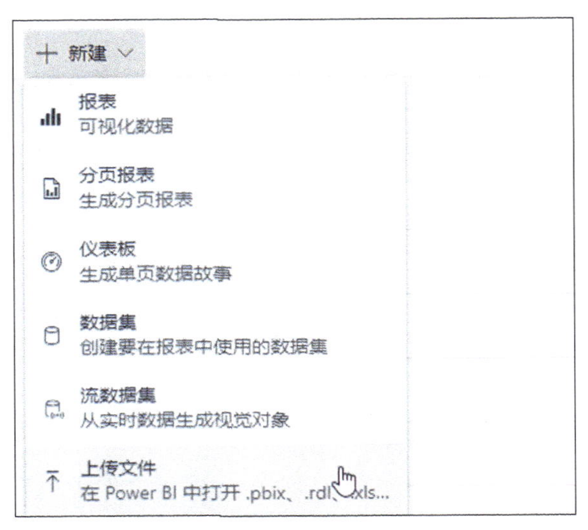

图 16.6 选择“上传文件”选项

Power BI 提供两种 Excel 文件上传方式：导入模式①和上载模式②，如图 16.7 所示。

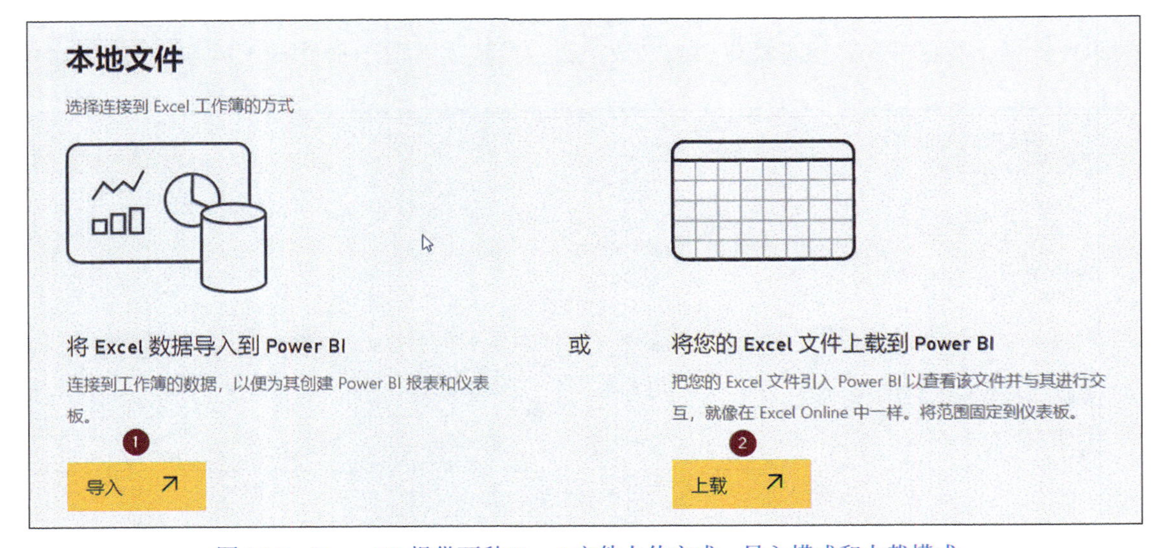

图 16.7 Power BI 提供两种 Excel 文件上传方式：导入模式和上载模式

这两种方式的主要区别是：导入模式将数据模型导入工作区，用户可重用数据模型进行分析；上载模式将 Excel 文件直接上载到工作区中，用户可浏览工作簿，但无法重用数据模型，图 16.8 为工作区中新增的上传内容：导入模式文件①和上载模式文件②。

图 16.9 为上载模式的 Excel 工作簿内容，与 Excel Online 的体验无差异。

图 16.8　工作区中新增的上传内容

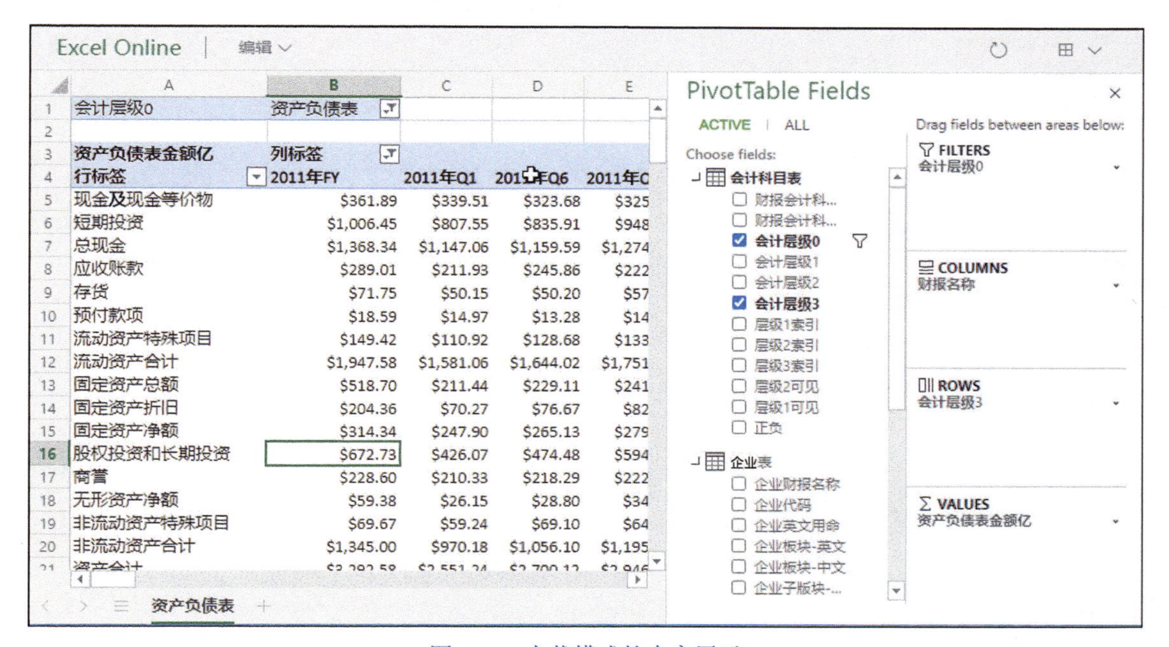

图 16.9　上载模式的内容展示

16.2　内容分享方式

16.2.1　嵌入报表方式

点开图 16.4 所示菜单中的“文件”后，如图 16.10 所示。该选项包括多种分享方式。

（1）保存复制：将报表存为副本，副本仍然存在于 Power BI 在线中。

（2）下载此文件：将在线报表下载至本地环境中。

（3）管理权限：分享与管理发布内容的人员与组。

（4）打印此页：静态打印报表中的内容。

（5）嵌入报表：将内容生成为 URL 链接，供用户访问。

（6）生成 QR 码：将本页面访问 URL 生成 QR 码分享给其他用户，但访问时用户仍然需要访问的账号与权限。

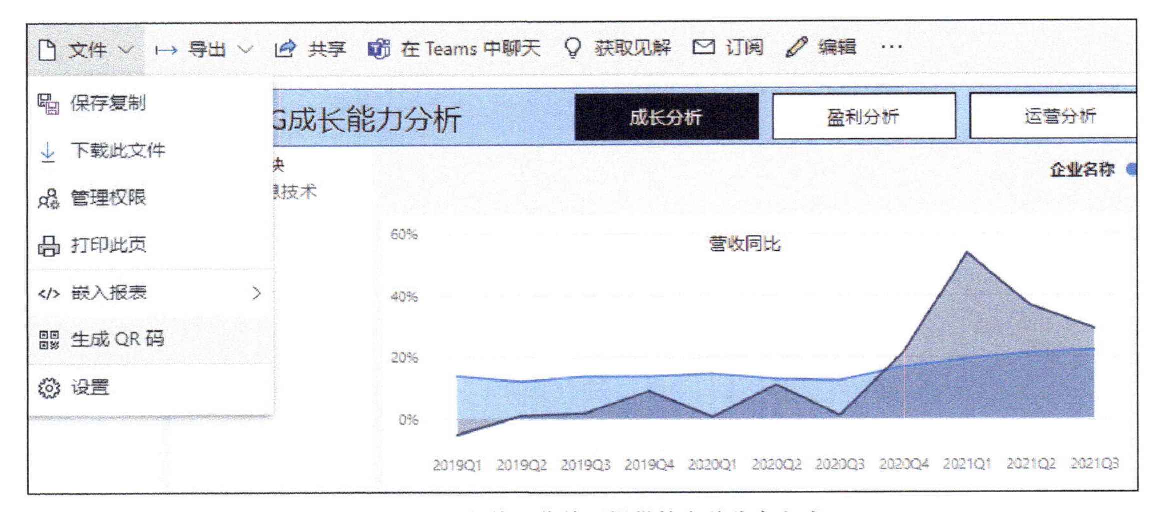

图 16.10 “文件”菜单下提供的多种分享方式

此处重点介绍“嵌入报表”功能。第一种方式是“SharePoint online”，这是指将报表链接以嵌入的方式发布到 SharePoint 界面中，图 16.11 为该选项的设置对话框。

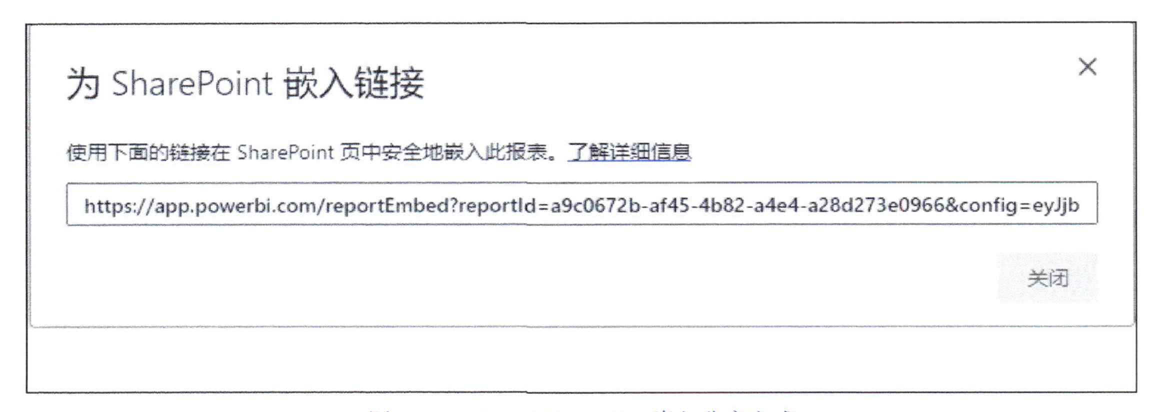

图 16.11 SharePoint online 嵌入分享方式

“网站或门户”是类似的选项，用户可将报表嵌入网站或门户（Portal）中，如图 16.12 所示。

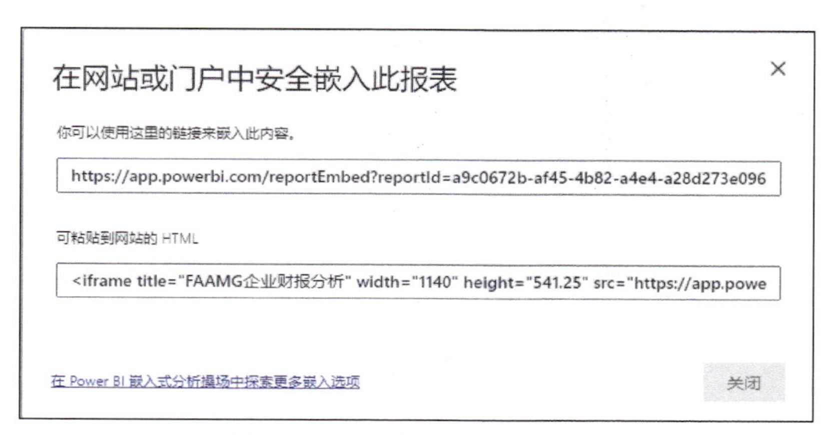

图 16.12　网站或门户嵌入分享方式

“发布到 Web（公共）”是指将报表内容发布到互联网上，任何人不需要额外的账户和访问权限都可以直接访问报表内容，对于敏感的数据一般不推荐此种发布方式。图 16.13 为设置该选项的对话框。

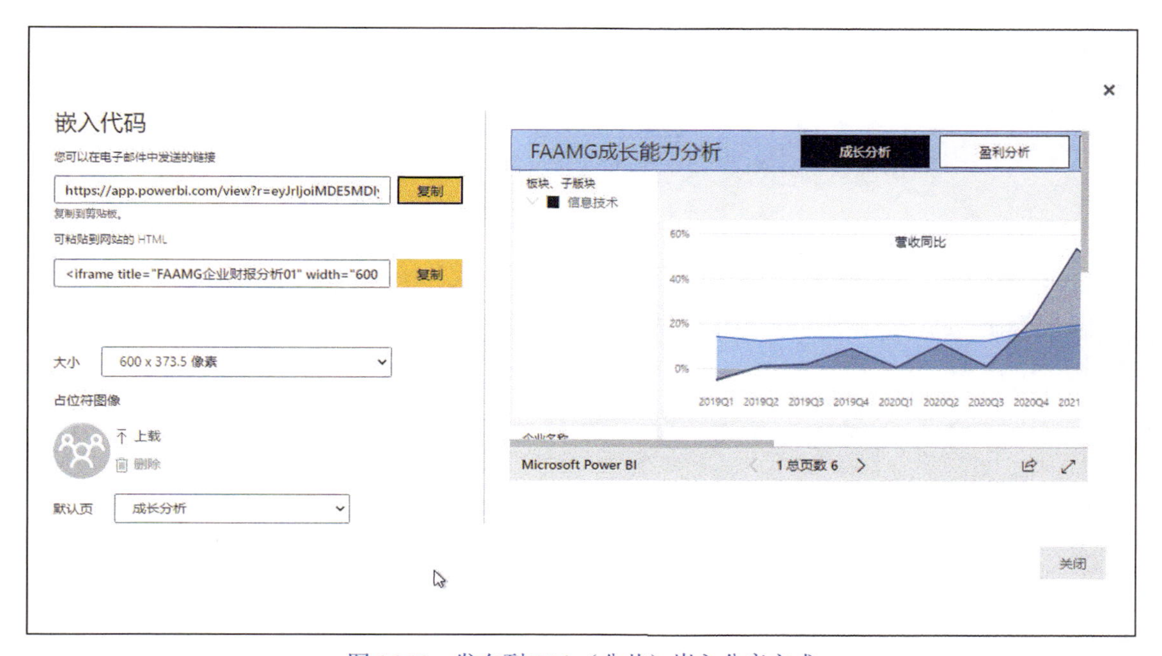

图 16.13　发布到 Web（公共）嵌入分享方式

图 16.14 为真实发布到互联网的效果。

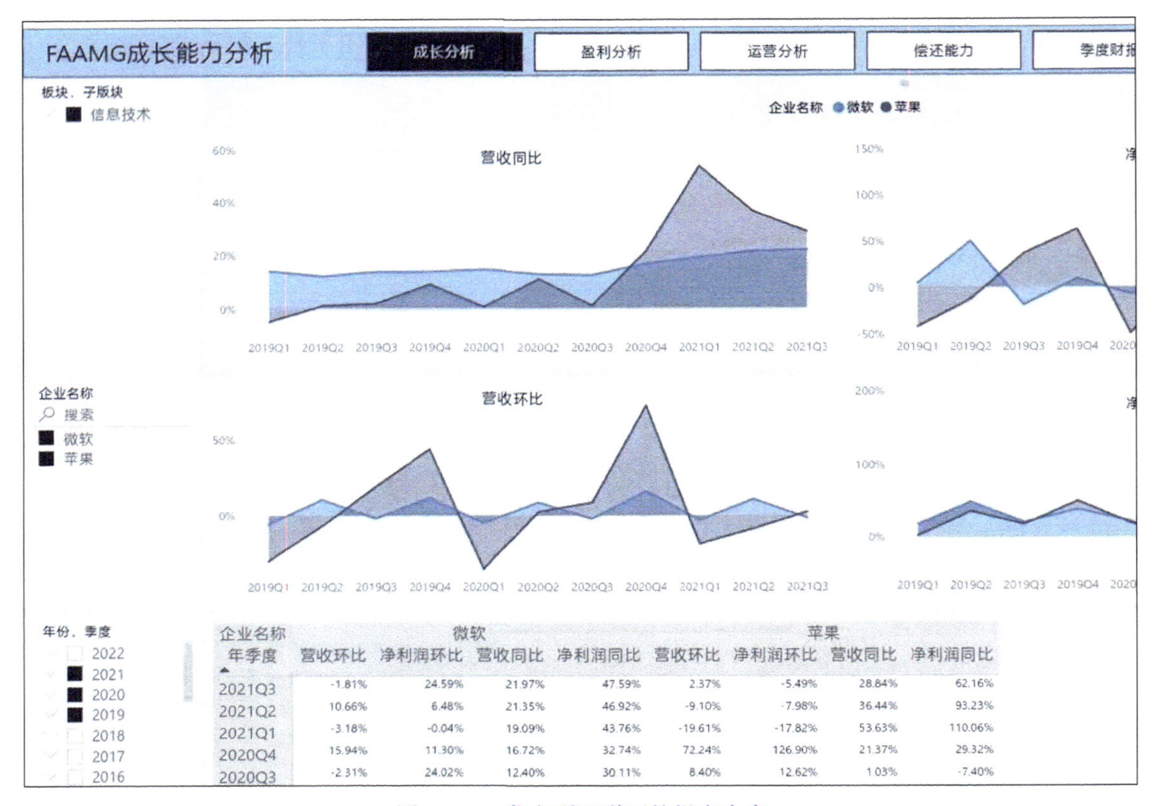

图 16.14　发布到互联网的报表内容

16.2.2　在 Excel 中分析方式

在“导出”选项下，用户可将报表转换为 PowerPoint 格式、PDF 格式或在 Excel 中分析，如图 16.15 所示。

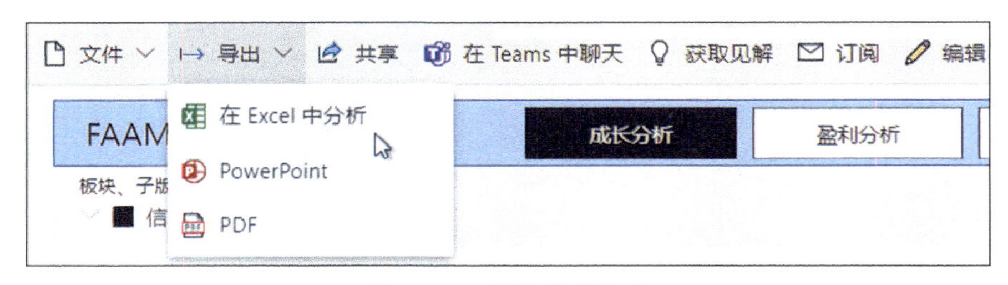

图 16.15　导出菜单内容

此处重点介绍“在 Excel 中分析”。在 Excel 中分析是指通过前端 Excel 工具访问云端 Power BI 数据集。这样做的好处是用户可以直接在已开发完成的数据模型上做额外的 Excel 分析。对于首次使用该功能的用户，建议在下载区⬇获取“在 Excel 中分析”更新，如图 16.16 所示。

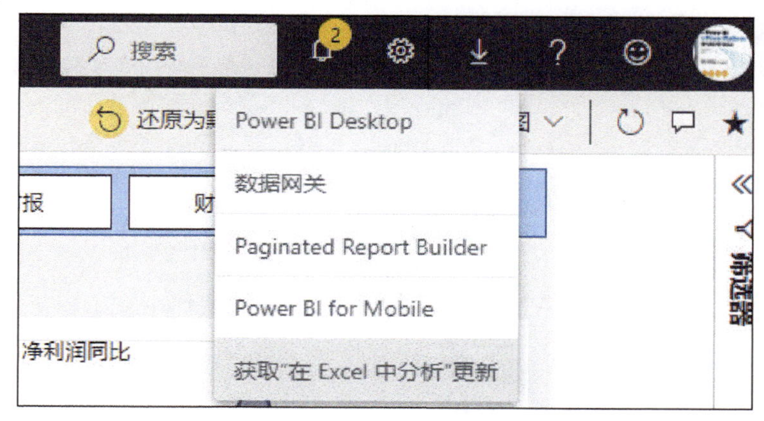

图 16.16 下载“在 Excel 中分析”更新

单击图 16.15 中的“在 Excel 中分析”，Power BI Online 将会提供一个 Excel 格式文件，打开文件后，便可编辑文件中的数据透视表，如图 16.17 所示。

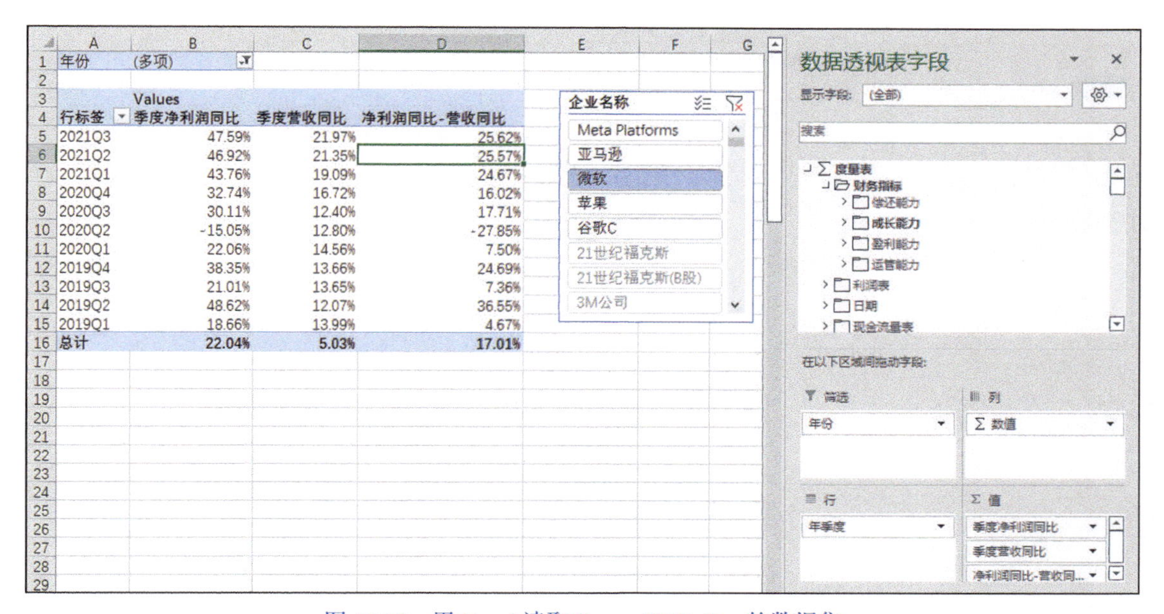

图 16.17 用 Excel 读取 Power BI Online 的数据集

用户可以直接将传统 Excel 的功能应用于透视表分析，例如为透视表添加数据条，如图 16.18 所示。

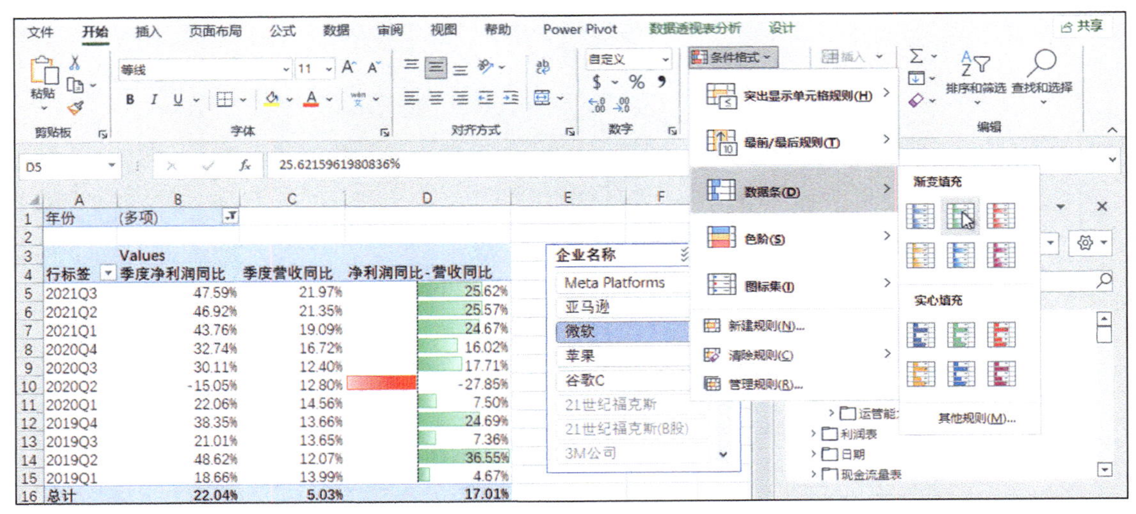

图 16.18　对透视表进行 Excel 操作处理

进入 Excel 中的 Power Pivot 界面，用户会发现其中内容为空，原因是所引用的数据源并不在本地而在云端，如图 16.19 所示。

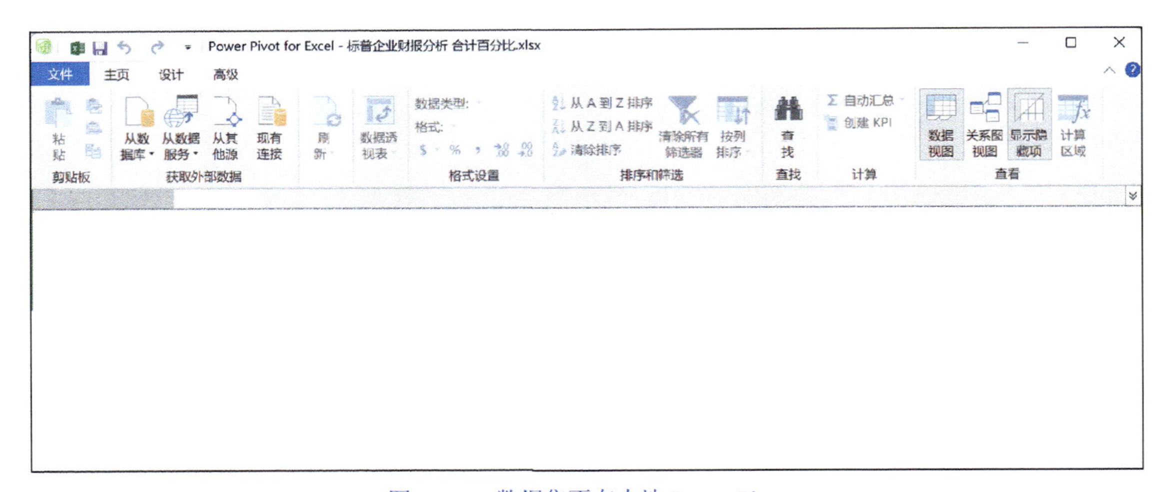

图 16.19　数据集不在本地 Power Pivot

除了创建数据透视表，用户也可创建数据透视图，单击“数据透视图”①、“选择连接（C）...”②、“确定”按钮③，便可生成数据透视图，如图 16.20 所示。

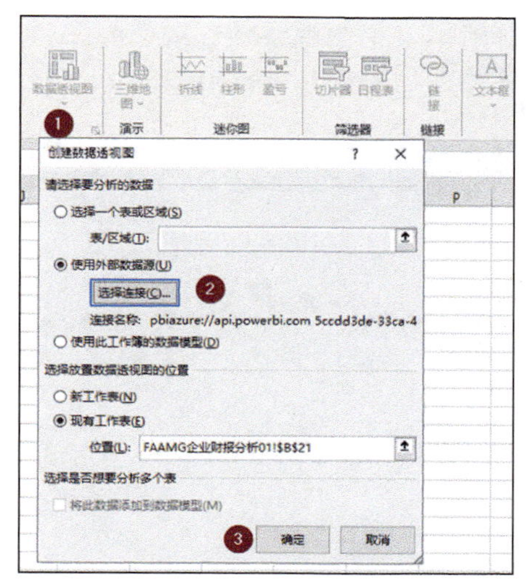

图 16.20　在 Excel 中插入数据透视图

16.2.3　在 Desktop 中读取 Power BI 数据集

除了用 Excel 作为前端工具，用户也可选择用 Power BI Desktop 作为前端工具。在新的 Power BI Desktop 中单击“Power BI 数据集”①，在对话框中找到相对应的数据集②，然后单击“创建”按钮③，如图 16.21 所示。

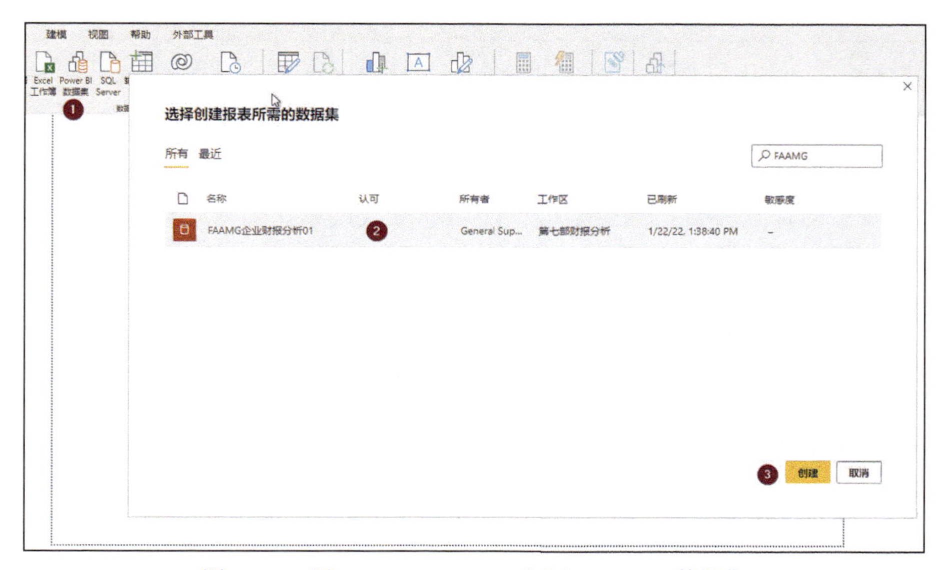

图 16.21　用 Power BI Desktop 打开 Power BI 数据集

连接完成后，如图 16.22 所示，我们观察到左端的视图栏中少了数据视图，而底端显示目前为实时连接模式，说明当前为前端 Power BI Desktop 访问云端数据集模式。

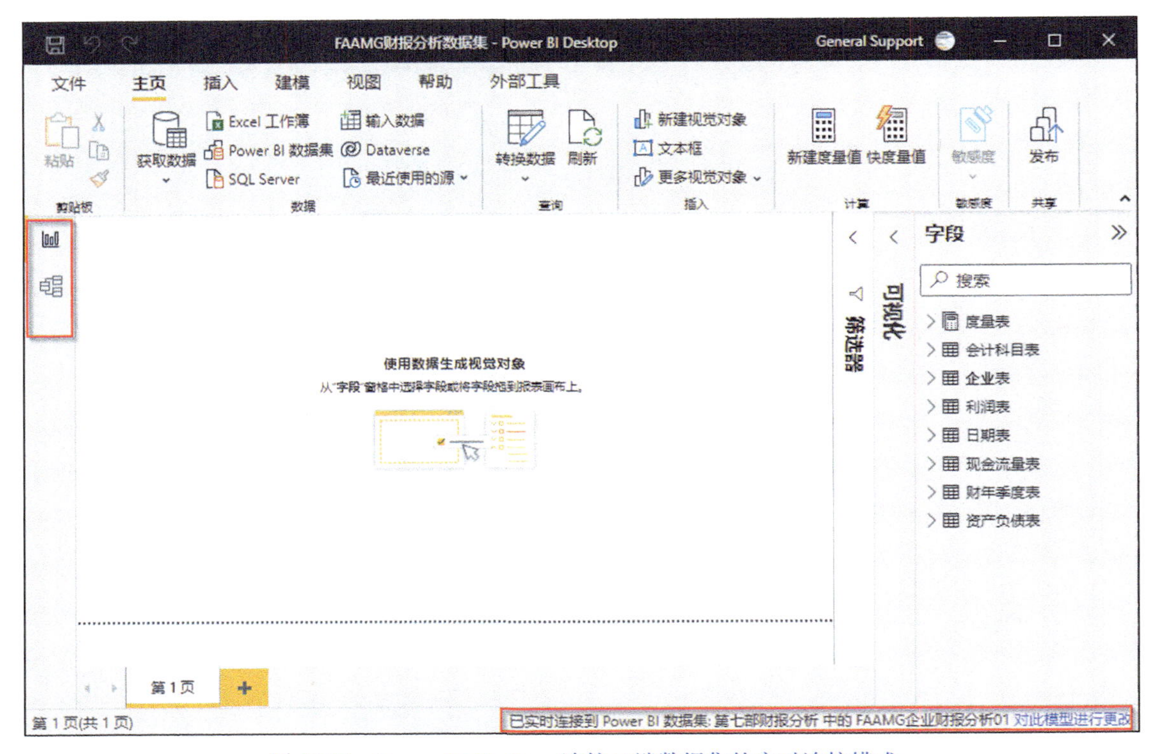

图 16.22　Power BI Desktop 连接云端数据集的实时连接模式

读者可能会对此感到疑惑，直接访问后端的数据集却无法重用已创建的可视化模型，这有什么意义吗？这种方式的好处在于让前端用户可在标准模型基础上构建自助分析，即标准报表以外的探索分析。这类分析仅使用标准数据集作为唯一真实数据源，而不受限于已有的模型内容，并且可为自助分析创建新的度量值①。此方法适用于团队协同分析场景。

16.2.4 其他分享方式

其他的分享方式还包括：通过 Teams 方式分享，如图 16.23 所示；通过订阅方式分享，如图 16.24 所示；通过 App 方式分享，如图 16.25 所示。因篇幅有限，此处不详细介绍。

① 实时连接模式下，新建度量只存在前端报表层面中，而不会保存至后端模型中。

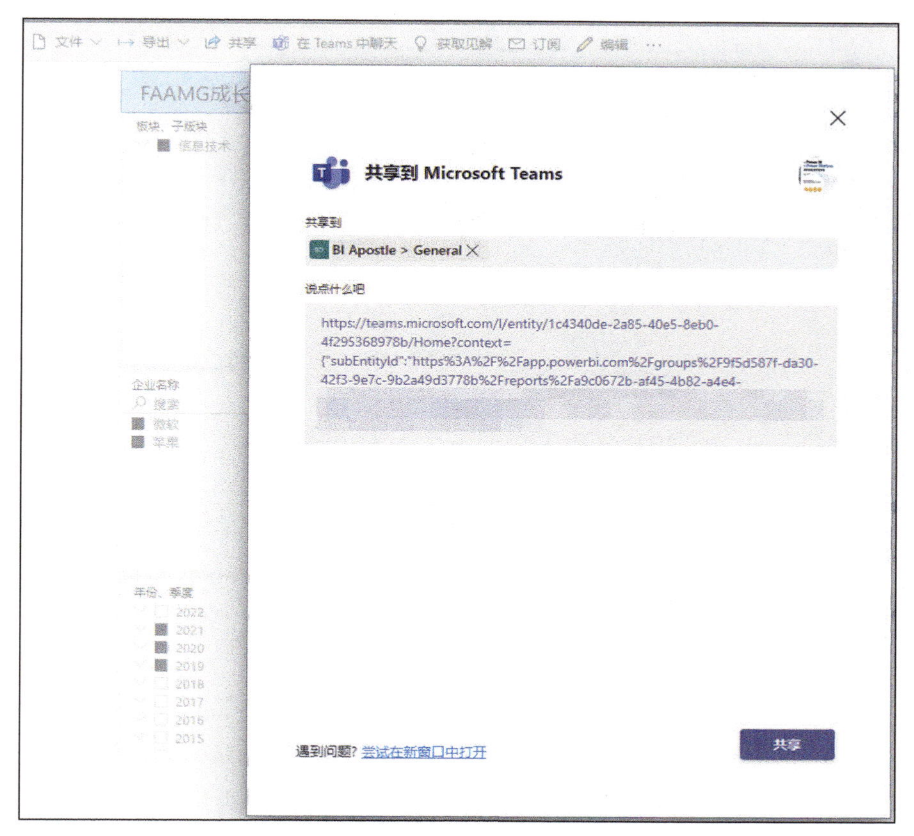

图 16.23 通过 Teams 方式分享

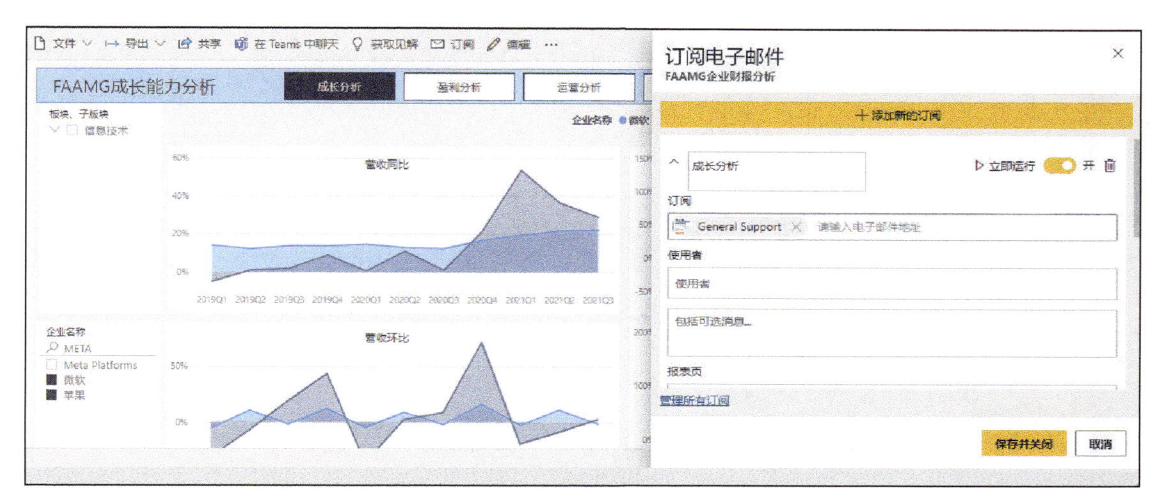

图 16.24 通过订阅方式分享

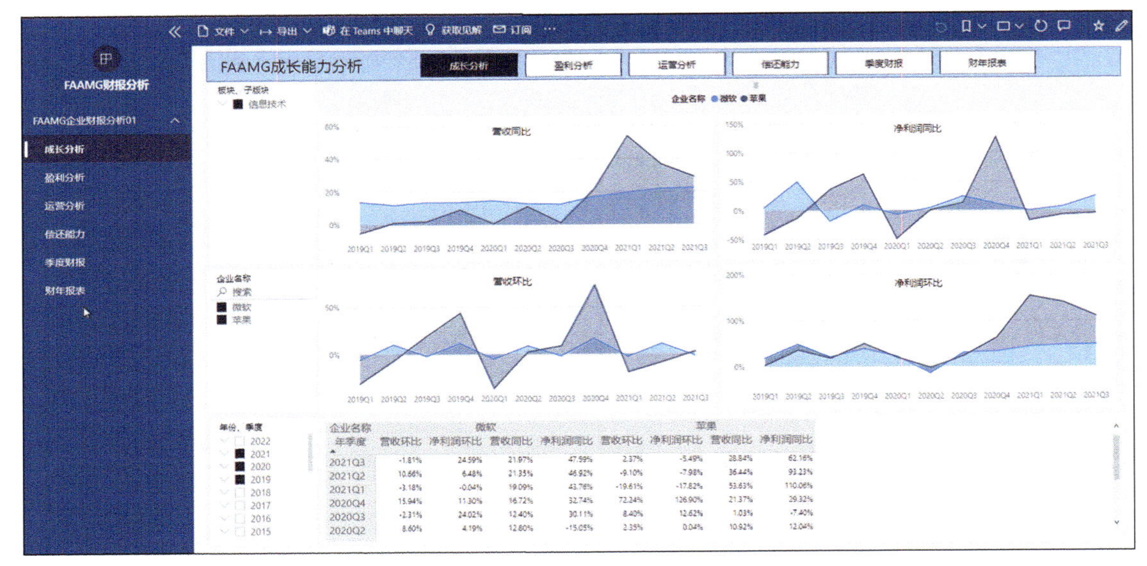

图 16.25　通过 App 方式分享

本章小结

本章主要介绍了发布 Power BI 报表至云端的操作以及在云端上通过多种方式分享内容。其中重点介绍的是 Power BI 实时连接和在 Excel 中分析这两种方式，它们都属于用前端工具读取云端数据集的应用场景，这符合既要保持统一的数据和模型，又要满足个性化分析的需求，适用于团队间的协同分析场景。

第 17 章　创建标普 500 指数企业报表

17.1　标普 500 指数和企业

标普 500 指数的“500”只是一个概数，实际上企业数量多于 500 家。截至 2021 年 10 月，标普 500 指数包含 505 个企业代码，去除 3 个重复代码，如图 17.1 所示，实为 502 家企业[①]。其成员也不是静态的，根据企业财务业绩的表现，指数会将业绩表现不佳的企业剔除，将业绩表现良好的企业作为补充。在之前的案例里，我们仅使用标普 500 指数中 5 家企业的财务数据，本章将会导入 500 家标普 500 指数企业的财务数据。

A	B	C	E	G
企业财报名称	企业代码	企业英文用命	企业板块-中文	企业子版块-中文
谷歌A	GOOGL	Alphabet (Class A)	通信服务	互动媒体与服务
谷歌C	GOOG	Alphabet (Class C)	通信服务	互动媒体与服务
21世纪福克斯	FOXA	Fox Corporation (Cla	通信服务	电影和娱乐
21世纪福克斯(B股)	FOX	Fox Corporation (Cla	通信服务	电影和娱乐
新闻集团	NWSA	News Corp (Class A)	通信服务	出版
新闻集团(B股)	NWS	News Corp (Class B)	通信服务	出版

图 17.1　标普 500 指数中拥有两只股票代码的企业

17.2　解决数据结构化问题

将之前的 FAAMG 文件存为副本，打开副本文件，直接开始读取文件夹类型数据，并指向学习资料里的 SPY500 文件夹下的资产负债表文件夹，如图 17.2 所示。

---

① 美国允许同一家上市企业发行不同类型的股票，如谷歌 A 与谷歌 C，分别代表不同类型的股东权益，但都是谷歌公司发行的股票，股票类型与财报数据无关。

\出版\第七部 财务分析\学习资料\SPY500\balance

Content	Name	Extension	Date accessed	Date modified	Date created	Attributes	Folder Pat
Binary	balance-A-All.json	.json	2022/1/23 14:14:23	2021/12/31 15:14:02	2022/1/23 14:14:23	Record	C:\Users\leiben\OneDrive - BI [
Binary	balance-AAL-All.json	.json	2022/1/23 14:14:23	2021/12/31 15:32:17	2022/1/23 14:14:23	Record	C:\Users\leiben\OneDrive - BI [
Binary	balance-AAP-All.json	.json	2022/1/23 14:14:23	2021/12/31 15:30:58	2022/1/23 14:14:23	Record	C:\Users\leiben\OneDrive - BI [
Binary	balance-AAPL-All.json	.json	2022/1/23 14:14:23	2021/12/31 15:03:43	2022/1/23 14:14:23	Record	C:\Users\leiben\OneDrive - BI [
Binary	balance-ABBV-All.json	.json	2022/1/23 14:14:23	2021/12/31 15:05:55	2022/1/23 14:14:23	Record	C:\Users\leiben\OneDrive - BI [
Binary	balance-ABC-All.json	.json	2022/1/23 14:14:23	2021/12/31 15:28:35	2022/1/23 14:14:23	Record	C:\Users\leiben\OneDrive - BI [
Binary	balance-ABMD-All.json	.json	2022/1/23 14:14:23	2021/12/31 15:30:35	2022/1/23 14:14:23	Record	C:\Users\leiben\OneDrive - BI [
Binary	balance-ABT-All.json	.json	2022/1/23 14:14:23	2021/12/31 15:05:31	2022/1/23 14:14:23	Record	C:\Users\leiben\OneDrive - BI [
Binary	balance-ACN-All.json	.json	2022/1/23 14:14:23	2021/12/31 15:05:58	2022/1/23 14:14:23	Record	C:\Users\leiben\OneDrive - BI [
Binary	balance-ADBE-All.json	.json	2022/1/23 14:14:23	2021/12/31 15:04:56	2022/1/23 14:14:23	Record	C:\Users\leiben\OneDrive - BI [
Binary	balance-ADI-All.json	.json	2022/1/23 14:14:23	2021/12/31 15:12:21	2022/1/23 14:14:23	Record	C:\Users\leiben\OneDrive - BI [
Binary	balance-ADM-All.json	.json	2022/1/23 14:14:24	2021/12/31 15:18:36	2022/1/23 14:14:24	Record	C:\Users\leiben\OneDrive - BI [
Binary	balance-ADP-All.json	.json	2022/1/23 14:14:24	2021/12/31 15:09:15	2022/1/23 14:14:24	Record	C:\Users\leiben\OneDrive - BI [
Binary	balance-ADSK-All.json	.json	2022/1/23 14:14:24	2021/12/31 15:11:06	2022/1/23 14:14:24	Record	C:\Users\leiben\OneDrive - BI [
Binary	balance-AEE-All.json	.json	2022/1/23 14:14:24	2021/12/31 15:24:08	2022/1/23 14:14:24	Record	C:\Users\leiben\OneDrive - BI [
Binary	balance-AEP-All.json	.json	2022/1/23 14:14:24	2021/12/31 15:15:19	2022/1/23 14:14:24	Record	C:\Users\leiben\OneDrive - BI [
Binary	balance-AES-All.json	.json	2022/1/23 14:14:24	2021/12/31 15:29:31	2022/1/23 14:14:24	Record	C:\Users\leiben\OneDrive - BI [
Binary	balance-AFL-All.json	.json	2022/1/23 14:14:24	2021/12/31 15:18:00	2022/1/23 14:14:24	Record	C:\Users\leiben\OneDrive - BI [
Binary	balance-AIG-All.json	.json	2022/1/23 14:14:24	2021/12/31 15:14:35	2022/1/23 14:14:24	Record	C:\Users\leiben\OneDrive - BI [
Binary	balance-AIZ-All.json	.json	2022/1/23 14:14:24	2021/12/31 15:34:04	2022/1/23 14:14:24	Record	C:\Users\leiben\OneDrive - BI [

由于大小限制，已截断预览中的数据。

合并并转换数据　转换数据　取消

图 17.2　一次性读取 500 家标普 500 指数企业资产负债表

稍等片刻后，显示这次转换遇到加载错误，单击“查看错误”，如图 17.3 所示。

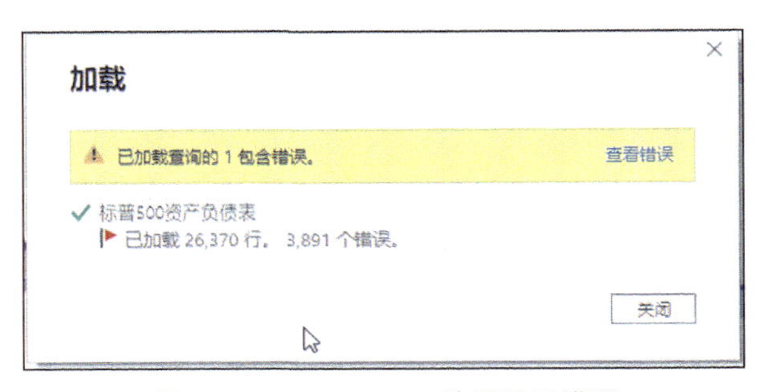

图 17.3　Power Query 结果显示错误

在 Power Query 界面中可见一个新的查询错误结果，从“data.quote_name”列中得知大多数的错误来源于银行和股票保险类型企业，选择其中一家企业，如图 17.4 所示[①]。

① 为易于理解，示例中将新查询名字改为标普 500 资产负债表。

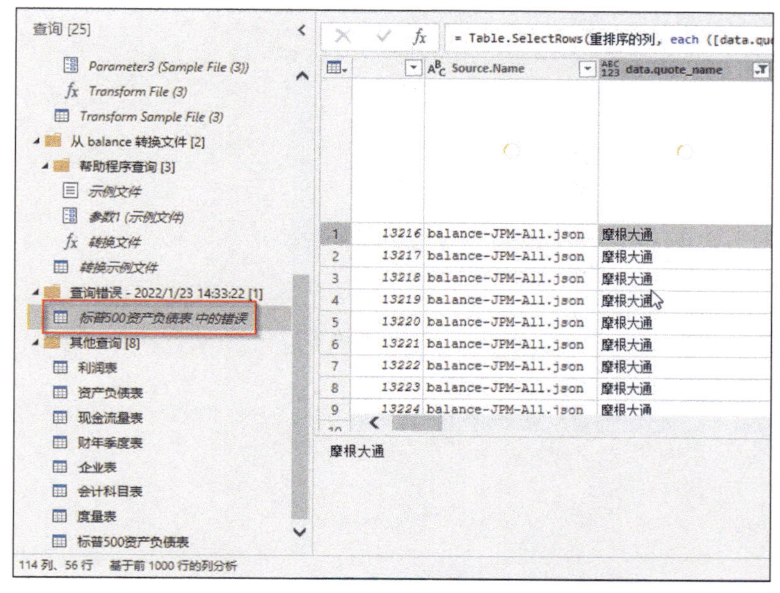

图 17.4 进入 Power Query 查询错误

选中具体的错误列，如总现金，Power Query 提示错误为“无法将值 null 转换为类型 List”, 如图 17.5 所示。

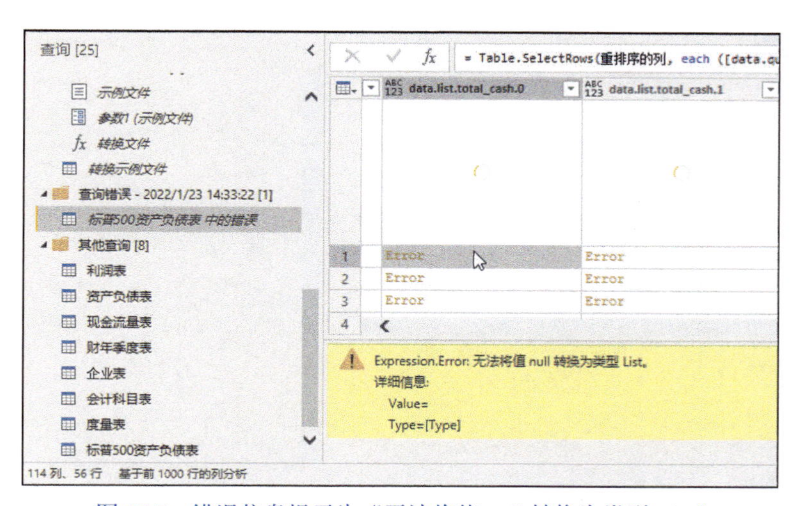

图 17.5 错误信息提示为“无法将值 null 转换为类型 List”

回到财经网页，打开具体公司的财务报表，观察到其财务数据结构与之前所观察的 FAAMG 财务数据结构有所不同，图 17.6 所示为该公司的资产负债表，其中并不含有“总现金”科目，图 17.7 所示为微软公司的资产负债表，二者对比鲜明。

摩根大通(JPM)

上一页 下一页

全部 年报 中报 一季报 三季报

☐ 同比

摩根大通财年为每年的1月1日至12月31日，最新披露财报所属2021财年。

财报币种：美元(USD)

报告期	2021年FY	2021年Q9	2021年Q6	2021年Q1	2020年FY
固定资产净额	270.70亿	269.96亿	266.31亿	269.26亿	271.09亿
商誉	503.15亿	503.13亿	492.56亿	492.43亿	492.48亿
无形资产净额	8.82亿	9.02亿	8.50亿	8.75亿	9.04亿
现金及存放同业款项	264.38亿	258.57亿	265.92亿	253.97亿	248.74亿
银行存款	7143.96亿	7340.12亿	6788.29亿	6856.75亿	5027.35亿
可转售联邦基金证券	2616.98亿	2821.61亿	2609.87亿	2724.81亿	2962.84亿
交易性资产	4335.75亿	5159.01亿	5205.88亿	5440.52亿	5031.26亿
债券	8783.03亿	7981.19亿	7600.13亿	7769.10亿	7506.34亿
贷款	1.08万亿	1.04万亿	1.04万亿	1.01万亿	1.01万亿
贷款损失准备金	163.86亿	181.50亿	195.00亿	230.01亿	283.28亿
贷款净值	1.06万亿	1.03万亿	1.02万亿	9883.06亿	9845.25亿
应收账款	1025.70亿	1163.95亿	1252.53亿	1147.54亿	905.03亿
按揭（抵押）资产	54.94亿	53.51亿	45.49亿	44.70亿	32.76亿

图 17.6 摩根大通公司的资产负债表

微软(MSFT)

上一页 下一页

全部 年报 中报 一季报 三季报

☐ 同比

微软财年为每年的7月1日至第二年的6月30日，最新披露财报所属2022财年。

财报币种：美元(USD)

报告期	2022年Q1	2021年FY	2021年Q9	2021年Q6	2021年Q1
现金及现金等价物	191.65亿	142.24亿	137.02亿	144.32亿	172.05亿
短期投资	1114.50亿	1161.10亿	1117.05亿	1175.36亿	1207.72亿
总现金	1306.15亿	1303.34亿	1254.07亿	1319.68亿	1379.77亿
应收账款	273.49亿	380.43亿	263.22亿	273.12亿	228.51亿
存货	34.11亿	26.36亿	22.45亿	19.24亿	27.05亿
流动资产递延所得税	-	-	-	-	-
预付款项	-	-	-	-	-
流动资产特殊项目	129.51亿	133.93亿	116.40亿	127.69亿	135.44亿
流动资产合计	1743.26亿	1844.06亿	1656.14亿	1739.73亿	1770.77亿

图 17.7 微软公司的资产负债表

所以当使用“合并并转换数据”功能时，Power Query 简单地将所有财务表以统一标准模型处理，当遇到银行和保险类型企业的财务报表就会引发数据结构化问题。

解决此问题的方案在于不通过 Power Query 自动判断转换步骤，使用手工转换替代自动转换。让我们删除原来的所有操作，重新回到图 17.2 的步骤中，这一次单击的是“转换数据”按钮，直接进入 Power Query 界面。添加“自定义列”①，输入公式“Json.Document”②，选择“Content”列并单击“插入”按钮③，在公式②处“补上括号”()，单击“确定”按钮④，如图 17.8 所示。

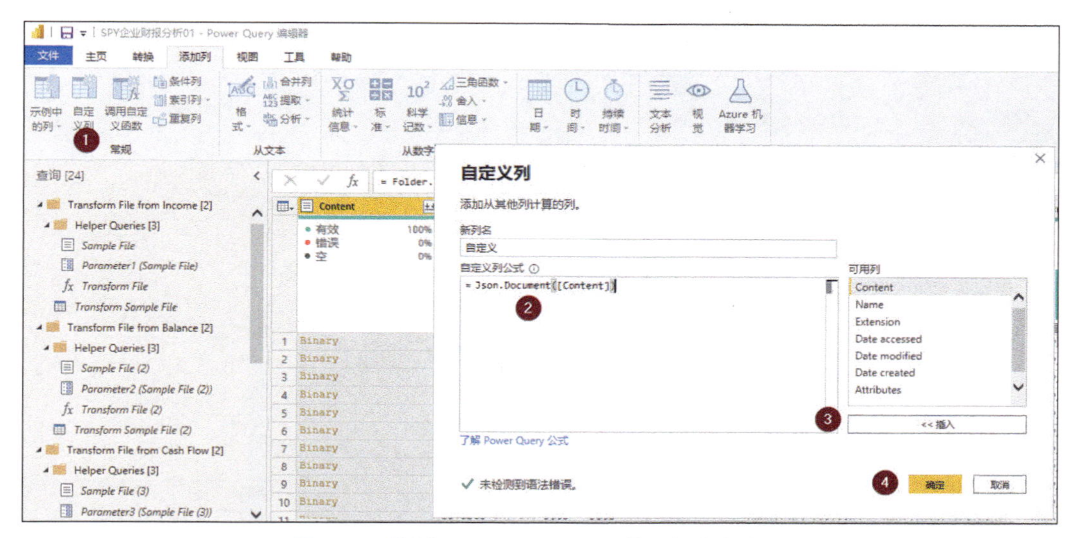

图 17.8 使用 Json.Document 函数添加自定义列

Json.Document 函数返回自定义列，此处删除其他列仅保留转换后的自定义列，如图 17.9 所示。

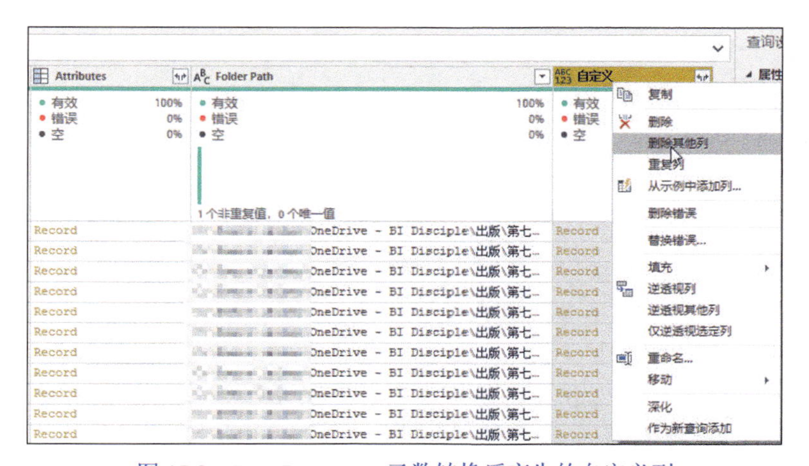

图 17.9 Json.Document 函数转换后产生的自定义列

将“自定义”列扩展并只保留“data”列，如图 17.10 所示。

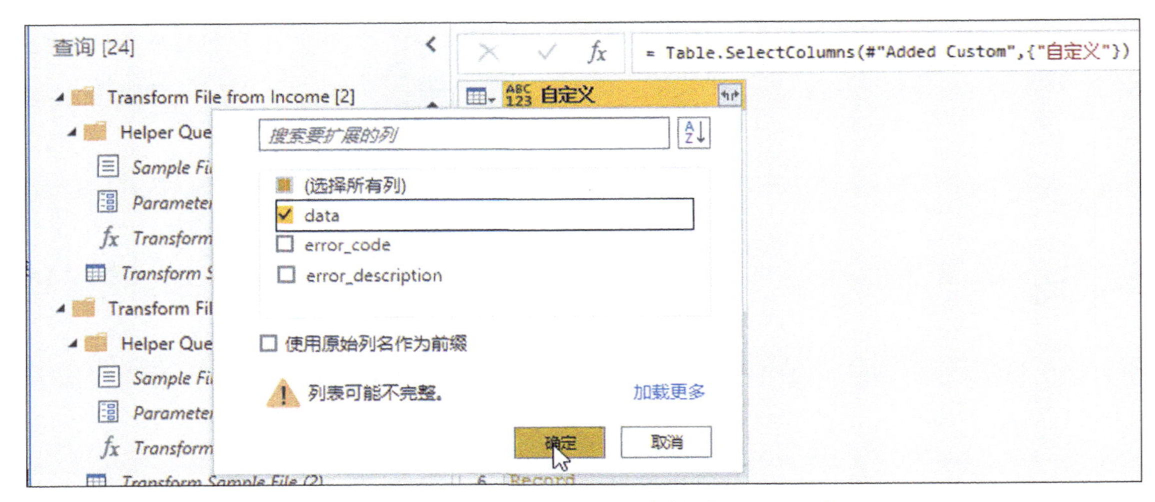

图 17.10 仅在“自定义”列中扩展“data”列

data 列又被展开为多列信息与 list，如图 17.11 所示。

statuses	currency	tip	list
有效 0% 错误 0% 空 100%	有效 99% 错误 0% 空 < 1%	有效 98% 错误 0% 空 2%	有效 100% 错误 0% 空 0%
null	USD	安捷伦科技财年为每年的11月1日至第二年...	List
null	USD	美国航空财年为每年的1月1日至12月31日，...	List
null	USD	Advance Auto Parts财年为每年的1月1...	List
null	USD	苹果财年为每年的10月1日至第二年的9月30...	List
null	USD	艾伯维公司财年为每年的1月1日至12月31日...	List

图 17.11 data 列中包含的 list

单击“list”列旁的扩展按钮，选择“扩展到新行”选项，如图 17.12 所示。相信用户操作到此处会有一种熟悉的感觉，剩余的操作与第 14 章中关于 Power Pivot 的内容相仿，用户只需沿用之前的步骤处理便可。

按照以上的步骤重复，直到最终得到与先前资产负债表一致的数据结构，如图 17.13 所示。继续按照以上的操作处理标普 500 利润表和现金流量表。

对标普 500 利润表和现金流量表重复以上的操作，结果如图 17.14 所示。

last_report_name	statuses	currency	tip	list
2021年FY	null	USD	安捷伦科技财年为每年的11月1日至第二年的10月31日...	List
2021年Q9	null	USD	美国航空财年为每年的1月1日至12月31日，最新披露财...	List
2021年Q9	null	USD	null	List
2021年FY	null	USD	苹果财年为每年的10月1日至第二年的9月30日，最新披...	List
2021年Q9	null	USD	艾伯维公司财年为每年的1月1日至12月31日，最新披露...	List

扩展到新行
提取值...

图 17.12 将 list 列扩展到新行操作

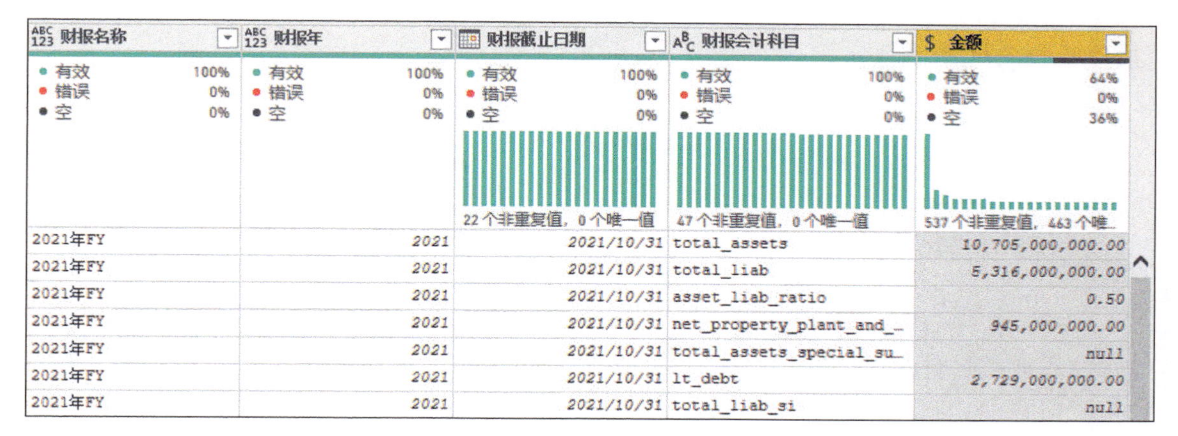

图 17.13 最终处理完成的资产负债表

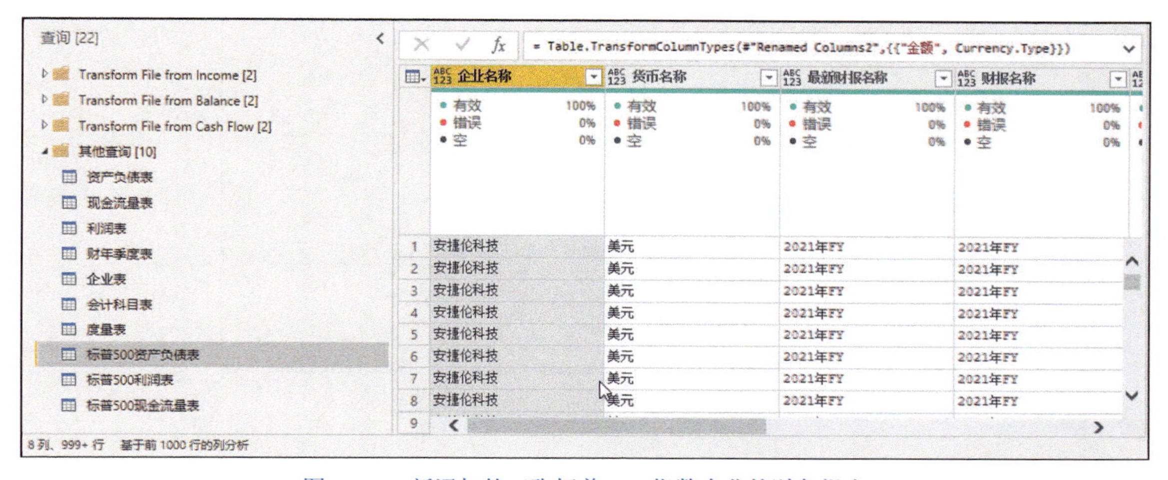

图 17.14 新添加的三张标普 500 指数企业的财务报表

接下来我们要删除原来的 FAAMG 三张财务报表，并将标普 500 指数企业的财务报表的名称改为原有的财务报表名称，例如，将“标普 500 资产负债表”改为“资产负债表”，结果如图 17.15 所示①。

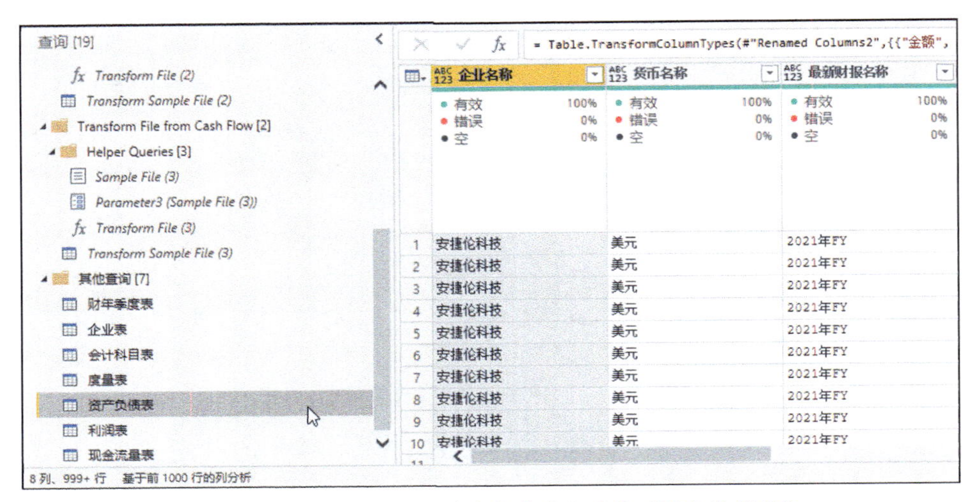

图 17.15 将“标普 500 资产负债表”改为“资产负债表”

最后，在企业表中将如图 17.1 所示的重复企业代码取消勾选，如图 17.16 所示。Power Query 至此调整完成，退出 Power Query，回到 Power BI 界面。

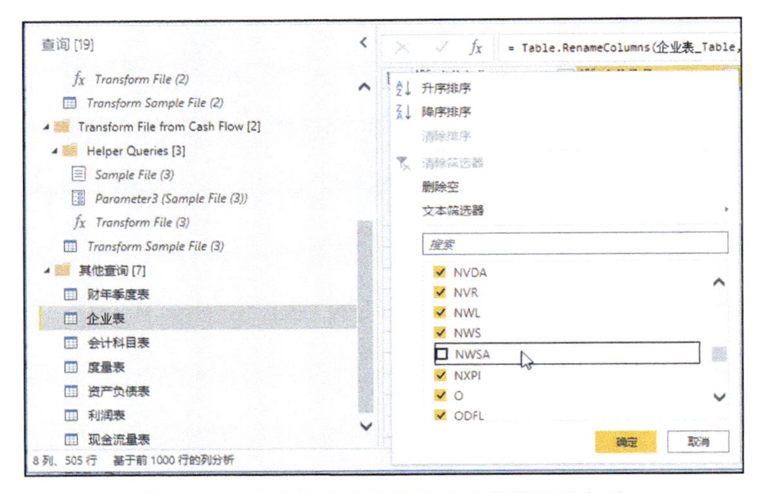

图 17.16 将企业表中的重复企业代码取消勾选

① 此步骤的目的是维持原有的数据查询结构。

17.3 重新建立数据模型

回到关系图视图界面，我们会发现原有的数据关联全都消失了，如图 17.17 所示。

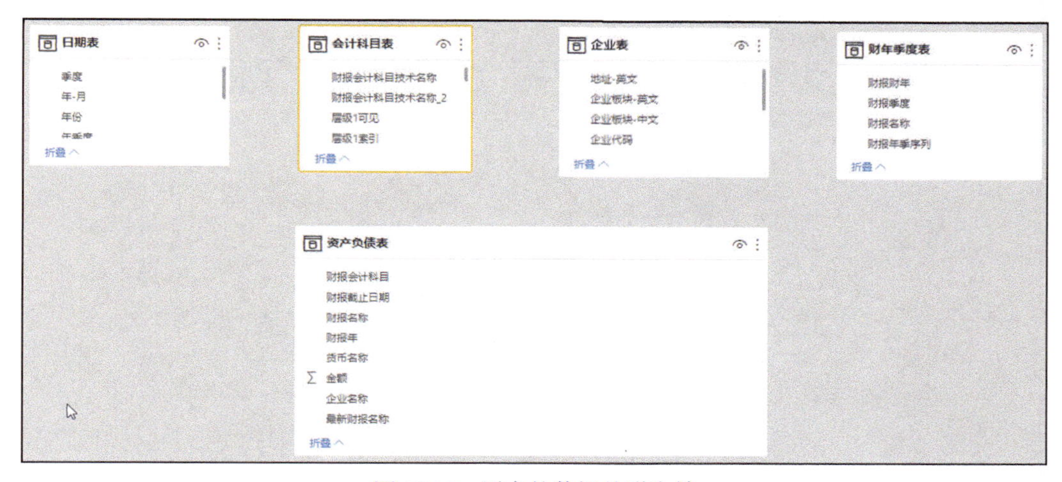

图 17.17 原有的数据关联失效

于是在此处需手动再重新建立关联。注意对会计科目表的关联，这一次我们要选择“财报会计科目技术名称 _2”这个关键字段，如图 17.18 所示。

图 17.18 重新手动关联所有表

17.4　报表筛选功能提升

完成关联后，回到报表视图，所有之前创建的度量仍然保持生效。选中页面中“企业名称”切片器，在筛选器中将原有的筛选器限制清除，如图 17.19 所示。

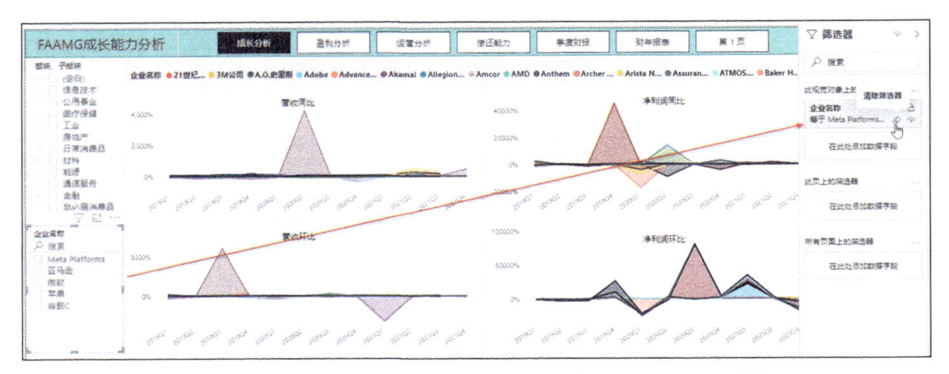

图 17.19　清除“企业名称”切片器中的 FAAMG 限制

此时，企业名称切片器将包括标普 500 指数所有企业，对所有页面重复此操作，并将报表名称进行修改，当选择某个行业子板块，报表会对应显示所有企业的财务指标，进行同行业水平的比较，如图 17.20 所示。

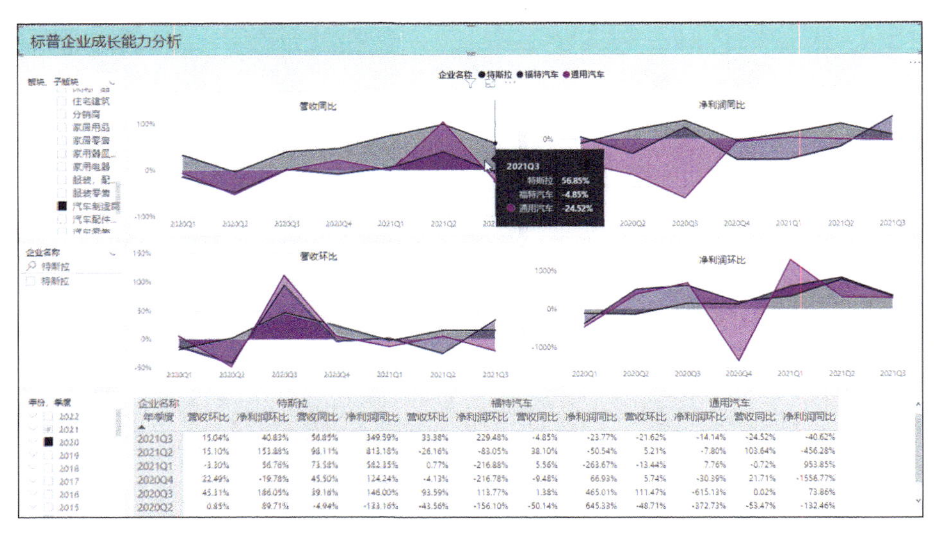

企业名称	特斯拉				福特汽车				通用汽车			
年季度	营收环比	净利润环比	营收同比	净利润同比	营收环比	净利润环比	营收同比	净利润同比	营收环比	净利润环比	营收同比	净利润同比
2021Q3	15.04%	40.83%	56.85%	349.59%	33.38%	229.48%	-4.85%	-23.77%	-21.62%	-14.14%	-24.52%	-40.62%
2021Q2	15.10%	153.88%	98.11%	813.18%	-26.16%	-83.05%	38.10%	-50.54%	5.21%	-7.80%	103.64%	-456.28%
2021Q1	-3.30%	56.76%	73.58%	582.35%	0.77%	-216.88%	5.56%	-263.67%	-13.44%	7.76%	-0.72%	953.85%
2020Q4	22.49%	-19.78%	45.50%	124.24%	-4.13%	-216.78%	-9.48%	66.93%	5.74%	-30.39%	21.71%	-1556.77%
2020Q3	45.31%	186.05%	39.16%	146.00%	93.59%	113.77%	1.38%	465.01%	111.47%	-615.13%	0.02%	73.86%
2020Q2	0.85%	89.71%	-4.94%	-133.16%	-43.56%	-156.10%	-50.14%	645.33%	-48.71%	-372.73%	-53.47%	-132.46%

图 17.20　同行业成长能力的同比与环比

单击“视图”—“同步切片器”①，选中“板块、子板块”切片器②，如图 17.21 所示。同理，对其他切片器进行相应的操作，此操作的目的是同步页面之间的切片器，提升用户体验。例如，当在同步切片器③的成长能力选择某一子板块，跳转至盈利能力分析页面后，筛选结果保持一致，如图 17.22 所示。

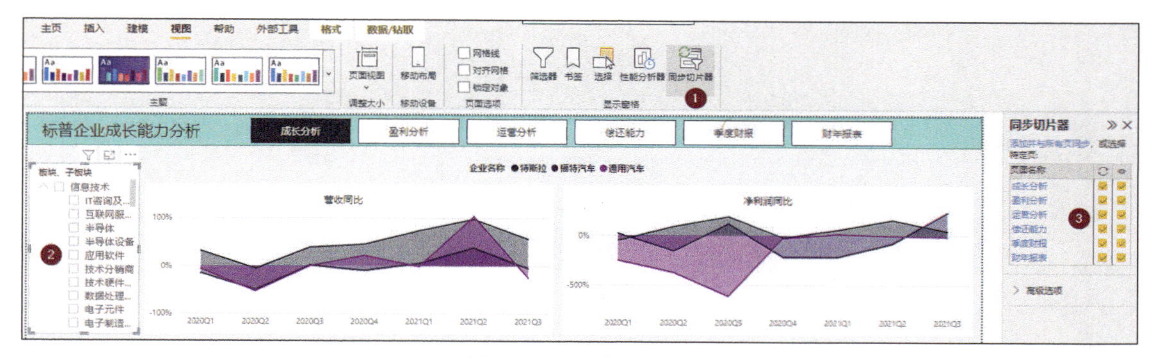

图 17.21 同步切片器

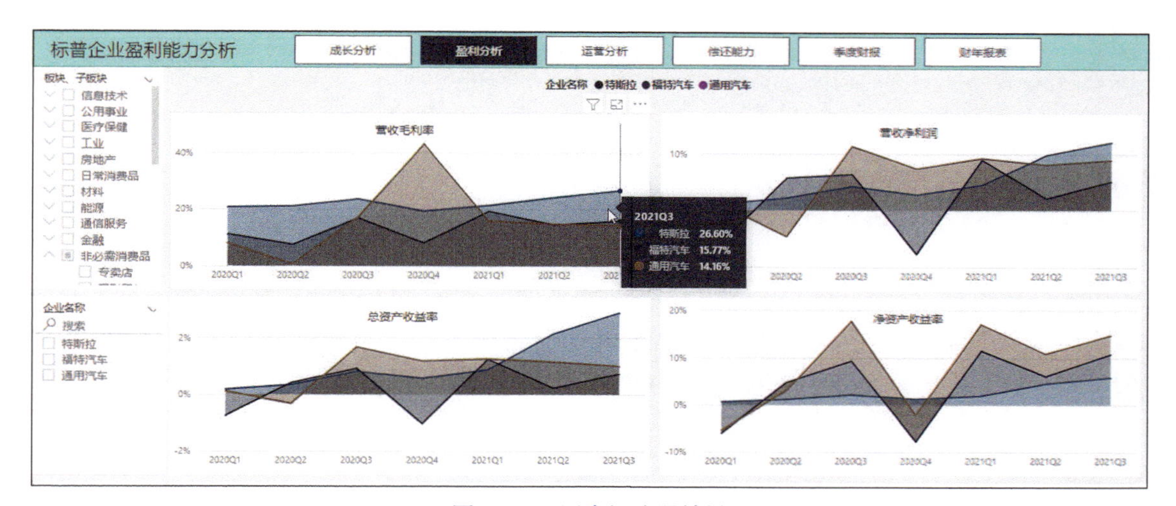

图 17.22 同步切片器效果

最后，我们来到财年报表页面，选择之前有数据结构问题的企业，因为主数据结构不同，财报将显示部分相关科目数值，如图 17.23 所示。

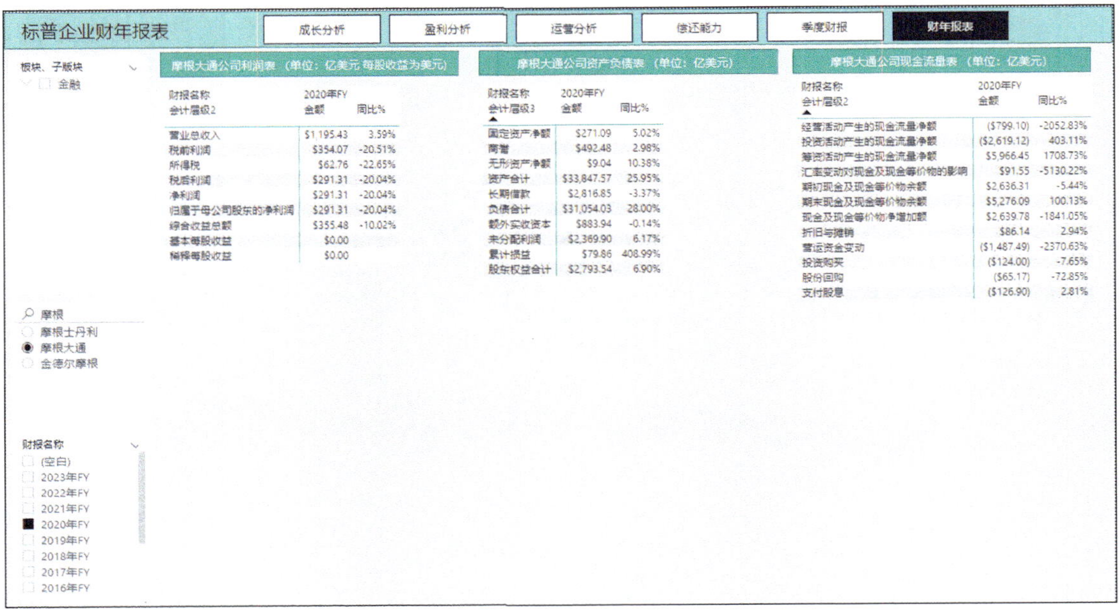

标普企业财年报表

成长分析 | 盈利分析 | 运营分析 | 偿还能力 | 季度财报 | 财年报表

板块、子版块

金融

摩根大通公司利润表（单位：亿美元 每股收益为美元）

财报名称 会计层级2	2020年FY 金额	 同比%
营业总收入	$1,195.43	3.59%
税前利润	$354.07	-20.51%
所得税	$62.76	-22.65%
税后利润	$291.31	-20.04%
净利润	$291.31	-20.04%
归属于母公司股东的净利润	$291.31	-20.04%
综合收益总额	$355.48	-10.02%
基本每股收益	$0.00	
稀释每股收益	$0.00	

摩根大通公司资产负债表（单位：亿美元）

财报名称 会计层级3	2020年FY 金额	 同比%
固定资产净额	$271.09	5.02%
商誉	$492.48	2.98%
无形资产净额	$9.04	10.38%
资产合计	$33,847.57	25.95%
长期借款	$2,816.85	-3.37%
负债合计	$31,054.03	28.00%
额外实收资本	$883.94	-0.14%
未分配利润	$2,369.90	6.17%
累计损益	$79.86	408.99%
股东权益合计	$2,793.54	6.90%

摩根大通公司现金流量表（单位：亿美元）

财报名称 会计层级2	2020年FY 金额	 同比%
经营活动产生的现金流量净额	($799.10)	-2052.83%
投资活动产生的现金流量净额	($2,619.12)	403.11%
筹资活动产生的现金流量净额	$5,966.45	1708.73%
汇率变动对现金及现金等价物的影响	$91.55	-5130.22%
期初现金及现金等价物余额	$2,636.31	-5.44%
期末现金及现金等价物余额	$5,276.09	100.13%
现金及现金等价物净增加额	$2,639.78	-1841.05%
折旧与摊销	$86.14	2.94%
营运资金变动	($1,487.49)	-2370.63%
投资购买	($124.00)	-7.65%
股份回购	($65.17)	-72.85%
支付股息	($126.90)	2.81%

摩根

摩根士丹利

摩根大通

金德尔摩根

财报名称

(空白)

2023年FY

2022年FY

2021年FY

2020年FY

2019年FY

2018年FY

2017年FY

2016年FY

图 17.23 之前有数据结构问题的企业的三大财报内容展示

本章小结

本章介绍了如何批量导入标普 500 指数企业的财务数据以及如何处理其中遇到的数据结构问题。读者需要灵活掌握数据处理技巧，根据实际情况及时发现并解决数据结构问题。同时本章也介绍了数据模型重建和筛选功能提升，通过尽量小的修改，在原有报表的基础上进一步提升分析功能，为探索分析奠定了数据基础。

第 18 章 探索分析——基于 Excel

探索分析是指对商业问题进行假设、探索、验证的分析过程。有别于前文的标准报表设计，探索分析往往没有一种固定的报表模式，它强调的是敏捷与自助，而对标准与流程的要求较少。有了 Power BI 云端数据集作为统一的数据源，用户便可以用前端工具进行探索分析。本章将演示用 Excel 进行探索分析的场景。

18.1 Excel 数据分析工具

在正式开始探索分析前，建议用户先安装 Excel 分析工具库，该工具库是 Excel 自带的数据分析包，包括许多常用的分析功能，如常用的标准偏差、相关系数、线性回归等。用户通过在工具库对话框中输入数据与参数，便可直接获取分析结果，而不需要手动输入 Excel 函数。

在 Excel 中单击“文件”菜单，选择“选项”，在弹出的对话框中单击“加载项”①，选择“分析工具库”②，选择“Excel 加载项”，单击“转到（G）…”按钮③，如图 18.1 所示。

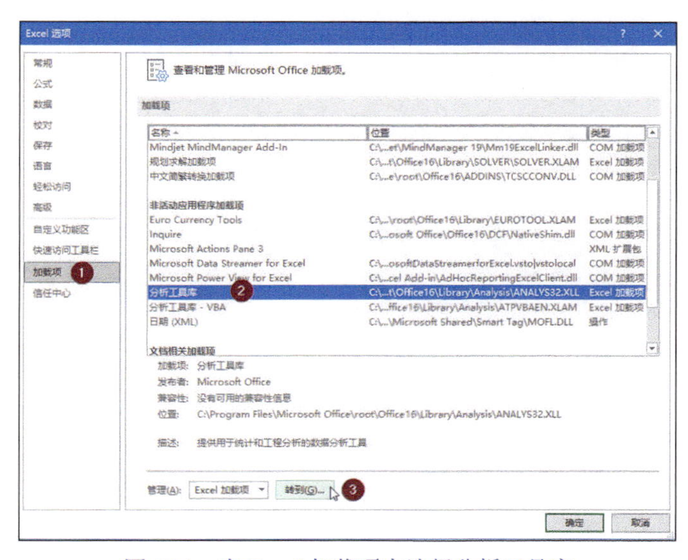

图 18.1 在 Excel 加载项中选择分析工具库

在“加载项”对话框中勾选“分析工具库”选项，单击“确定”按钮，如图 18.2 所示。

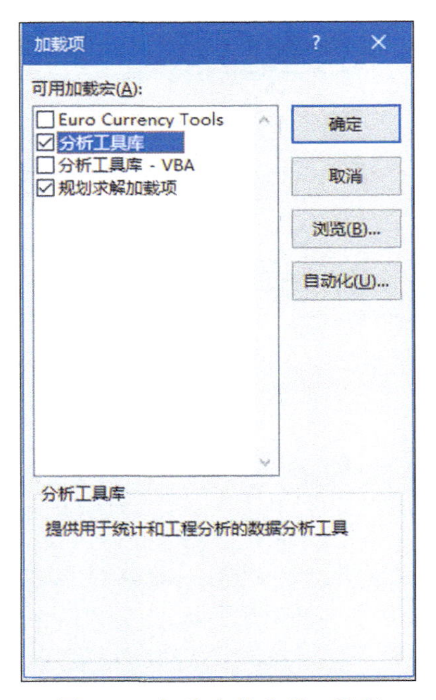

图 18.2 勾选安装分析工具库

成功安装分析工具库后，在“数据”中应见“数据分析”选项，如图 18.3 所示。

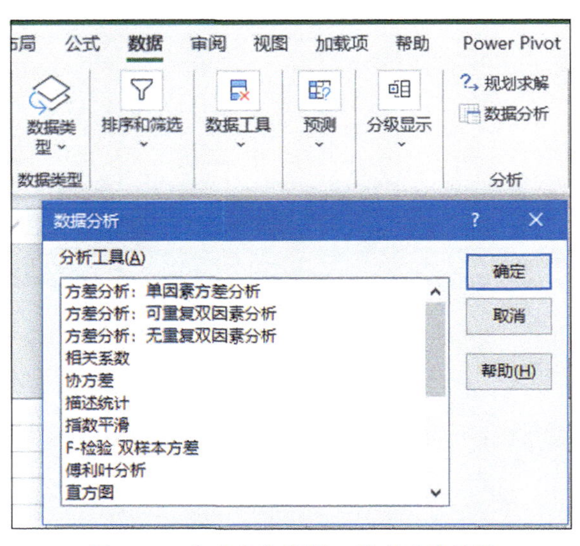

图 18.3 成功安装分析工具库后的效果

18.2 描述分析

描述分析通常是理解数据的第一步，指使用平均数、中位数、众数、标准差、方差等统计方法对数据集的集中程度与离散程度进行描述。首先，我们用前文介绍的“在 Excel 中分析”方式连接云端 Power BI 数据集，创建同比数据集，单击“数据分析”选项，选择“描述统计”，单击“确定”按钮，在“输入区域（I）”选中整体数据集（含标题），勾选所有选项，填写“输出区域（O）”，如图 18.4 所示。

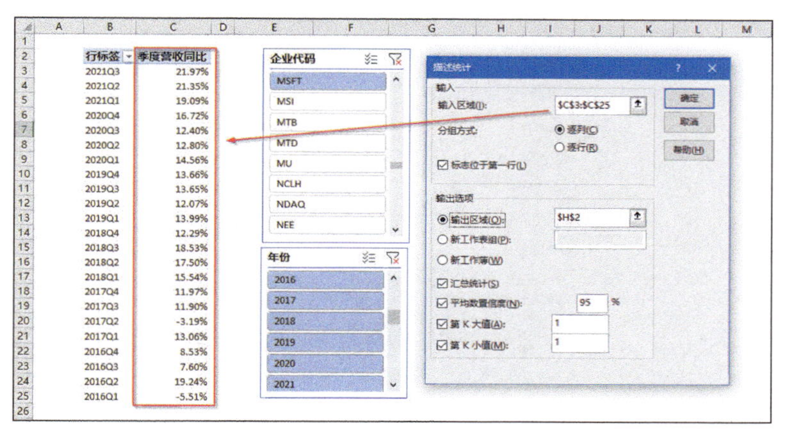

图 18.4 描述分析的参数

Excel 将返回描述分析结果，包括最大值和最小值等信息，如图 18.5 所示。

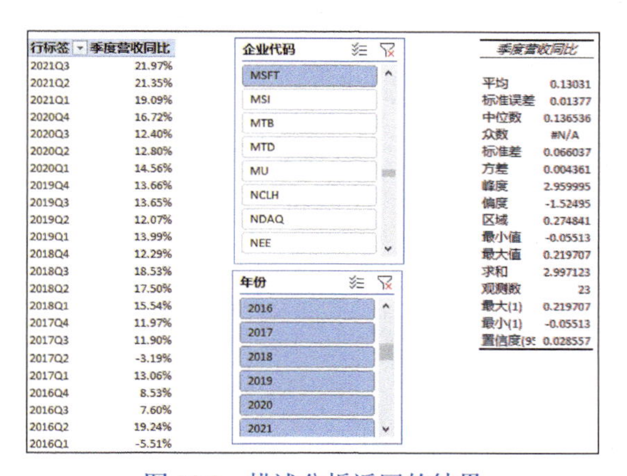

图 18.5 描述分析返回的结果

18.3　直方图分析

直方图分析适用于查看数据分布的情况，同样，单击“数据分析”选项，选择“直方图”，单击“确定”按钮，在弹出的对话框中填写“输入区域（I）”和“输出区域（O）”，并勾选“图表输出”选项，单击“确定”按钮，如图 18.6 所示。

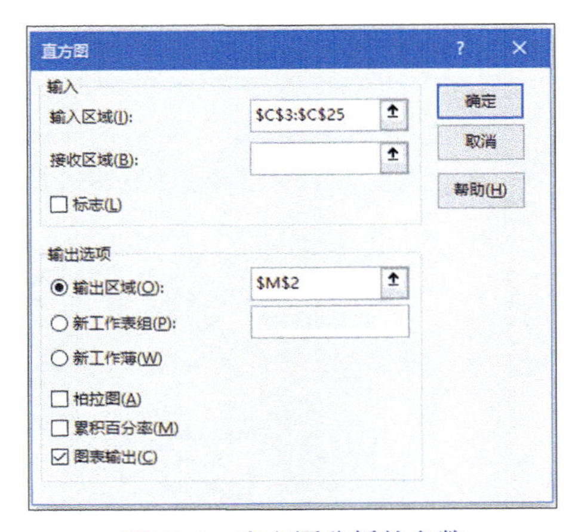

图 18.6　直方图分析的参数

图 18.7 为直方图分析输出结果。从直方图可直观得出，微软 2016—2021 年的季度同比增幅大多在 15% 左右。

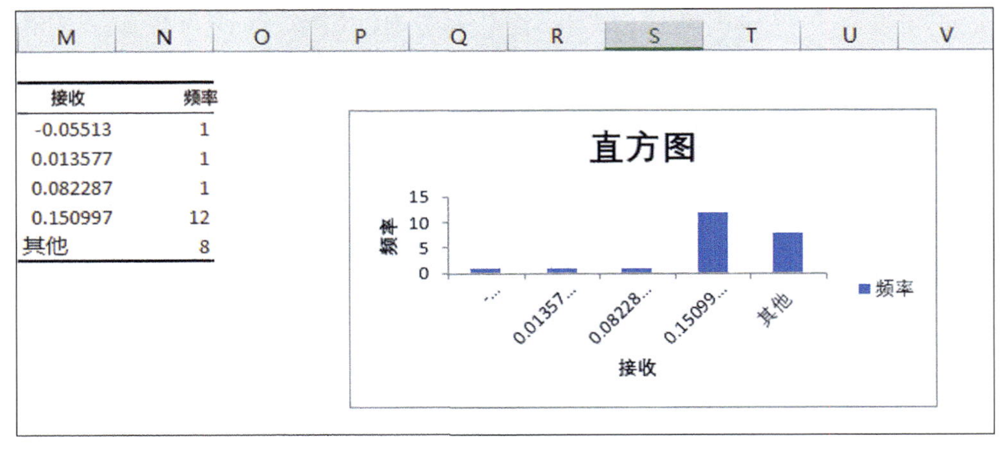

接收	频率
-0.05513	1
0.013577	1
0.082287	1
0.150997	12
其他	8

图 18.7　直方图分析输出结果

18.4 相关系数分析

相关系数分析是指两个变量之间的相关程度的分析。在商业场景中，相关系数分析能帮助我们理解并验证变量之间的相关程度。例如，分析销售价格与销售数量的关系，分析员工满意度与产品质量的关系，这些都是一些典型的相关系数分析。

但是，“相关性不等于因果性”。每天早上公鸡打鸣后，太阳会升起，二者从常理上是相关的，但从逻辑上无法证明公鸡打鸣是因，太阳升起是果，这是显而易见的常识。在商业场景中却并非总是如此简单，用户需要通过常理和逻辑去推导事物之间的因果性。对于科技企业而言，科技是企业的核心竞争力，企业对研发的投入将决定企业的竞争力，最终决定转化。图 18.8 选用 Meta Platforms 2017—2021 年的单季度营收和单季度研发费用来分析营收与研发费用之间的相关系数①。

行标签	Values 单季度营收	单季度研发费用
2021Q3	$290.10	$63.16
2021Q2	$290.77	$60.96
2021Q1	$261.71	$51.97
2020Q4	$280.72	$52.07
2020Q3	$214.70	$47.63
2020Q2	$186.86	$44.62
2020Q1	$177.37	$40.15
2019Q4	$210.82	$38.78
2019Q3	$176.52	$35.47
2019Q2	$168.86	$33.15
2019Q1	$150.77	$28.60
2018Q4	$169.14	$28.55
2018Q3	$137.27	$26.57
2018Q2	$132.31	$25.23
2018Q1	$119.66	$22.38
2017Q4	$129.72	$19.49
2017Q3	$103.28	$20.52
2017Q2	$93.21	$19.19
2017Q1	$80.32	$18.34

企业代码：FB、FBHS、FCX、FDX、FE

年份：2017、2018、2019、2020、2021、1991

图 18.8 Meta Platforms 2017—2021 年的单季度营收与单季度研发费用数据

① 相关系数（correlation coefficient）广泛应用于度量两个变量之间的相关程度，其值介于 −1 与 1 之间。越接近 1 表示相关程度越高，反之，相关程度越低，负数代表二者成负相关。

还是单击“数据分析”选项，选择“相关系数”，单击“确定”按钮，在弹出的对话框中填入数据集和参数，如图 18.9 所示，相关系数分析的输出结果如图 18.10 所示。

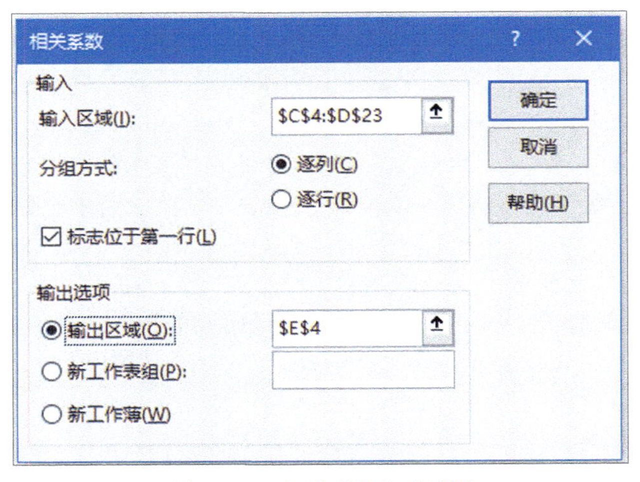

图 18.9 “相关系数”对话框

行标签	Values 单季度营收	单季度研发费
2021Q3	$290.10	$63.16
2021Q2	$290.77	$60.96
2021Q1	$261.71	$51.97
2020Q4	$280.72	$52.07
2020Q3	$214.70	$47.63
2020Q2	$186.86	$44.62
2020Q1	$177.37	$40.15
2019Q4	$210.82	$38.78
2019Q3	$176.52	$35.47

	单季度营收	单季度研发费
单季度营收	1	
单季度研发费	0.968479234	1

图 18.10 相关系数分析的输出结果

值得一提的是，使用数据分析工具也存在一些局限，因所产生的分析结果为静态数据，当数据集发生变动后，用户需要重新进行分析，较为烦琐。作为替代方案，用户可选择直接使用统计函数的方式，动态统计相关系数，如图 18.11 所示。

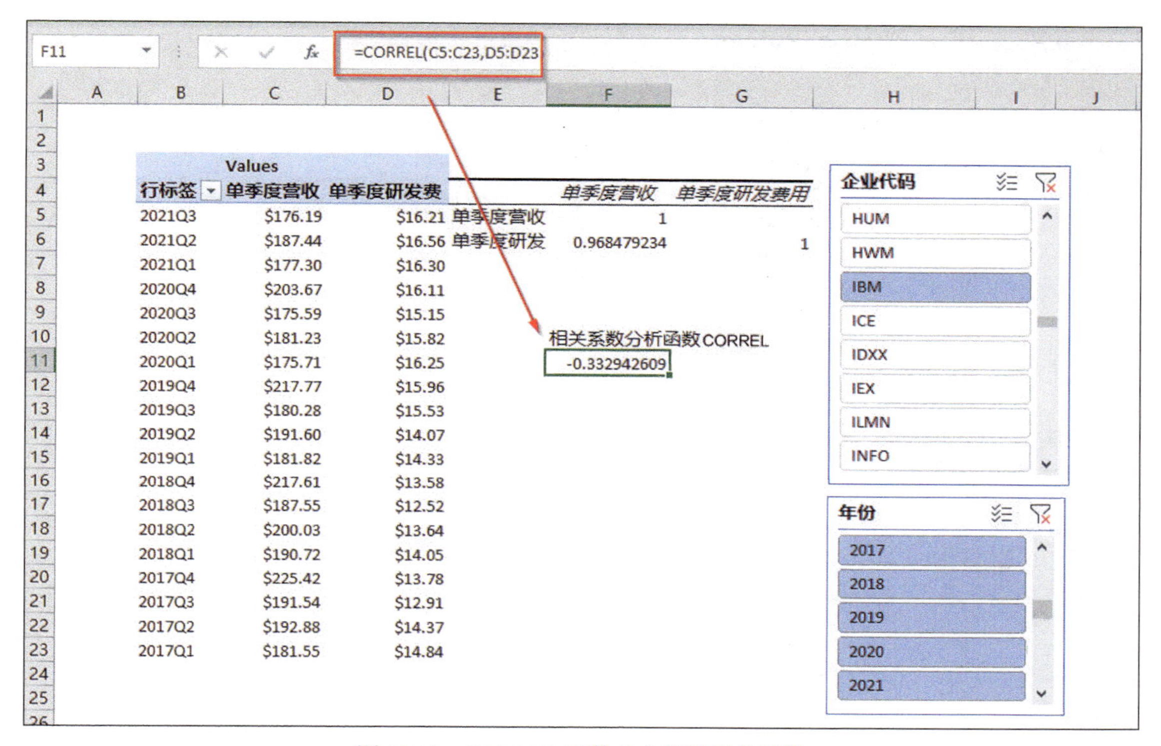

行标签	单季度营收	单季度研发费
2021Q3	$176.19	$16.21
2021Q2	$187.44	$16.56
2021Q1	$177.30	$16.30
2020Q4	$203.67	$16.11
2020Q3	$175.59	$15.15
2020Q2	$181.23	$15.82
2020Q1	$175.71	$16.25
2019Q4	$217.77	$15.96
2019Q3	$180.28	$15.53
2019Q2	$191.60	$14.07
2019Q1	$181.82	$14.33
2018Q4	$217.61	$13.58
2018Q3	$187.55	$12.52
2018Q2	$200.03	$13.64
2018Q1	$190.72	$14.05
2017Q4	$225.42	$13.78
2017Q3	$191.54	$12.91
2017Q2	$192.88	$14.37
2017Q1	$181.55	$14.84

图 18.11　CORREL 函数动态统计相关系数

18.5　回归分析

回归分析是研究自变量与因变量之间的关系的分析。图 18.12 所示为简单线性回归模型，其中 X 是原因、Y 是结果。在回归分析中，通常先进行相关性验证，确认数据之间的相关性后，再通过回归拟合模型，评估模型，最终用模型进行推算和预测。

$$Y=a+bX$$

Y：因变量；
X：自变量；
a：常数项，回归直线在纵坐标上的截距；
b：回归系数，回归直线的斜率。

图 18.12　简单线性回归模型

继续沿用上述的 Meta Platforms 数据集，复制新页，选择“插入”—“”—“散点图”，如图 18.13 所示。

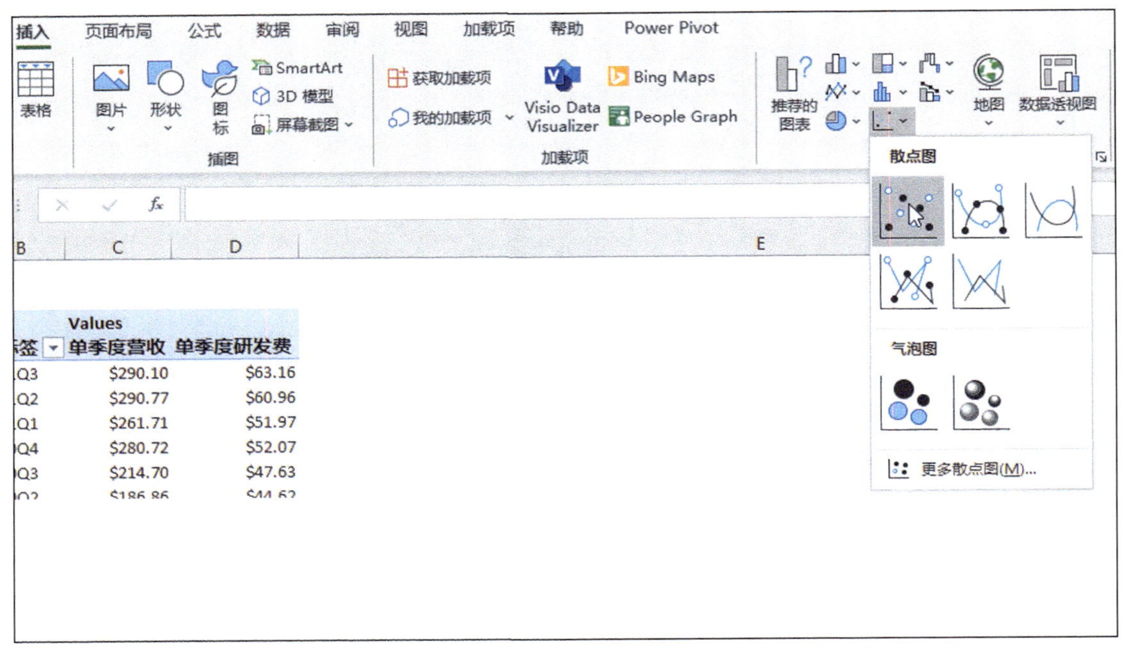

图 18.13　插入一个空白的散点图

在图表上单击右键，选择“选择数据”选项，在弹出对话框中单击“添加（A）”按钮，如图 18.14 所示。

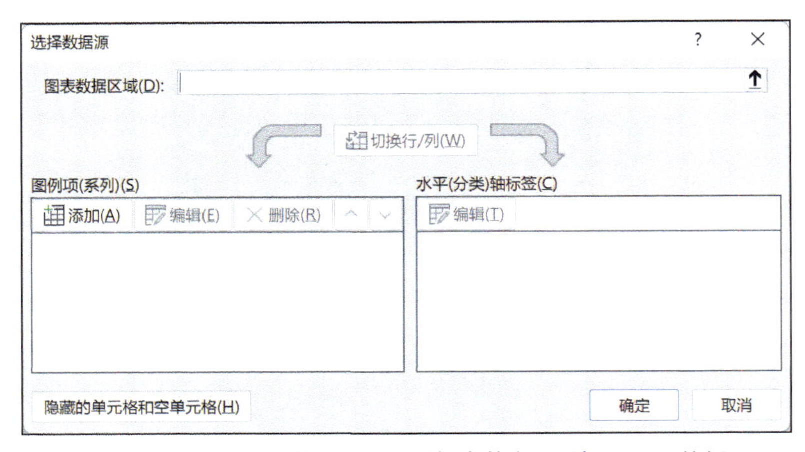

图 18.14　在“选择数据源”对话框中单击“添加（A）”按钮

参照图 18.15 添加数值，单击“确定”按钮。

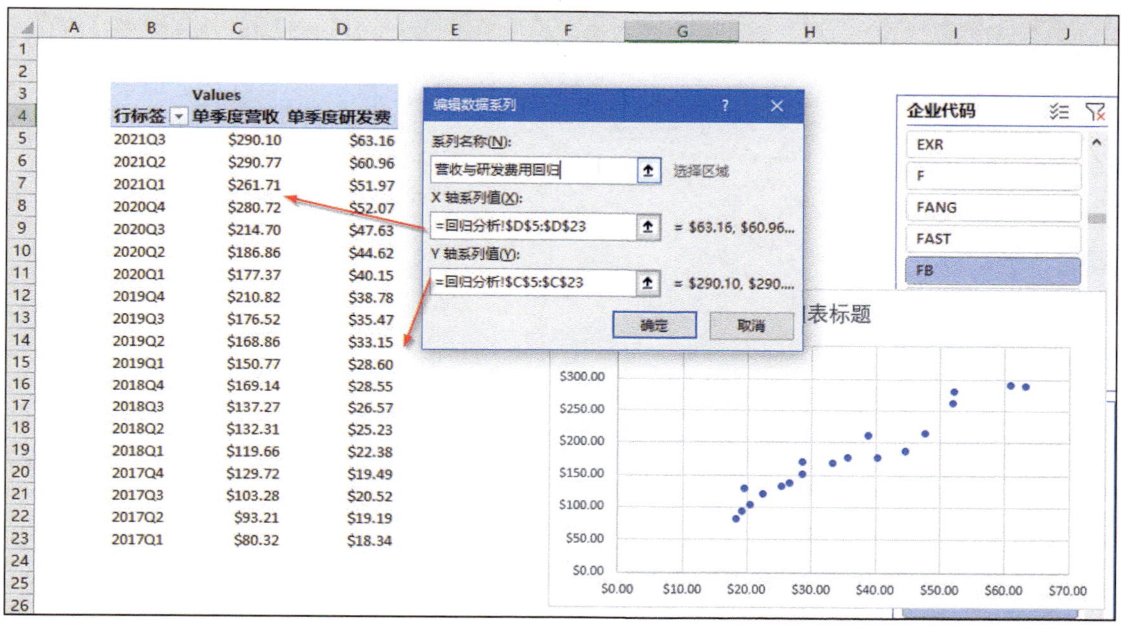

图 18.15 为散点图添加数值

选中散点图中任意散点，单击右键，选择“添加趋势线（R）”选项，如图 18.16 所示。

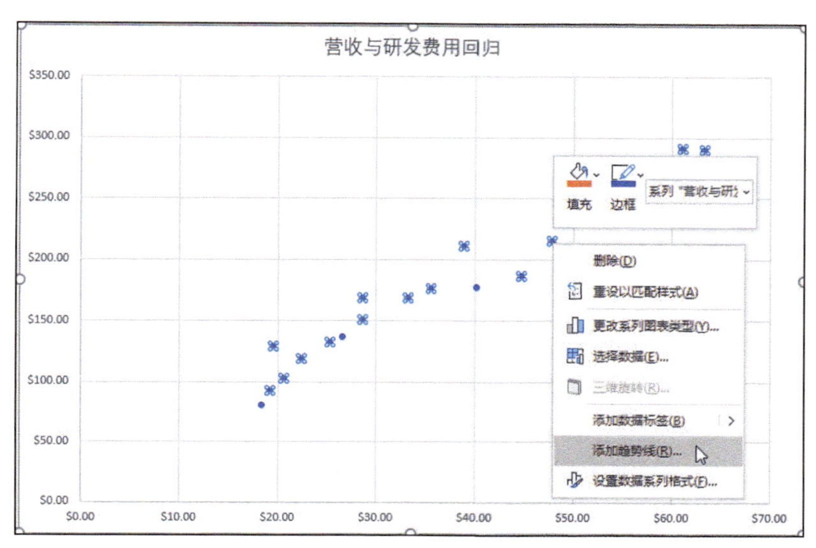

图 18.16 为散点图添加趋势线

在右侧设置框中选择“线性（L）”①，勾选“显示公式（E）”和“显示 R 平方值（R）[①]”②，趋势线将显示回归公式，如图 18.17 所示。

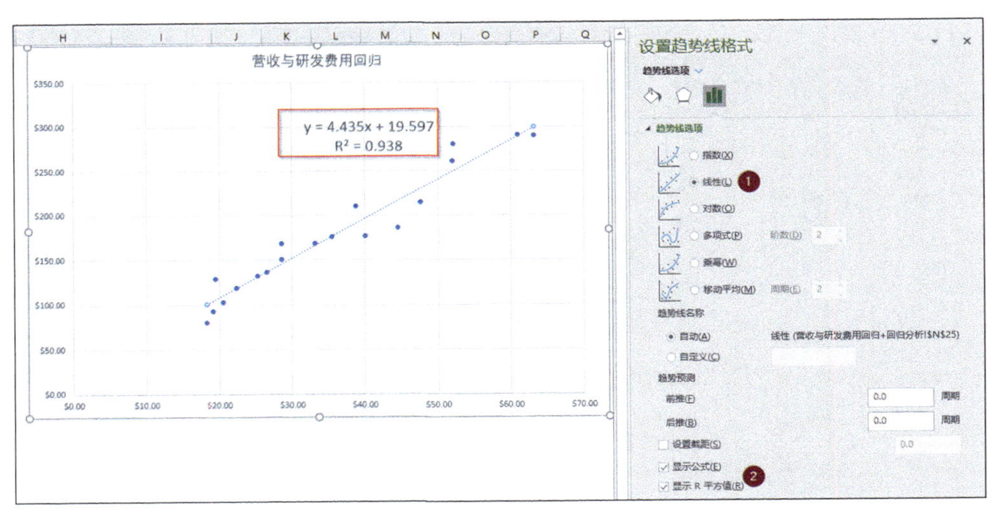

图 18.17　趋势分析的回归模型显示结果

以上演示只是得出了一个拟合的回归模型，后续还要进行模型评估，这时需要使用 Excel 分析工具库中的“回归”功能。同样启动“数据分析”功能，选择“回归”选项。在弹出的对话框中，参照图 18.18 填写 *Y* 值与 *X* 值等参数设置。

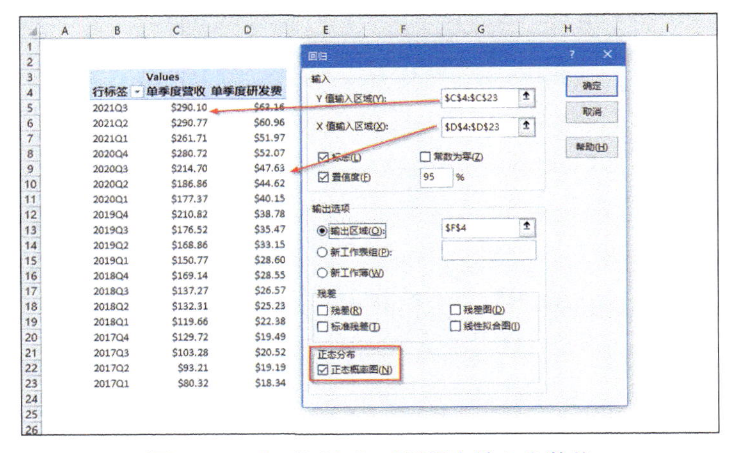

图 18.18　在“回归”对话框中输入参数值

① R 平方值的大小可以反映趋势线的估计数值与对应的实际数值之间的拟合程度，拟合程度越高，趋势线的可靠性就越高。R 平方值介于 0 ～ 1 之间，越接近 1，趋势线拟合效果越好，一般认为超过 0.8 的趋势线拟合优度比较高。

回归分析将返回模型评估结果，此处需要注意 Significance F 和 P-value，事实上，本示例中它们是完全相等的一个非常小的数值[①]。简而言之，如果 $P \geqslant 0.05$，则结果不具有显著的统计学意义，如果 $0.01 < P \leqslant 0.05$，则结果具有显著的统计学意义，如果 $P \leqslant 0.01$，则结果具有极为显著的统计学意义。在本示例中，检验结果表明回归模型具有极为显著的统计学意义，如图 18.19 所示。

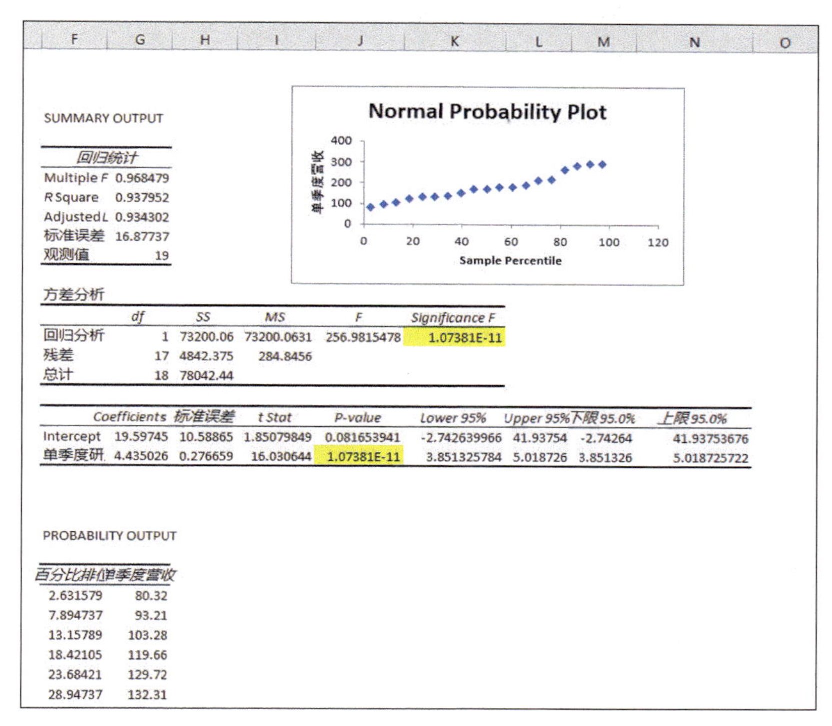

SUMMARY OUTPUT

回归统计	
Multiple F	0.968479
R Square	0.937952
Adjusted L	0.934302
标准误差	16.87737
观测值	19

方差分析

	df	SS	MS	F	Significance F
回归分析	1	73200.06	73200.0631	256.9815478	1.07381E-11
残差	17	4842.375	284.8456		
总计	18	78042.44			

	Coefficients	标准误差	t Stat	P-value	Lower 95%	Upper 95%	下限 95.0%	上限 95.0%
Intercept	19.59745	10.58865	1.85079849	0.081653941	-2.742639966	41.93754	-2.74264	41.93753676
单季度研	4.435026	0.276659	16.030644	1.07381E-11	3.851325784	5.018726	3.851326	5.018725722

PROBABILITY OUTPUT

百分比排位	单季度营收
2.631579	80.32
7.894737	93.21
13.15789	103.28
18.42105	119.66
23.68421	129.72
28.94737	132.31

图 18.19 回归分析返回的模型检验结果

18.6 合计百分比报表分析

合计百分比报表分析为一种广泛应用的分析方法，百分比分析不以百分比形式来显示金额，目的有两个：一是有助于发现个体某种重要的变化趋势；二是有助于对比不同规模企业之间某个重要指标。总而言之，合计百分比报表往往能为用户提供不同角度的分析判断结果。

用 Excel 连接云端 Power BI 数据集，创建利润表，如图 18.20 所示。

① Significance F 是在显著水平 α 下 F 的临界值，也就是统计学中常说的 P 值，一般我们以此值衡量检验结果是否具有显著性。

会计层级0	利润表	
利润表金额亿	列标签	
行标签	2021年FY	2020年FY
营业收入	$1,680.88	$1,430.15
营业总收入	$1,680.88	$1,430.15
营业成本	$522.32	$460.78
营业毛利润	$1,158.56	$969.37
市场、销售和管理费用	$252.24	$247.09
研发费用	$207.16	$192.69
营业支出总计	$459.40	$439.78
营业利润	$699.16	$529.59
税前营业收入特殊科目	$11.86	$0.77
税前利润	$711.02	$530.36
所得税	$98.31	$87.55
税后利润	$612.71	$442.81
净利润	$612.71	$442.81
归属于母公司股东的净利润	$612.71	$442.81
综合收益总额	$598.97	$478.07
基本每股收益	$0.00	$0.00
稀释每股收益	$0.00	$0.00

企业名称
康明斯
康菲石油
康西哥
开利全球
强生
徕博科
微芯科技
微软

财报名称
2021年FY
2020年FY
2019年FY
2018年FY
2017年FY
2016年FY
2015年FY
2014年FY

图 18.20　用“在 Excel 中分析”创建利润表

在数值区中单击右键，选择“值显示方式（A）”—“百分比（O）…”选项，如图 18.21 所示。

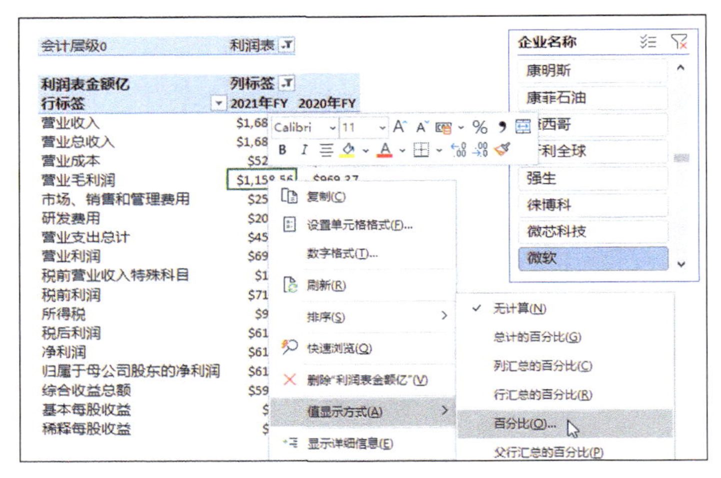

图 18.21　选择以百分比方式显示

在弹出的对话框中，选择基本项为“营业总收入”，单击“确定”按钮，如图 18.22 所示。

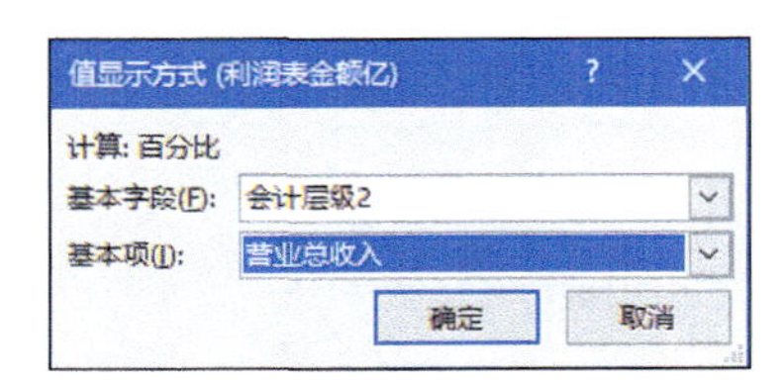

图 18.22　在“值显示方式”对话框中选择基本项

操作将所有数值一次性转化为以营业总收入为基准的百分比，在透视表右侧，输入 Excel 公式求出两列差异，如图 18.23 所示。

=C6-D6

B	C	D	E
会计层级0	利润表		
利润表金额亿	列标签		
行标签	2021年FY	2020年FY	
营业收入	100.00%	100.00%	=C6-D6
营业总收入	100.00%	100.00%	
营业成本	31.07%	32.22%	
营业毛利润	68.93%	67.78%	
市场、销售和管理费用	15.01%	17.28%	
研发费用	12.32%	13.47%	
营业支出总计	27.33%	30.75%	
营业利润	41.59%	37.03%	
税前营业收入特殊科目	0.71%	0.05%	
税前利润	42.30%	37.08%	
所得税	5.85%	6.12%	

图 18.23　以营业总收入为基准的百分比结果

拖动公式得出所有百分比差异，可添加 Excel 数据条功能，使显示结果更清晰，如图 18.24 所示。

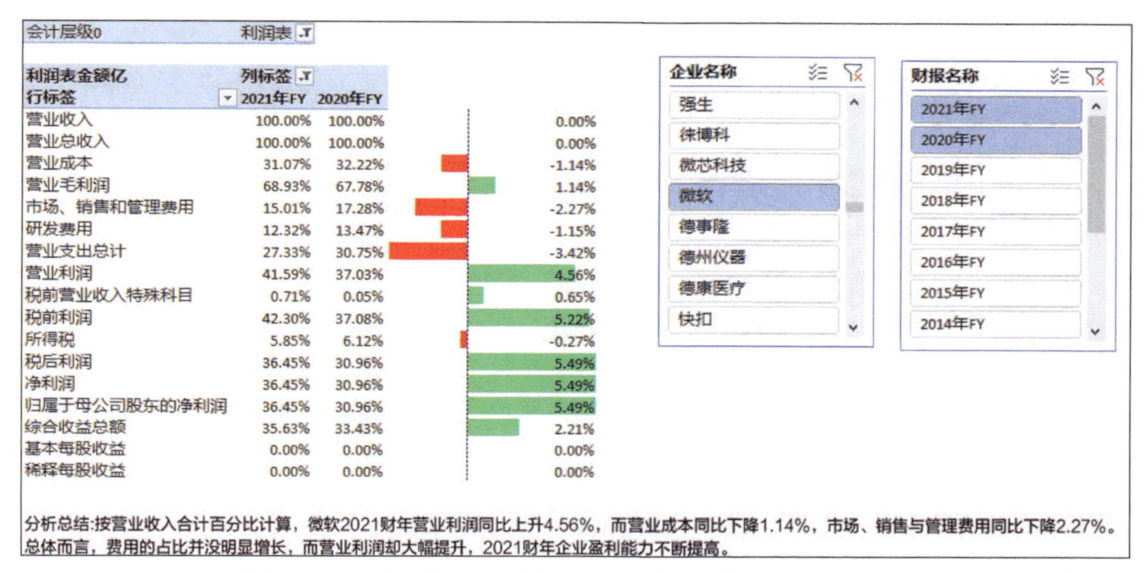

会计层级0	利润表		
利润表金额亿	列标签		
行标签	2021年FY	2020年FY	
营业收入	100.00%	100.00%	0.00%
营业总收入	100.00%	100.00%	0.00%
营业成本	31.07%	32.22%	-1.14%
营业毛利润	68.93%	67.78%	1.14%
市场、销售和管理费用	15.01%	17.28%	-2.27%
研发费用	12.32%	13.47%	-1.15%
营业支出总计	27.33%	30.75%	-3.42%
营业利润	41.59%	37.03%	4.56%
税前营业收入特殊科目	0.71%	0.05%	0.65%
税前利润	42.30%	37.08%	5.22%
所得税	5.85%	6.12%	-0.27%
税后利润	36.45%	30.96%	5.49%
净利润	36.45%	30.96%	5.49%
归属于母公司股东的净利润	36.45%	30.96%	5.49%
综合收益总额	35.63%	33.43%	2.21%
基本每股收益	0.00%	0.00%	0.00%
稀释每股收益	0.00%	0.00%	0.00%

企业名称：强生、徕博科、微芯科技、微软、德事隆、德州仪器、德康医疗、快扣

财报名称：2021年FY、2020年FY、2019年FY、2018年FY、2017年FY、2016年FY、2015年FY、2014年FY

分析总结:按营业收入合计百分比计算，微软2021财年营业利润同比上升4.56%，而营业成本同比下降1.14%，市场、销售与管理费用同比下降2.27%。总体而言，费用的占比并没明显增长，而营业利润却大幅提升，2021财年企业盈利能力不断提高。

图 18.24　对比微软 2021 财年与 2020 财年的利润表百分比差异

合计百分比报表可以用于对比企业之间的百分比差异，选择“企业代码”为列，选择同行业的两家企业[①]，同样按照之前操作得出企业之间的对比结果，如图 18.25 所示。

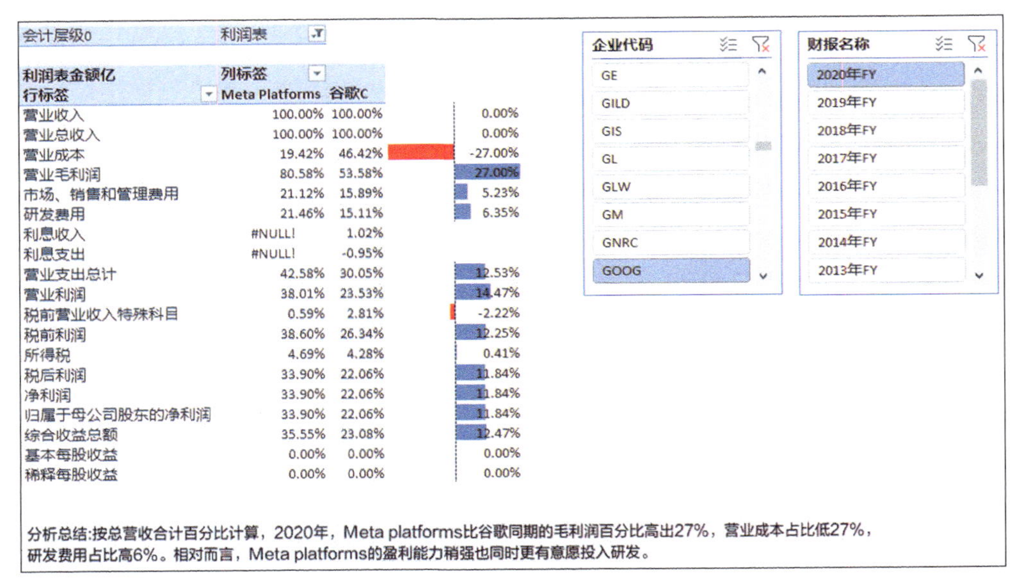

会计层级0	利润表		
利润表金额亿	列标签		
行标签	Meta Platforms	谷歌C	
营业收入	100.00%	100.00%	0.00%
营业总收入	100.00%	100.00%	0.00%
营业成本	19.42%	46.42%	-27.00%
营业毛利润	80.58%	53.58%	27.00%
市场、销售和管理费用	21.12%	15.89%	5.23%
研发费用	21.46%	15.11%	6.35%
利息收入	#NULL!	1.02%	
利息支出	#NULL!	-0.95%	
营业支出总计	42.58%	30.05%	12.53%
营业利润	38.01%	23.53%	14.47%
税前营业收入特殊科目	0.59%	2.81%	-2.22%
税前利润	38.60%	26.34%	12.25%
所得税	4.69%	4.28%	0.41%
税后利润	33.90%	22.06%	11.84%
净利润	33.90%	22.06%	11.84%
归属于母公司股东的净利润	33.90%	22.06%	11.84%
综合收益总额	35.55%	23.08%	12.47%
基本每股收益	0.00%	0.00%	0.00%
稀释每股收益	0.00%	0.00%	0.00%

分析总结:按总营收合计百分比计算，2020年，Meta platforms比谷歌同期的毛利润百分比高出27%，营业成本占比低27%，研发费用占比高6%。相对而言，Meta platforms的盈利能力稍强也同时更有意愿投入研发。

图 18.25 不同企业之间的利润表合计百分比对比

除了用于利润合计，百分比报表也适用于资产负债表，只是要使用两张透视表，一张用于资产合计，另一张用于负债合计与股东权益合计，效果如图 18.26 所示。

会计层级0	资产负债表	
会计层级1	资产合计	
资产负债金额亿	列标签	
行标签	福特汽车	通用汽车
现金及现金等价物	$252.43	$199.92
短期投资	$247.18	$90.46
总现金	$499.61	$290.38
应收账款	$523.94	$80.35
存货	$108.08	$102.35
流动资产特殊项目	$35.81	$336.16
流动资产合计	$1,167.44	$809.24
固定资产净额	$370.83	$774.51
股权投资和长期投资	$328.52	$84.06
无形资产净额		$52.30
非流动资产特殊项目	$681.59	$390.47
非流动资产合计	$1,505.17	$1,542.70
资产合计	$2,672.61	$2,351.94

会计层级0	资产负债表	
会计层级1	(多项)	
资产负债金额亿	列标签	
行标签	福特汽车	通用汽车
短期借款	$513.43	$369.13
应付账款	$222.04	$199.28
应计负债		$230.69
流动负债递延收入	$236.45	
流动负债合计	$971.92	$799.10
长期借款	$1,103.41	$729.81
递延所得税负债	$5.38	
非流动负债递延收入	$283.79	
非流动负债特殊科目		$326.26
非流动负债合计	$1,392.58	$1,056.07
负债合计	$2,364.50	$1,855.17
额外实收资本	$222.90	$265.42
未分配利润	$182.43	$319.62
累计损益	($82.94)	($134.88)
股东权益合计	$308.11	$496.77

财报名称
2020年FY
2019年FY
2018年FY
2017年FY

企业代码
EXPE
EXR
F
FANG
FAST

图 18.26 资产负债表的结构设置

① Meta Platforms 与谷歌财年都采用自然年，因此可以直接对比。

图 18.27 为资产负债表合计百分比的分析效果。

会计层级0	资产负债表		
会计层级1	资产合计		
资产负债金额亿	列标签		
行标签	福特汽车	通用汽车	
现金及现金等价物	9.45%	8.50%	0.94%
短期投资	9.25%	3.85%	5.40%
总现金	18.69%	12.35%	6.35%
应收账款	19.60%	3.42%	16.19%
存货	4.04%	4.35%	-0.31%
流动资产特殊项目	1.34%	14.29%	-12.95%
流动资产合计	43.68%	34.41%	9.27%
固定资产净额	13.88%	32.93%	-19.06%
股权投资和长期投资	12.29%	3.57%	8.72%
无形资产净额	#NULL!	2.22%	
非流动资产特殊项目	25.50%	16.60%	8.90%
非流动资产合计	56.32%	65.59%	-9.27%
资产合计	100.00%	100.00%	0.00%

会计层级0	资产负债表		
会计层级1	(多项)		
资产负债金额亿	列标签		
行标签	福特汽车	通用汽车	
短期借款	166.64%	74.31%	92.33%
应付账款	72.07%	40.12%	31.95%
应计负债	#NULL!	46.44%	
流动负债递延收入	76.74%	#NULL!	
流动负债合计	315.45%	160.86%	154.59%
长期借款	358.12%	146.91%	211.21%
递延所得税负债	1.75%	#NULL!	
非流动负债递延收入	92.11%	#NULL!	
非流动负债特殊科目	#NULL!	65.68%	
非流动负债合计	451.97%	212.59%	239.39%
负债合计	767.42%	373.45%	393.97%
额外实收资本	72.34%	53.43%	18.92%
未分配利润	59.21%	64.34%	-5.13%
累计损益	-26.92%	-27.15%	0.23%
股东权益合计	100.00%	100.00%	0.00%

图 18.27　资产负债表合计百分比对比

本章小结

本章介绍了如何安装 Excel 分析工具包，并展示了用 Excel 分析工具库进行探索分析的示例，包括描述分析、直方图分析、相关系数分析、回归分析和合计百分比报表分析。Excel 分析工具库也适用于传统 Excel 分析，之所以放到本章中，是为了演示 Excel 与 Power BI 云端数据集配合的效果。作为具有自助分析能力的前端工具，Excel 和 Power BI 在功能上各有千秋，配合使用，相得益彰。

第 19 章　探索分析——基于 Power BI

与 Excel 类似，Power BI Desktop 同样可以作为前端工具用于探索分析。本章将介绍通过 Power BI Desktop 获取云端数据集并对数据展开探索分析。

19.1　Power BI 混合模型

在正式开始 Power BI 探索分析之旅前，首先要介绍混合模型。默认设置下，Power BI 数据集连接模式为实时（Live），其优点在于一步到位采用预置数据模型，用户无需二次创建额外的关系和度量，缺点是无法使用数据集以外的数据源。混合模型是指将连接模式由实时改为直连（DirectQuery）和导入（Import）并存的双模式的模型，其优点是既享受统一预置数据模型，也可导入额外的数据集，增加模型的灵活度与丰富度。缺点是不如实时模式响应快。首先，连接云端的 Power BI 数据集，此时连接模式如图 19.1 所示。

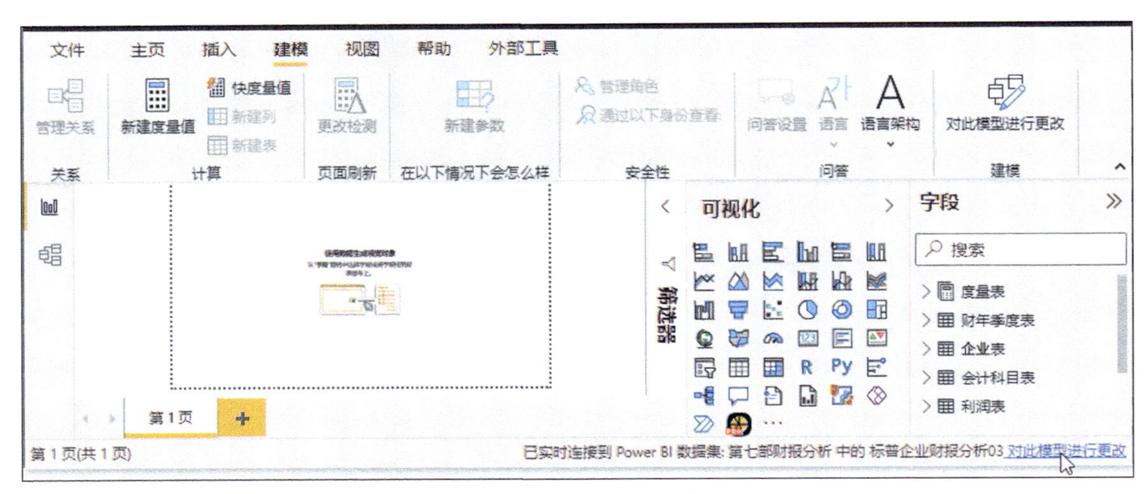

图 19.1　连接云端的 Power BI 数据集界面

单击图 19.1 右下角“对此模型进行更改”，Power BI 将提示是否要做永久性的更改，单击“添加本地模型”按钮，如图 19.2 所示。

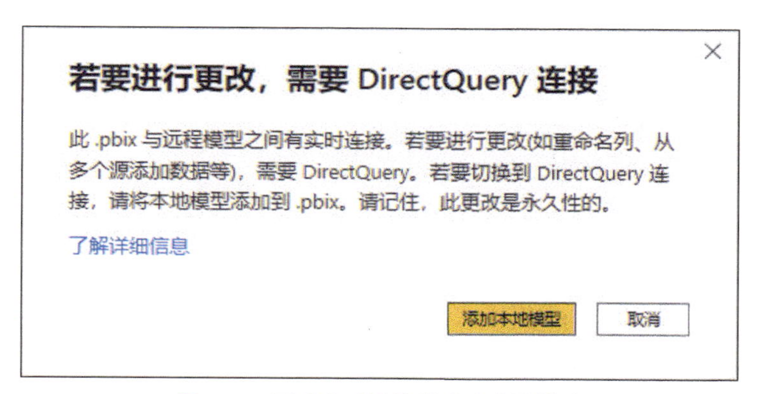

图 19.2　更改实时连接模式为直连模式

完成以上操作，模型转为直连模式，接着我们将创建一张摘要，单击“建模”—“新建表”，如图 19.3 所示。

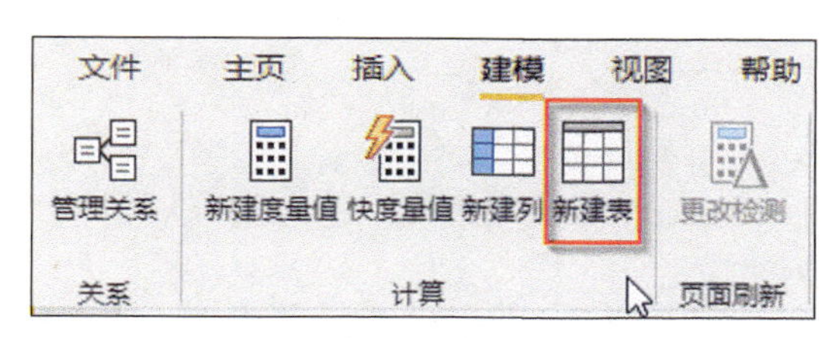

图 19.3　在直连模式下新建表

填入以下公式，美国财务报表的一大特色是有财年和自然年之分，这样便造成无法直接使用财年做个体对比，解决方法是以自然年的方式将财报数据进行二次聚合，因此将使用 SUMMARIZECOLUMNS 函数创建摘要。

```
季度财务表=
SUMMARIZECOLUMNS (
        '企业表'[企业名称],'企业表'[企业代码],'企业表'[企业板块-中文],'企业表'[企业子板块-中文],
        '日期表'[年份],'日期表'[季度],'日期表'[年季度],
        "营收", [单季度营收无层级], "毛利润", [单季度毛利润无层级],
        "净利润", [单季度净利润无层级], "去年营收", [去年单季度营收无层级],
        "去年净利润", [去年单季度净利润无层级]
)
```

创建完成后，可在数据视图中查看新表内容，留意新表中的计算器符号，表示此表为计算表，只存在于内存中，如图 19.4 所示。

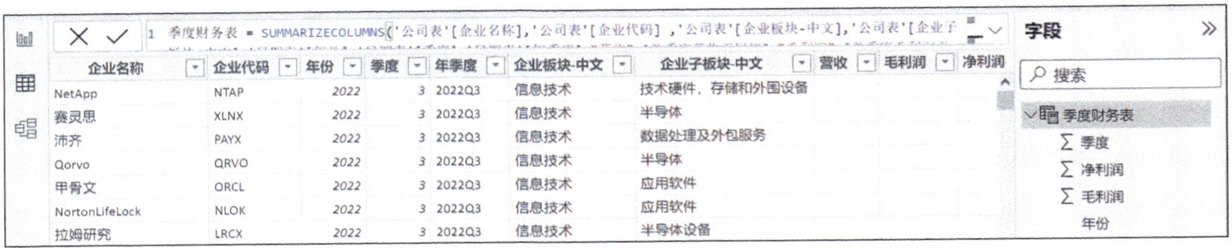

```
1 季度财务表 = SUMMARIZECOLUMNS('公司表'[企业名称],'公司表'[企业代码] ,'公司表'[企业板块-中文],'公司表'[企业子
```

企业名称	企业代码	年份	季度	年季度	企业板块-中文	企业子板块-中文	营收	毛利润	净利润
NetApp	NTAP	2022	3	2022Q3	信息技术	技术硬件，存储和外围设备			
赛灵思	XLNX	2022	3	2022Q3	信息技术	半导体			
沛齐	PAYX	2022	3	2022Q3	信息技术	数据处理及外包服务			
Qorvo	QRVO	2022	3	2022Q3	信息技术	半导体			
甲骨文	ORCL	2022	3	2022Q3	信息技术	应用软件			
NortonLifeLock	NLOK	2022	3	2022Q3	信息技术	应用软件			
拉姆研究	LRCX	2022	3	2022Q3	信息技术	半导体设备			

图 19.4　模型中出现新建的内存表

我们继续在该表之上创建以下新度量。

```
净利率 = DIVIDE(SUM('季度财务表'[净利润] ), SUM('季度财务表'[营收]) )
毛利率 = DIVIDE(SUM('季度财务表'[毛利润] ), SUM('季度财务表'[营收]) )

净利润同比 =
DIVIDE ( SUM ( '季度财务表'[净利润] ) - SUM ( '季度财务表'[去年净利润] ),
SUM ( '季度财务表'[去年净利润] ))

营收同比 =
DIVIDE ( SUM ( '季度财务表'[营收] ) - SUM ( '季度财务表'[去年营收] ),
SUM ( '季度财务表'[去年营收] ))
```

以上聚合表和度量将是支撑后续自助分析的基础模型，混合模型比单纯的实时模型提供了更丰富的自助元素，特别适用于自助分析场景。

19.2　组合对比分析

投资组合中包含多只个股，组合对比分析是指将投资组合与整体进行对比以验证组合的表现的分析。

让我们创建一个 FAAMG 组合，在数据视图下选中“企业名称”，单击鼠标右键，选择“新建组”，如图 19.5 所示。

在弹出的对话框中输入名称①，按 Ctrl 键，选中对应的企业代码，分别为 AAPL、AMZN、FB、GOOG、MSFT ②，单击“分组”按钮③，如图 19.6 所示。

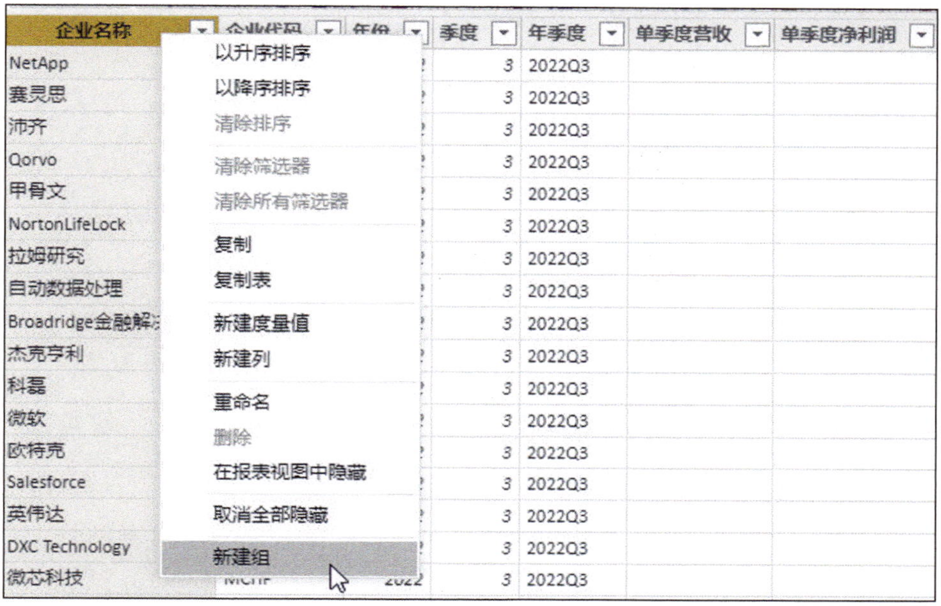

企业名称	企业代码	年份	季度	年季度	单季度营收	单季度净利润
NetApp			3	2022Q3		
赛灵思			3	2022Q3		
沛齐			3	2022Q3		
Qorvo			3	2022Q3		
甲骨文			3	2022Q3		
NortonLifeLock			3	2022Q3		
拉姆研究			3	2022Q3		
自动数据处理			3	2022Q3		
Broadridge金融解			3	2022Q3		
杰克亨利			3	2022Q3		
科磊			3	2022Q3		
微软			3	2022Q3		
欧特克			3	2022Q3		
Salesforce			3	2022Q3		
英伟达			3	2022Q3		
DXC Technology			3	2022Q3		
微芯科技	MCHP	2022	3	2022Q3		

以升序排序
以降序排序
清除排序
清除筛选器
清除所有筛选器
复制
复制表
新建度量值
新建列
重命名
删除
在报表视图中隐藏
取消全部隐藏
新建组

图 19.5 为企业名称新建组

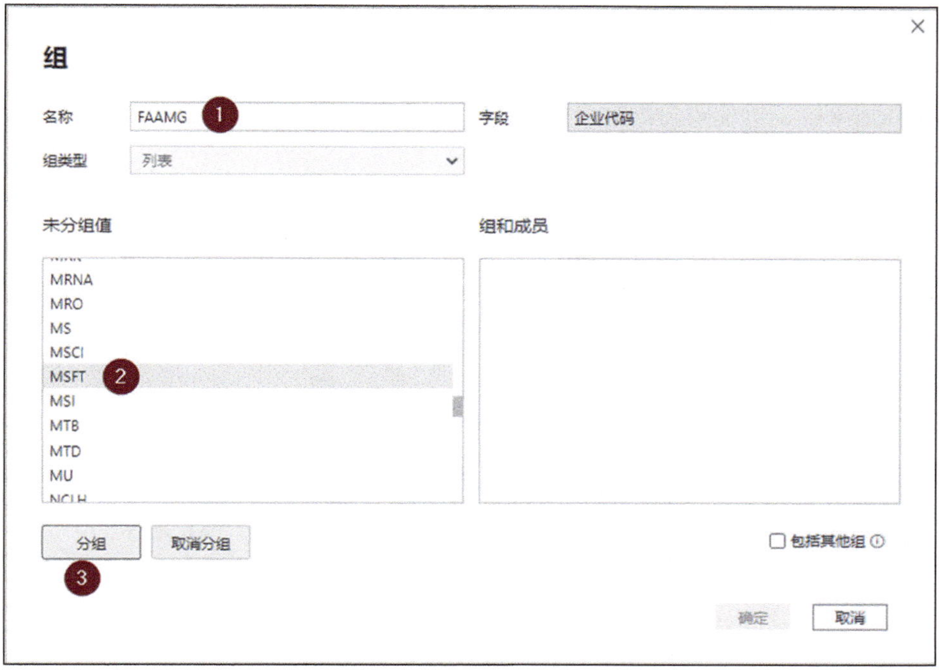

组

名称 FAAMG ①
字段 企业代码
组类型 列表

未分组值
MRNA
MRO
MS
MSCI
MSFT ②
MSI
MTB
MTD
MU
NCLH

组和成员

分组 ③ 取消分组

包括其他组

确定 取消

图 19.6 在组设置中勾选企业代码

将分组产生的组名进行改名①，勾选“包括其他组”②，Power BI 将其余个体自动划分至“其他”中，单击“确定”按钮③，如图 19.7 所示。

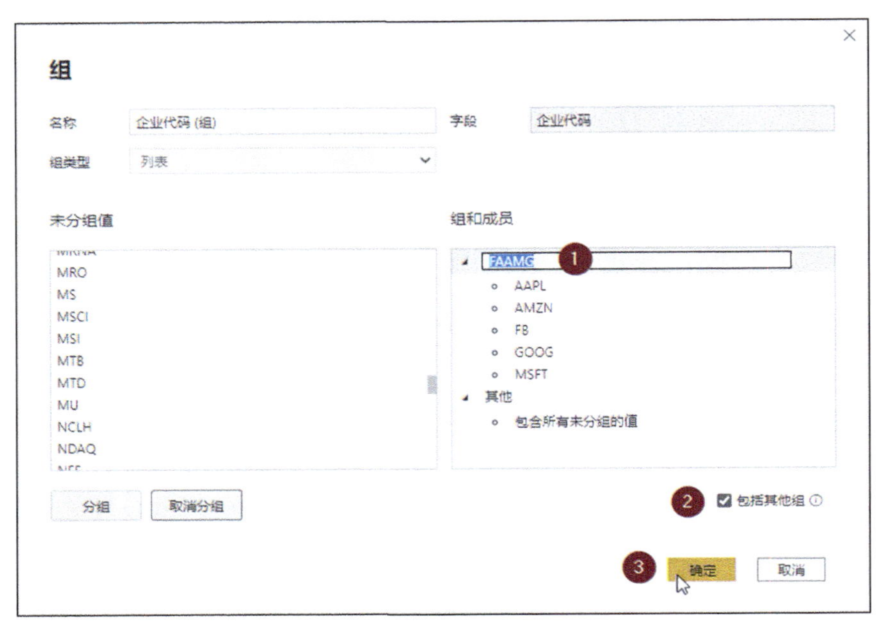

图 19.7 创建 FAAMG 组和其他组

在数据视图中，用户将观察到新产生的分组字段，如图 19.8 所示。

企业名称	企业代码	年份	季度	年季度	单季度营收	单季度净利润	去年单季度营收	去年单季度净利润	单季度毛利润	FAAMG
雅诗兰黛	EL	2022	3	2022Q3			$43.92	$6.95		其他
杰克亨利	JKHY	2022	3	2022Q3			$4.88	$1.02		其他
科磊	KLAC	2022	3	2022Q3			$20.84	$10.68		其他
微软	MSFT	2022	3	2022Q3			$453.17	$205.05		FAAMG
新闻集团(B股)	NWS	2022	3	2022Q3			$25.02	$2.67		其他
宝洁	PG	2022	3	2022Q3			$203.38	$41.26		其他
派克汉尼汾	PH	2022	3	2022Q3			$37.63	$4.51		其他

图 19.8 新产生的分组字段

在页面筛选器下进行两种筛选：第一种是年份筛选，此处选择 2010 年至 2020 年之间的数据；第二种是企业名称筛选，此处选择不为空的数据，如图 19.9 所示。

在可视化栏中选择百分比堆积柱形图，参照图 19.10 创建标普 500 指数企业 2010—2020 年净利润合计百分比。从趋势上观察得出，FAAMG 在标普 500 指数中的净利润占比从 2010 年的 6.56% 增长至 2020 年的 24.05%。在标普 500 指数中，1% 的企业却创造了近 25% 的净利润，2020 年头部聚集效应更加明显。

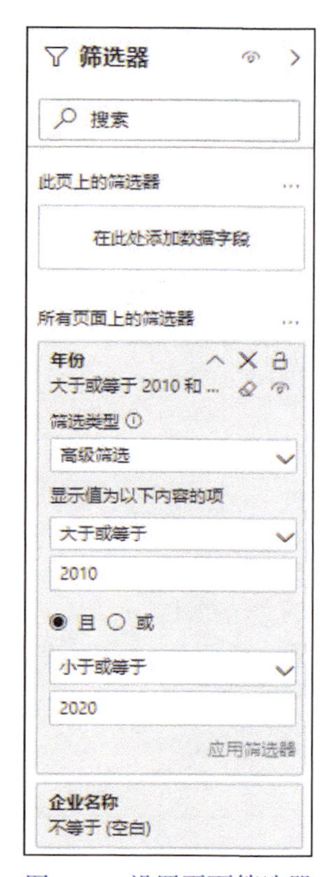

图 19.9 设置页面筛选器

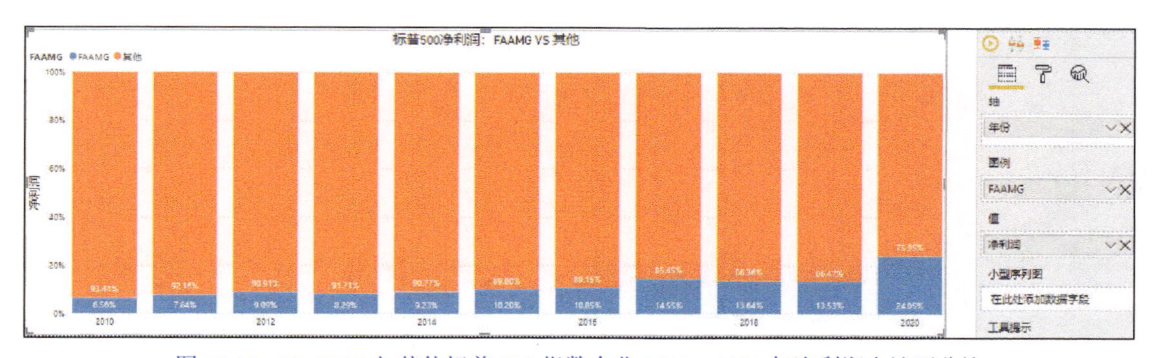

图 19.10 FAAMG 与其他标普 500 指数企业 2010—2020 年净利润合计百分比

在新的页面，再创建另外一个百分比堆积柱形图，参照图 19.11 设置可视化对象，视觉对象筛选器为 FAAMG 字段。有意思的是，2010—2020 年中微软的净利润占比呈现先降后升的趋势，而苹果则是先升后降的趋势，Meta Platforms 快速增长，谷歌则一直保持平稳，亚马逊是该组合里净利润占比最少的企业。

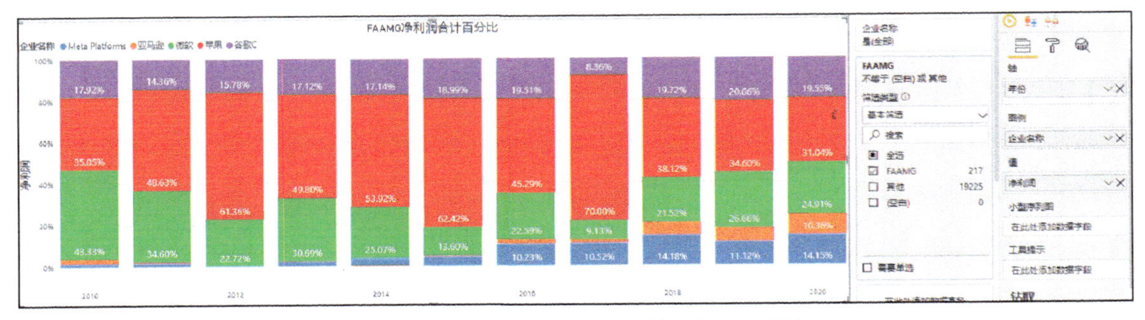

图 19.11　FAAMG 之间的净利润合计百分比

19.3　动态分布分析

散点图有助于用户观察数据点的分布情况，添加时间线后，用户甚至可以动态观察数据点的变化趋势。在可视化栏中选择散点图，参照图 19.12 设置散点图，单击播放标识①可观察时间趋势变化，按 Ctrl 键，单击图中的散点，可进一步观察数据点的移动轨迹。其中，信息技术和通信服务企业板块的利润在不断增长，医疗保健企业板块营收不断增加，

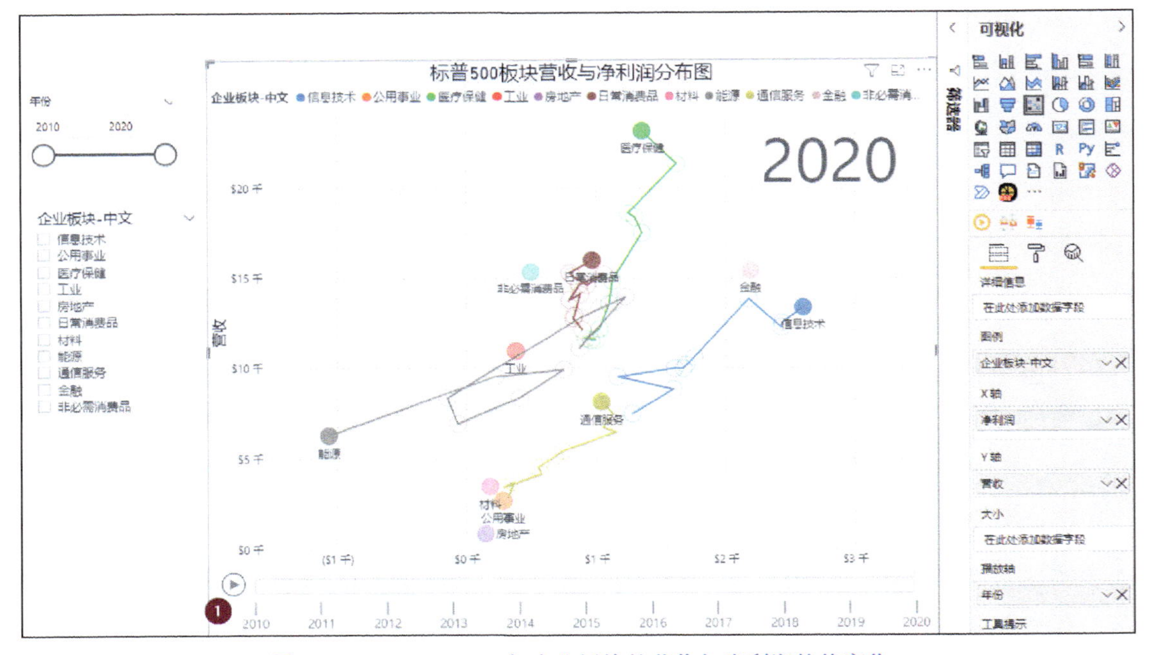

图 19.12　2010—2020 年企业板块的营收与净利润趋势变化

但其利润并没有显著增长，而能源企业板块的营收和利润都在逐年减少。

我们可以进一步观察企业板块的细节，此处选用盒须图（4 分位图）作为可视化呈现对象，该图不是 Power BI 原生对象，需要额外添加。单击⋯，选择“获取更多视觉对象”，如图 19.13 所示。

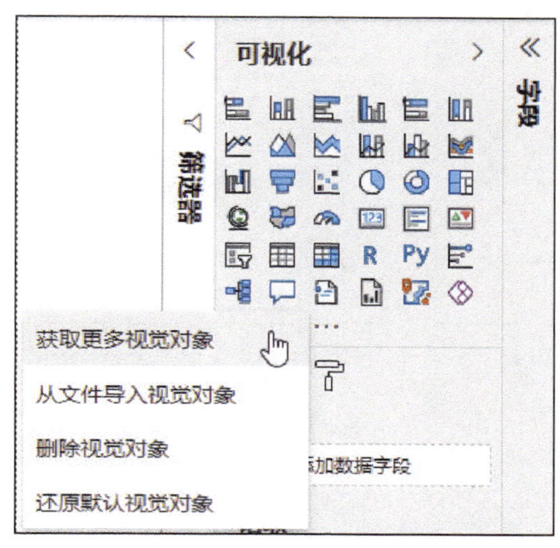

图 19.13 在可视化栏中获取更多视觉对象

在搜索框中输入关键字“box”，然后选中 MAQ 盒须图，如图 19.14 所示。

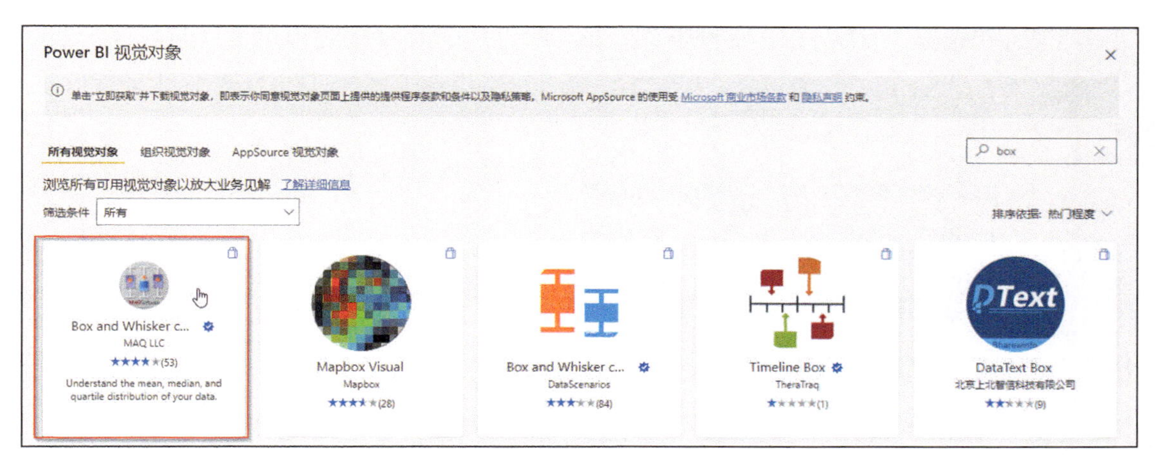

图 19.14 选择添加 MAQ 盒须图

添加成功后，参照图 19.15 的设置，通过切片器选择感兴趣的企业板块，观察个体企业的净利润分布情况。

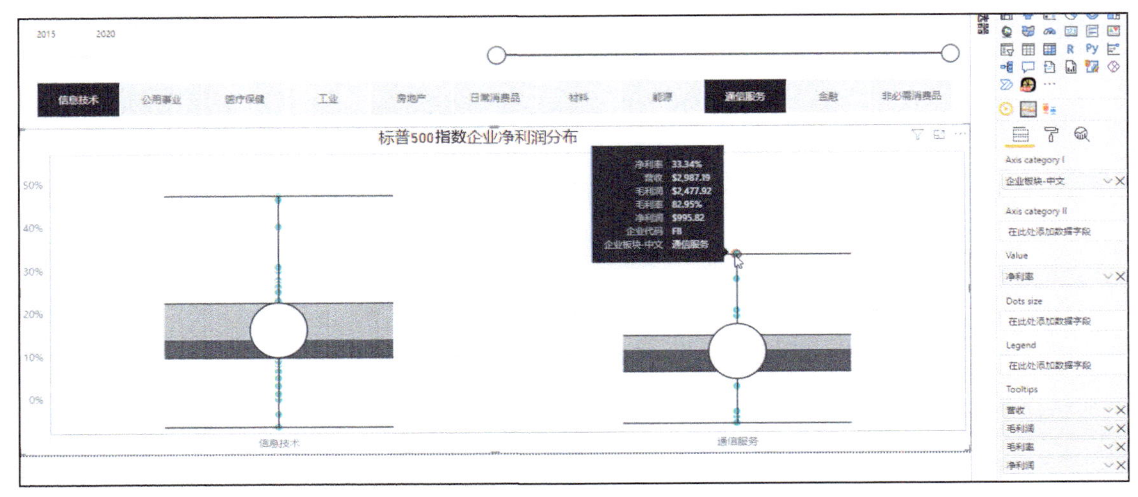

图 19.15　用盒须图显示标普 500 指数企业净利润分布

19.4　动态排名分析

动态排名分析有助于用户比较那些具有相同属性的不同事物并展示排名顺序。在可视化栏中选择百分比堆积条形图，参照图 19.16 设置净利润率的排名，在视觉筛选器中的企业名称中，设置“筛选类型”为“前 N 个”、“显示项”为“上”“10”，在“按值”栏选择“净利润率”，单击“应用筛选器”。根据选择的企业板块，条形图动态显示净利润率前 10 的企业排序。

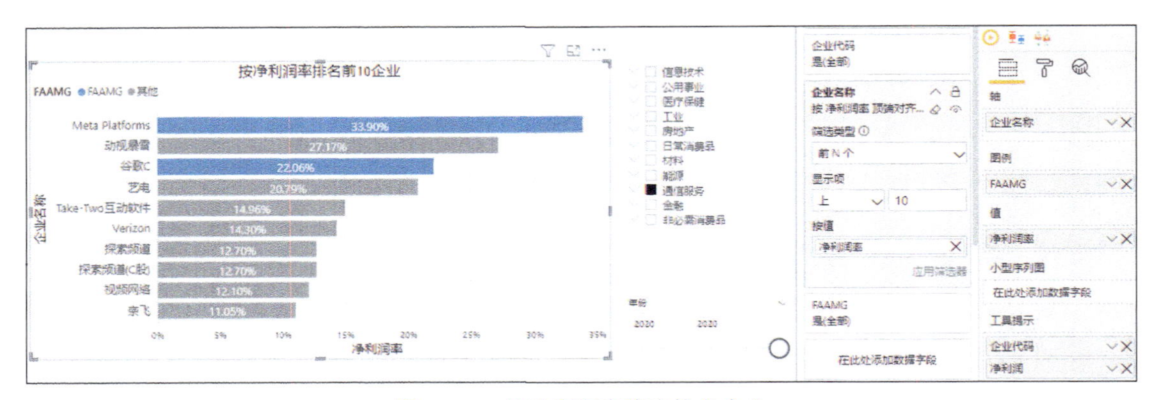

图 19.16　按净利润率降序排名企业

读者可能会问：如果还需要按毛利率、营收同比排名呢？是不是继续创建额外的可视化页面呢？直接创建额外可视化页面的方法很简单，的确可以快速解决问题，但也会造成空间界面的浪费。作为可选替代方案，读者也可创建动态度量，可视化页面将根据读者动态选择的度量值呈现分析结果。

单击“主页”—“输入数据”①，在弹出的“创建表”中填写ID字段和度量名称字段②，并对表进行命名③，单击“加载”按钮④，如图19.17所示。

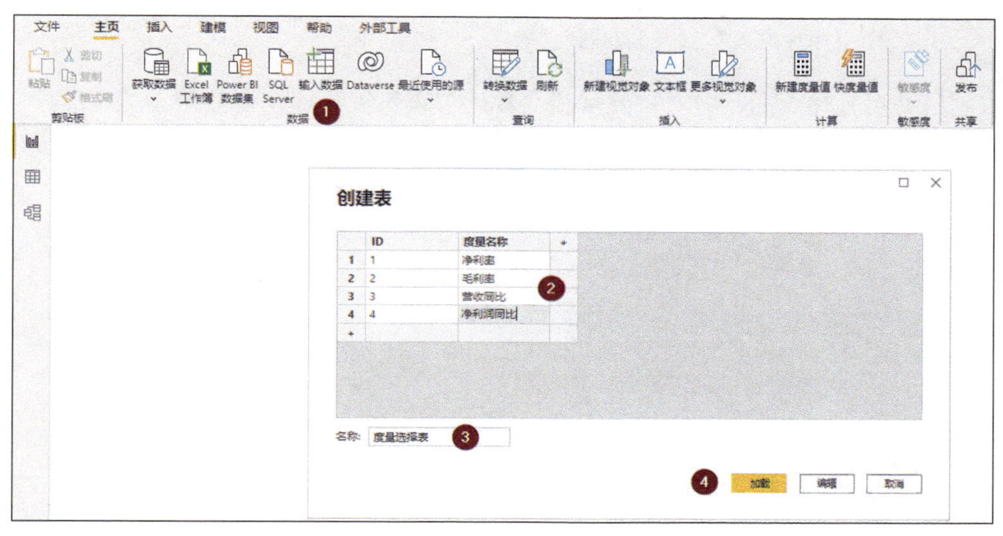

图 19.17　创建手工数据表

Power BI将会产生一张手工数据表，确保ID字段为整数类型，并对其进行升序排列，如图19.18所示。

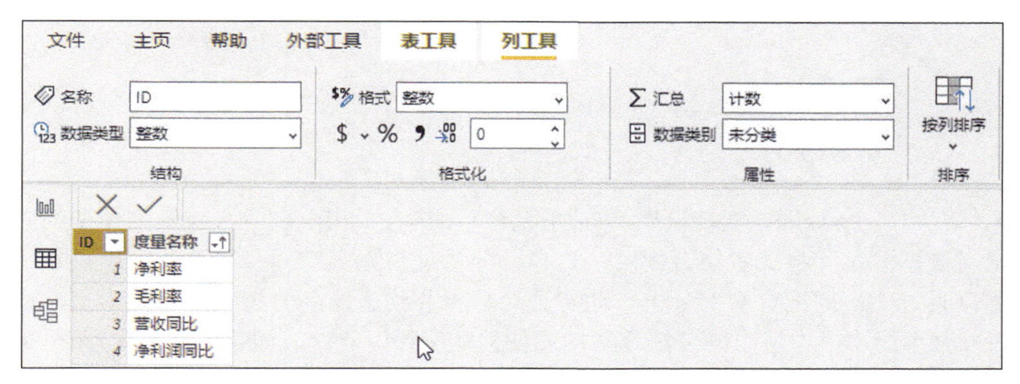

图 19.18　按ID字段进行升序排序

在度量选择表内创建2个新的度量，分别为按度量值名称和选择度量。

```
按度量值名称 = "按" & MIN('度量选择表'[度量名称]) & "排名前10企业"
```

```
选择度量 = VAR _value =SELECTEDVALUE ( '度量选择表'[ID] )
RETURN  SWITCH (_value,
            1, '季度财务表'[净利润率],
            2, '季度财务表'[毛利率],
            3, '季度财务表'[营收同比],
            4, '季度财务表'[净利润同比] )
```

复制已有可视化页面，将“按度量值名称”放入可视化标题设置中（具体步骤参考前文表头标题的设置），将“选择度量”放入“值”栏中，并添加度量名称切片器，将该切片器选为单选，再次选择度量名称，所显示的值也会发生动态变化，如图 19.19 所示。

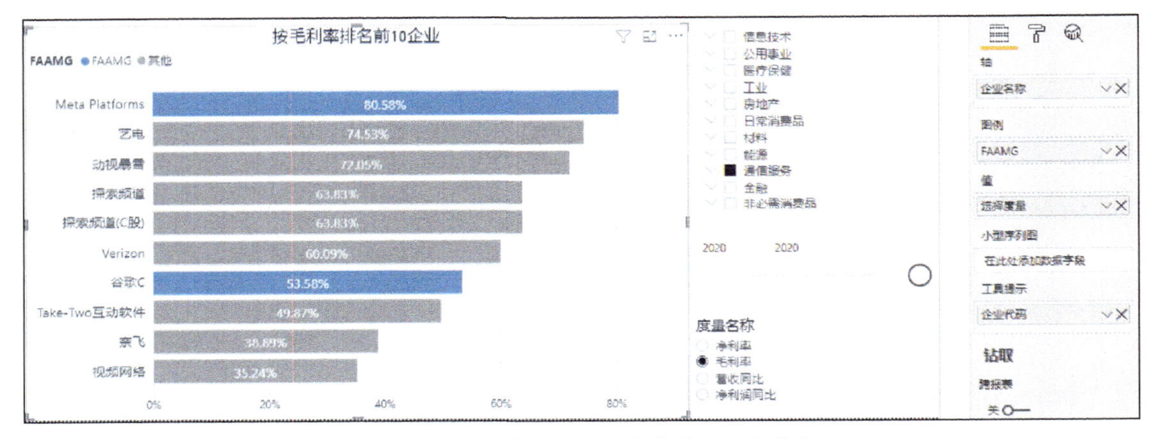

图 19.19 动态变化的按毛利率企业降序排名

本章小结

本章介绍了 Power BI 混合模型，该功能允许用户在使用一部分预置数据模型的同时导入自定义数据源，并将二者结合使用，为自助分析提供更多空间。本章还介绍了 3 种常用的对比分析方式，即组合对比分析、动态分布分析和动态排名分析。本章是本书的最后一章，再次强调，本书中所有的分析都不构成任何购买投资建议，如果务必要推荐一只股票，那么这只股票的代码便是“YOU”。